Texten machen kannst

Bei manchen Texten kannst du auch eine **Fortsetzung** schreiben …
oder noch ein Abenteuer hinzufügen.

Gestalte einen Text mit einer besonderen **Schrift**,
male oder suche passende **Bilder** dazu. Du hast viele Möglichkeiten.

Versetze dich in eine Figur der Handlung
und schreibe einen **Tagebucheintrag**.

Bringe eine **andere Person** in die Handlung ein.
Das kannst sogar du sein.

Schreibe einen **Brief** an eine Figur des Textes.
Vielleicht hast du ja Fragen oder kannst einen Rat geben.
Du kannst die Figur auch auf deinen Brief antworten lassen.

Gestalte zum Thema eines Textes eine **Collage**
oder erstelle für ein Jugendbuch ein **Werbeplakat**.
Gestalte ähnliche Texte nach dem gleichen Muster.

Ihr habt ein Jugendbuch gelesen. Formuliert Fragen
zu den Personen, dem Ort, der Zeit und dem Handlungsverlauf
und stellt daraus ein **Quiz** zusammen.

13/14 6c Luise Schlegel

Schuljahr	Klasse	Familienname Vorname
02/03	6c	Daniela Hennet
03/04	6c	Vivien Götzelmann
04/05	6c	Daniela Egarter
05/06	6c	Denise Nothegger
06/07	6c	Sarah Heimerl
07/08	6C	Linda Koziel
09/10	6c	Annika Dehner
10/11	6C	Pauline Biener
11/12	6c	Samira Deit
12/13	6c	Albrecht Kristina
14/15	6c	Antonia Knauer

71

Zwischen den Zeilen 6

Lesebuch Realschule

Peter Janda
Angelika Schultes
Franz Walter
Birgit Winter

westermann

Der Band für das 6. Schuljahr wurde begründet von
Ansgar Batzner, Illertissen;
Barbara Keller-Bittner, München;
Ingrid von Engelhardt, Erlangen;
Josef Hammerl, Bad Kissingen;
Gernot Hoffmann, Erolzheim;
Albert Schnitzer, Rosenheim

und für die bayerische Realschule bearbeitet von
Peter Janda, Hauzenberg;
Angelika Schultes, München;
Birgit Winter, Landshut;
Franz Walter, Bad Brückenau.

Einband: Monja Klein
Illustrationen: Christine Brand, Susanne Spannaus

1. Auflage Druck 6 5 4 3 2
Herstellungsjahr 2006 2005 2004 2003 2002
Alle Drucke dieser Auflage können im Unterricht
parallel verwendet werden.

www.westermann.de

Verlagslektorat: Frank Sauer, Christiane Gmelin
Lay-out und Herstellung: Sandra Grünberg
Druck und Bindung: westermann druck GmbH, Braunschweig

ISBN 3-14-**12 2236**-3

Inhaltsverzeichnis

Schule und Freundschaft Leitthema 8

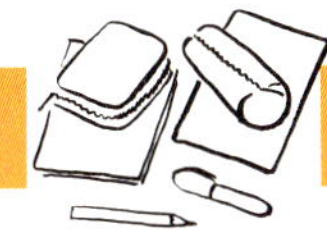

Gedichte-Werkstatt 26

Olympia der Leseratten 40

Kinder hier und anderswo . . . 56

Nicht nur Schläge tun weh . . . 76

Tiere unterwegs . . . 90

Schule und Freundschaft

Max und Moritz

Wilhelm Busch

Also lautet ein Beschluss:
Dass der Mensch was lernen muss.
Nicht allein das ABC
Bringt den Menschen in die Höh';
Nicht allein im Schreiben, Lesen
Übt sich ein vernünftig Wesen;
Nicht allein in Rechnungssachen
Soll der Mensch sich Mühe machen;
Sondern auch der Weisheit Lehren
Muss man mit Vergnügen hören.
Dass dies mit Verstand geschah,
War Herr Lehrer Lämpel da.

Eine Schulstunde

Kurt Kusenberg *(Text aus urheberrechtlichen Gründen in alter Rechtschreibung.)*

Der Lehrer für Zoologie legte großen Wert auf anschaulichen Unterricht. Aus diesem Grunde brachte er die Tiere, deren Merkmale und Lebensweise erläutert werden sollten, stets in die Schule mit. Ein anderer Schulleiter hätte vielleicht Einspruch erhoben, denn von Rechts wegen gehören lebende Tiere, vor allem Raubtiere, nicht ins Klassenzimmer, ganz davon zu schweigen, daß sie unter Umständen den Schülern gefährlich werden könnten. Der Mann jedoch, dem die Schule unterstand, war ebenfalls der Meinung, Unterricht könne nicht anschaulich genug sein. Bevor er sich anschickte, Geschichtsstunde zu erteilen, pflegte er die Tracht der jeweils behandelten Zeit anzulegen, und solange man die Dramen des großen Shakespeare durchnahm, sahen ihn seine Schüler nie anders als glatzköpfig und spitzbärtig. Es versteht sich demnach, daß er der Letzte gewesen wäre, der dem Lehrer für Zoologie sein Tun verwiesen hätte.

Wir haben wenig Ursache, aus zahllosen Unterrichtsstunden, die der Tierkunde gewidmet waren, gerade die folgende herauszugreifen, denn sie alle spielten sich mehr oder weniger in gleicher Weise ab. Will man aber anschaulich werden, so muß man sich schon entschließen, ein Exempel zu geben, und das geschehe hiermit. Die Stunde, von der wir berichten, war dem Bären gewidmet.

Die Schüler wußten das bereits, denn der Unterricht ließ sich vom Lehrbuch leiten, und das Lehrbuch verhieß ihnen eben dieses Tier. Sie waren daher nicht erstaunt, als der Lehrer, indem er eintrat, einen großen braunen Bären an der Kette hinter sich herzog. Einige freilich traf das hart, weil sie mit einem Eisbären gerechnet und kleine Geldbeträge darauf gewettet hatten; den schlimmsten Verlust erlitt ein Schüler namens Artur, der alles, was er besaß, auf einen Malaienbären gesetzt hatte, in der Meinung, ein solcher sei besonders handlich und für die Schulstube wie geschaffen. Da die Gewinner in der Überzahl waren, erhielt das Tier freundlichen Beifall. Unbekümmert darum kauerte der Bär sich nieder und blinzelte die Klasse listig an.

Die gute Aufnahme, welche sein Begleiter gefunden, tat dem Lehrer sichtlich wohl. Er, der von den heimlichen Wetten nichts wußte, konnte sich nie erklären, warum gewisse Tiere beifällig begrüßt und andere mürrisch hingenommen wurden. Er schrieb es einer seltsamen, aus Urzeiten herrührenden Wechselbeziehung zwischen Mensch und Tier zu und arbeitete in den Mußestunden an einem großen Werk, dem er die Erfahrungen, die er mit seinen Schülern machte, vertrauensvoll zugrunde legte. Beglückt über die Tatsache, daß gerade der Bär, den er aufs Höchste schätzte, den Schülern wohlgefiel, setzte er sich ans Katheder und eröffnete die Stunde.

„Ehe man sich“, sprach er, „über einen Gegenstand neues Wissen aneignet, soll man besinnlich erzählen, was man über diesen Gegenstand bereits weiß oder über ihn zu wissen vermeint. Was weißt du, Artur, über Bären?“

Der Aufgerufene befand sich nicht in der besten Laune, denn er rechnete eben seine Verluste nach. Unwillig stand er auf und antwortete: „Es gibt vielerlei

Bären: Himbeeren, Stachelbeeren, Brombeeren, Johannisbeeren" – „Schluß!" rief der Lehrer. „Das ist weder ergiebig noch geistreich und ich verbitte mir solche Abschweifungen in die Botanik. Wir treiben hier Zoologie, dumme Witze sind uns ein Greuel und wer nichts weiß, möge lieber schweigen – mit einem Wort: Es geht nicht an, daß man in Anschauung eines lebendigen Tieres von Früchten spricht, die ihm allenfalls als Nahrung dienen könnten, jedoch nichts mit ihm selbst zu schaffen haben. Setze dich, Artur, und danke es meiner Langmut, wenn ich dich nicht strafe. Du hingegen, Paul, wirst mir gewiß über den Bären zu erzählen wissen. Ist dir irgendeine Eigenschaft bekannt, die den Bären von anderen Tieren unterscheidet?" Paul, der bei den Wetten nicht übel abgeschnitten hatte, war durchaus erbötig dem Lehrer Auskunft zu geben.

Daß es ihm nicht geriet, hing mit einem Mangel an Klugheit zusammen, der angeboren war. „Der Bär", erklärte Paul froh gelaunt, „ist eßbar."

Das war nun wirklich eine alberne Antwort, die selbst der Lehrer belächelte, indes das Schulzimmer vor Lachen widerhallte. Paul lachte auf alle Fälle mit, nicht wissend, wie er die große Wirkung zu Stande gebracht hatte. Als der Lärm sich legte, nahm der Lehrer die Führung wieder auf.

„Deine Antwort, Paul, befriedigt nicht, denn fast alle Kreaturen sind eßbar. Auch du bist eßbar."

Bei diesen Worten hob der Bär, der bis dahin träge vor sich hingedämmert hatte, den Kopf und sah Paul aufmerksam an. Verstand er, wovon die Rede war? Wie dem auch sei: Paul hielt es für geraten sich niederzusetzen und richtete es so ein, daß sein Vordermann ihn dem Blick des Bären entzog. Die Klasse, die schon zu neuem Gelächter bereit gewesen war, blieb plötzlich seltsam still. Nur der unzufriedene Artur murmelte verstockt: „Preiselbeeren, Vogelbeeren, Blaubeeren ...", erhielt jedoch von seinem Nachbarn einen Stoß, der auch ihn zum Schweigen brachte.

Beglückt über die ungewohnte Stille fuhr der Lehrer fort: „Wenn ihr schon keine Eigenart unseres Gastes zu nennen vermögt, so ist euch vielleicht dieser oder jener Anverwandte des braunen oder gemeinen Bären – um einen solchen handelt es sich hier – bekannt. Na, Josef, wie steht es damit?"

Der Schüler wand sich aus der Bank, schickte einen vorsichtigen Blick nach dem Tier, das ihn aber nicht beachtete, und sprach: „Eißer dem gemeinen Bir gibt es den Eisbir, den Grizzly-Bir, den schwirzen Bir und indere Biren, die gleichfalls im Lehrbuch stehen."

Der Lehrer erstarrte. „Josef, du bist des Teufels! Wie kommst du dazu, mutwillig unsere Sprache zu verunstalten?"

Josef schwieg eine ganze Weile, ehe er sich zu einer Erklärung bequemte. „Die Siche ist die, Herr Lehrer, diß ich ein Gelöbnis ibgelegt hibe, vier Wochen ling den ersten Vokil des Ilphibets nicht eiszusprechen. Ilso helfe ich mir mit dem Vokil i. Wis kinn ich tun? Schwur ist Schwur und muß gehilten werden."

„Setzen!" donnerte der Lehrer. „Dein törichtes Gelöbnis wird dich teuer zu stehen kommen." Josef tat, was ihm geheißen, und machte dazu die Miene eines Ritters, der eine harte Probe übersteht. Wider alles Erwarten lachte niemand;

die Klasse ehrte Josefs standhaften Mut. Und es war eine Erlösung, als plötzlich ein Schüler den Arm in die Höhe reckte.
Alle blickten zu ihm hin, sogar der Bär, und der Lehrer fragte freundlich: „Na, Kurt, was hast du uns zu sagen?"
Kurt sprang auf: „Der Bär, Herr Lehrer, hat Bärenkräfte."
„Gut", lobte der Lehrer. „Das ist eine treffliche Bemerkung."
Der Bär schien der gleichen Ansicht zu sein, denn er zerschlug mit einem einzigen Tatzenhieb das Stühlchen, welches neben ihm stand. Dann kauerte er sich wieder zusammen und schaute den Knaben gespannt an. Kurt stockte, doch ein Kopfnicken des Lehrers ermutigte ihn fortzufahren. „Wenn ein Bär angegriffen wird, stellt er sich auf die Hinterbeine."
„Ausgezeichnet", murmelte der Lehrer und wandte sich blitzschnell nach dem Bären um, der jedoch liegen blieb, offenbar deshalb, weil ihn niemand angriff. Stattdessen ließ das gewaltige Tier ein Brummen vernehmen, welches sich recht beifällig anhörte. Von Stolz geschwellt spielte der Schüler seinen letzten Trumpf aus. „Der Bär", sagte er und betonte jedes Wort, „ist ein Leckermaul. Am liebsten frißt er Honig."
„Aber nicht meinen!" Artur schnellte empor und blickte ängstlich nach dem Schrank, auf dem ein goldgelbes Glas stand. „Wenn ich ihn nicht nach Hause bringe, setzt es Schläge."
Kaum waren die Worte gesprochen, so erhob sich der Bär mit allen Anzeichen lüsterner Gier und ging daran den Schrank zu ersteigen, wobei ihm ein kleiner Waschtisch, der eigentlich den Lehrern vorbehalten war, gute Dienste leistete. Artur rannte vor, der Lehrer stellte sich ihm in den Weg, andere Schüler sprangen herbei, um den Unbesonnenen zu zügeln. Kurzum, es herrschte ein unbeschreiblicher Tumult, den der Bär weidlich ausnützte, indem er sich, nunmehr auf dem Schrank sitzend, über den Honig hermachte.
Der Lärm war wohl weithin hörbar geworden; jedenfalls ging die Tür auf und der Leiter der Schule trat ein. Er war in der Tracht Ludwigs des Vierzehnten gekleidet, mit Rücksicht darauf, daß er seine Klasse über die Kriege des Sonnenkönigs unterrichtete. Seine Haltung war derart majestätisch, daß alle ringsum reglos wurden. Selbst der Bär ließ von dem Honig ab und starrte unruhig auf den Ankömmling.
„Was geht hier vor?" sprach eine mächtige Stimme.
Der Lehrer ermannte sich und trat einen Schritt vor. „Wir obliegen, Herr Direktor, in diesem Augenblick einem besonders anschaulichen Unterricht. Der Schüler Kurt machte die zutreffende Bemerkung, der braune oder gemeine Bär sei ein Leckermaul und fresse am liebsten Honig. Um solches zu bewahrheiten, stellte der Schüler Artur ein eigens zu diesem Zwecke mitgebrachtes Honigglas zur Verfügung. Was Wunder, daß Meister Petz sogleich die Gelegenheit beim Schopfe ergriff und uns bewies, wie sehr er es verdient, ein Leckermaul genannt zu werden? Dort oben hockt er, Herr Direktor, und ließe es sich auch weiterhin wohl sein, wenn Ihre unverhoffte Dazwischenkunft ihn nicht aufgestört hätte."
Als habe er auf das erlösende Wort gewartet, fuhr der Bär fort, das Glas auszu-

schlecken. Der Schulleiter sah ihm wohlwollend zu, nickte dann kurz und wandte sich an den Lehrer.

„Ich schätze die Art Ihres Unterrichts sehr, denn sie ist der meinen nicht unähnlich. Will man den Schülern etwas einprägen, so muß man es ihnen anschaulich machen. Das verstehen Sie meisterlich."

Während er zur Tür ging, schrillte sie Glocke und kündigte das Ende der Schulstunde an. Der Lehrer lockte den Bären vom Schrank herunter, nahm ihn wieder an die Kette und verließ mit dem Tier das Klassenzimmer. In dieser Weise, je nach den Tieren ein wenig verschieden, nahm für gewöhnlich der Zoologieunterricht seinen Fortgang.

Hinweise zum Text: Seite 22.

Cartoon: Sempé

Schüler aus Thule

Originalbeitrag

Es ging einst ein Schüler aus Thule
in eine neue, weil höhere Schule.
Hoffentlich sind die nicht alle besser als ich,
dachte er umblickend bei sich,
als er saß im Klassenzimmer auf seinem Stuhle.

Was ein Kind gesagt bekommt

Bertolt Brecht

Der liebe Gott sieht alles.
Man spart für den Fall des Falles.
Die werden nichts, die nichts taugen.
Schmökern ist schlecht für die Augen.
Kohlentragen stärkt die Glieder.
Die schöne Kinderzeit, die kommt nicht wieder.
Man lacht nicht über ein Gebrechen.
Du sollst Erwachsenen nicht widersprechen.
Man greift nicht zuerst in die Schüssel bei Tisch.
Sonntagsspaziergang macht frisch.
Zum Alter ist man ehrerbötig.
Süßigkeiten sind für den Körper nicht nötig.
Kartoffeln sind gesund.
Ein Kind hält den Mund.

Hinweise zu den Texten: Seite 23.

Meine Traumschule

Peter Janda

Es ist zehn vor acht, ich bin auf dem Weg in meine Klasse, die 6 c. Ich kenne sie schon vom vergangenen Schuljahr her, als sie noch die „Kleinen“ in der 5 c unserer Realschule waren. Alles liebe Kinder, zwölf Mädchen und zwölf Jungen, eine ideale Zusammensetzung, sowohl was die Anzahl als auch die Verteilung betrifft. Auf dem Weg zum Neubau werde ich noch kurz von drei Zehntklässlern aufgehalten, die etwas verspätet dem Weg zum Physiksaal angetreten haben. Sie haben jedoch eine gute Entschuldigung parat. Vier „Frischlinge“, also Schüler der 5. Klasse, die verzweifelt ihr Klassenzimmer suchten, wurden von ihnen auf den richtigen Weg gebracht. Es geht doch nichts über Hilfsbereitschaft.

„Bin schon gespannt, wie sich die „Zwergerln“ seit dem vergangenen Juli verändert haben“, denke ich noch, bevor ich die Türe öffne und das große Klassenzimmer betrete. Schon herrscht Ruhe, alle erheben sich, und bevor ich zur Begrüßung meine Stimme erheben kann, tönt es schon aus 24 Kehlen: „Einen wunderschönen guten Morgen, Herr Petersen!“ Alle strahlen, sie scheinen sich wirklich auf das neue Schuljahr zu freuen, und ich strahle mit ihnen um die Wette. Der Hausmeister hat wirklich während der Ferien gute Arbeit geleistet. Wie gewünscht stehen die Tische in vier Sechsergruppen gut verteilt im Raum, jeder hat beste Sicht zur Projektionswand und auf die Tafel, die als Relikt an die „gute alte Zeit“ noch einmal ihren Zweck erfüllen soll. Kaum habe ich Laptop und Tasche auf dem Multifunktionspult abgestellt, stehen schon die ersten Vorzeigegierigen, Neugierigen und Wissbegierigen neben mir.

„Herr Petersen, dürfen wir ins Internet?“ – „Herr Petersen, dürfen wir uns die Digitalfotos von unserem Urlaub in der Schweiz anschauen?“ – „Herr Petersen, was nehmen wir denn in diesem Jahr in Erdkunde durch?“

So geht es noch eine Weile weiter. Ich freue mich über diese Mitteilungsbereitschaft meiner Schützlinge und bin richtig stolz auf sie. Aber jetzt heißt es erst einmal Ordnung in das Antragschaos zu bringen. Alle Wünsche werden an der Tafel notiert. Dann tritt der Klassenrat zusammen und stellt eine Reihenfolge auf, die für alle Schülerinnen und Schüler akzeptabel ist. Zuerst werden digital einige Schweizfotos angeschaut, die von Sebastian auch gekonnt erklärt werden. Danach wünscht sich die Klasse das „Ich-kenne-ein-Land-Spiel“ und abschließend soll noch ein wenig im Internet gesurft werden, um für die nächsten Unterrichtsstunden Informationsmaterial zu haben. Schließlich unterbricht der Stundengong das Treiben und mit einem „Oooch, schon Schluss?“ wird der PC heruntergefahren. – „Auf Wiedersehen, Herr Petersen, und noch einen schönen Tag!“ – Wieder sehen 24 nette Gesichter mich an. Ich erwidere den Gruß und „schwebe“ durch die Türe davon.

So etwas gibt es nicht? – Wirklich nicht? – Wetten doch?

Hinweise zum Text: Seite 23.

Gang durch den Tunnel

Heinz Rein

Ich wusste von ihm nur, dass er Fried gerufen wurde und ein großer, kräftiger Junge war, mit einem ungewissen Gesicht, ja, und dass er irgendwo am Ende des Dorfes wohnte, dort wo der Tunnel durch den Berg gebohrt war, das wusste ich auch noch. Wir waren ein paar Mal aneinander vorbeigegangen, dabei hatten wir uns prüfend angeblickt, abschätzend, ein wenig herausfordernd vielleicht auch, aber wir hatten einander nicht gegrüßt, wir kannten uns ja nicht. Ich wäre gern mit ihm bekannt geworden und ich glaube, dass auch Fried meine Bekanntschaft suchte. Manchmal nämlich hatte ich den Eindruck, dass er den Schritt verhielt, wenn er meiner ansichtig wurde, und ich zögerte dann auch ein bisschen und sah ihm entgegen, nicht gerade erwartungsvoll, aber auch nicht gleichgültig. Und dann gingen wir doch grußlos aneinander vorüber. Ich wollte mich ja nicht aufdrängen, und Fried schien es ähnlich zu gehen.

Eines Tages gab es doch ein Gespräch zwischen uns. Das kam so. Ich saß auf dem steilen Abhang über dem kleinen Bahnhof und beobachtete den Tunneleingang. Ich mochte den Geruch der Rauchwolken, die aus den Schornsteinen der Lokomotiven aufstiegen, und ich sah es gern, wenn ein Zug sich in den Tunnel schob oder von ihm eingesogen wurde oder wenn, bei Abend, die Signalfarben wechselten. An jenem Tage hatte ich schon eine ganze Weile an dem Abhang im dichten Gras gesessen, als ich hörte, dass über mir jemand abzusteigen begann. Kleine Steine rollten den Abhang herunter, Zweige knackten, schließlich hörte ich einen dumpfen Fall. Ich drehte mich um und sah, dass es Fried war. Er war wohl ausgeglitten, und nun rutschte er den Abhang herunter. Ganz in meiner Nähe gelang es ihm Halt an einem Ginsterbusch zu finden.

Fried lächelte mich ein bisschen verlegen an, klopfte sich den Sand von der Hose, strich sich das wirre Haar aus der Stirn und spielte mit seinem Fotoapparat, den er vor der Brust trug. „Möchte bloß wissen, wovon es da oben so glatt ist“, sagte er und hob die Schultern. „Vielleicht ist da eine unterirdische Quelle“, sagte ich und sah ihn an. „Oder vielleicht war da eine Kuh.“ Fried lachte und dann sprachen wir nicht mehr darüber. Vielleicht, so dachte ich, war er auch gar nicht richtig ausgerutscht, sondern hatte nur so getan, um endlich mit mir bekannt zu werden. Nun, mir sollte es recht sein, Fried gefiel mir ja ganz gut.

Eine ganze Weile saßen wir schweigend nebeneinander und blickten auf den kleinen Bahnhof und auf den Tunneleingang, besonders auf den Tunneleingang. „Bist du schon einmal im Tunnel gewesen?“, fragte Fried plötzlich und sah mich von der Seite an. „Ja, durchgefahren, als wir hierher kamen“, antwortete ich. „Durchgefahren!“ Fried schnob verächtlich durch die Nase. „Ich meine natürlich hineingegangen, nicht nur so ein bisschen vornean, sondern richtig hineingegangen.“ Ich schüttelte den Kopf. „Nein“, antwortete ich, „es ist doch verboten.“ – „Natürlich ist es verboten!“, rief Fried. „Es ist vieles verboten …“ – „Warst du denn schon im Tunnel?“, fragte ich. Fried verneinte, dann sah er mich an, fragend, herausfordernd, vielleicht sogar ein bisschen lauernd. Ich hielt seinem Blick stand, dann sagte ich: „Wollen wir in den Tunnel hineingehen?“ Frieds Lippen zitterten, als er fragte: „Hineingehen oder ganz durch?“ Ganz durch, so hatte ich es eigentlich nicht gemeint, ich wollte nur ein bisschen hineingehen, gerade so weit, dass man den Tunneleingang noch sehen konnte, aber unter dem Zwang seines Blickes und seiner Stimme nickte ich und sagte forsch: „Ganz durch natürlich!“

Wieder saßen wir eine Weile da, ohne zu reden, dann begannen wir abzusteigen. Hätte Fried jetzt gesagt, wir wollten es lieber nicht tun, ich wäre nicht in den Tunnel hineingegangen, aber nun fühlte ich mich verpflichtet, weil ich doch so selbstverständlich „Ganz durch“ gesagt hatte. Fried sagte aber nichts, er folgte mir, und schließlich standen wir an dem Tunneleingang und blickten hinein. Im Tunnel war es natürlich dunkel, die Schienen verliefen sich in der Finsternis und drinnen roch es nach Rauch und Moder. „Kann ja nichts passieren“, sagte Fried. „Der Streckenläufer geht ja jeden Tag durch den Tunnel.“

Ich nickte. Ich hatte den Streckenläufer auch schon beobachtet, es war ein älterer Mann mit einem Uniformmantel, er trug eine Laterne bei sich, einen Schraubenschlüssel und eine rote Fahne, und ich wusste auch, dass zu beiden Seiten des Gleises genug Platz war, dass er heraustreten konnte, wenn ein Zug kam. Und wenn der Zug kam, das hörte man schon eine ganze Weile vorher, ich hatte das Rollen des Zuges immer gehört, lange bevor er aus dem Tunnel kam, und im Tunnel musste man es ja erst recht hören, ein Tunnel verstärkt das Geräusch um das Zweifache oder das Dreifache oder noch mehr, das weiß jeder und hat es schon ausprobiert, unter Brücken und in Kellern. Ich sagte Fried das alles, er hörte mich an, nickte zustimmend und sagte dann: „Also los! Und ganz durch!“ Dann gingen wir in den Tunnel hinein.

Es war nichts dabei. Wir hatten es bald heraus, welche Schrittlänge man haben musste, um von Schwelle zu Schwelle zu gehen. Ein paar Mal jodelten wir, um das Echo zu hören, aber wir ließen es bald wieder sein, denn das Echo war ganz anders als in den Bergen, es war dumpf und hohl, beinahe ein bisschen unheimlich. Mir war, als wehte mir mein eigener Atem ins Gesicht, nur schwärzer, ich kann es nicht anders ausdrücken.

Je weiter wir in den Tunnel hineingingen, umso dunkler wurde es um uns, aber damit hatten wir ja gerechnet, und in weiten Abständen brannte ja auch ein Licht, es war allerdings sehr trübe und nicht mehr als ein Anhaltspunkt. Ab und zu wandten wir uns noch um. Die Tunnelöffnung wurde immer kleiner, schließlich war sie nur noch ein heller Punkt und dann verschwand sie ganz in der Dunkelheit. Es war unheimlich still in dem Tunnel, das einzige Geräusch waren unsere Schritte oder ein Wassertropfen,

der sich von der Decke löste und auf eine Schwelle fiel. Zwischen den kleinen, trüben Lichtern war es sehr dunkel, ich vermeinte die Last des Berges über uns zu spüren, aber es war wohl die schlechte Luft, sie war feucht und modrig und kühl, aber im Großen und Ganzen machte mir das nicht viel aus, ich hatte mir schon immer gewünscht einmal durch einen richtigen, langen Tunnel zu gehen. Es gab da zwar nichts zu sehen, nicht einmal Gefahr war dabei, es war im Grunde sogar langweilig, aber es war doch etwas Besonderes, und man konnte zu Hause davon erzählen.

Plötzlich befiel mich doch Angst, eine ganz bestimmte Angst, nicht vor dem Berg oder vor einem Zuge, die Angst war viel unmittelbarer – ich fürchtete mich vor Fried. Mit einem Male war der Gedanke in mir, Fried habe mich in den Tunnel gelockt um mich zu töten und zu berauben. Ich hatte ja eine sehr gute Armbanduhr um und auch Geld bei mir. Wie war das vorhin eigentlich gewesen? Ich versuchte, mir unser Gespräch in Erinnerung zu rufen. Ja, ich hatte den Vorschlag gemacht, den Tunnel zu durchwandern, aber hatte Fried diesen Vorschlag nicht aus mir herausgelockt, ja mich geradezu herausgefordert? Und hatte er nicht angefangen mit dem „Ganz durch“?

Mein Verdacht wurde zur Gewissheit. Mir fiel jetzt natürlich auf, dass Fried immer hinter mir ging. Weshalb ging er immer hinter mir? Natürlich um mich im geeigneten Augenblick zu überfallen! Welch ein Leichtsinn, ich sah es plötzlich ein, mit einem Wildfremden durch den Tunnel zu gehen, einem Wildfremden, der größer und stärker war als ich. Und war in seinen Augen nicht ein fast tückisches Lauern gewesen?

Als ich mit meinen Gedanken so weit war, blieb ich stehen, setzte meinen Fuß auf die Schiene und bückte mich, um an meinem Schuhband zu nesteln. Sofort hielt Fried ebenfalls an. „Was ist denn los?“, fragte er, und seine Stimme war nicht sehr freundlich. „Geh ruhig weiter“, erwiderte ich und bemühte mich, einen gleichmütigen Ton anzuschlagen. „Mein Schuhband hat sich gelöst“. Fried ging zögernd weiter, aber nach jedem zweiten oder dritten Schritt wandte er sich um, ich konnte es genau sehen, denn wir befanden uns gerade unter einer Tunnellampe. Ich freute mich, dass mein kleiner Trick verfangen hatte. Nun ging ich hinter Fried und band rasch meine Armbanduhr ab und steckte sie in die Hosentasche. Jetzt dachte ich wieder milder über Fried. Nun würde er es ja wohl nicht mehr wagen, vielleicht war meine Befürchtung auch grundlos …

Da blieb Fried stehen. Ich sah es nicht, ich hörte es nur, denn es geschah an einer sehr dunklen Stelle, ziemlich genau in der Mitte zwischen zwei Lampen. Sofort war ich wieder voller Misstrauen und verhielt ebenfalls den Schritt, ich umklammerte das Schlüsselbund, das ich in der Hosentasche hatte, und war bereit sofort auf Fried einzuschlagen, sobald er auch nur einen Schritt auf mich zutäte. „Was ist denn los?“, fragte ich ziemlich unfreundlich. „Jetzt ist mein Schuhband aufgegangen“, antwortete Fried heftig. „Oder glaubst du, das kann nur dir passieren? Geh ruhig weiter!“

Was sollte ich tun? Es blieb mir nichts anderes übrig als weiterzugehen, aber ich ging nicht zwischen den Schienen weiter, dann hätte ich ja ganz dicht an

Fried vorüber müssen, ich trat aus dem Gleis und ging auf dem Schotter vor den Schwellenköpfen. Es war ein unbequemes, mühsames Gehen, denn die Steine rutschten mir unter den Füßen weg, aber es war sicherer. Erst nach einer ganzen Weile trat ich wieder ins Gleis.

Nun ging er also wieder hinter mir mit seinen finsteren Gedanken, aber ich sorgte für einen gehörigen Abstand. Wir sprachen kein Wort, ein feindseliges, erbittertes Schweigen war zwischen uns. Plötzlich fiel mir etwas ein, was mir zuerst den Atem benahm, aber dann belustigte es mich. Vielleicht hielt Fried mich für einen Räuber, der es auf seine Armbanduhr und seinen Fotoapparat abgesehen hatte? Vielleicht bewegten ihn die gleichen Gedanken wie mich, und er glaubte, in den Tunnel gelockt worden zu sein. Hatte ich nicht die Entscheidung mit dem „Ganz durch" gefällt? Ich war schon drauf und dran, ihm zu versichern, er hätte von mir nicht das Geringste zu befürchten, aber ich konnte die Worte gerade noch zurückhalten. Sie hätten mich möglicherweise noch verdächtiger gemacht, ich wäre, würde mir Fried Derartiges gesagt haben, ja auch noch misstrauischer geworden, ich hätte sofort gedacht, er wolle mich nur in Sicherheit wiegen um dann umso leichteres Spiel mit mir zu haben.

So sagte ich lieber gar nichts. Mich beherrschte jetzt nur noch ein Gedanke, nämlich so schnell wie möglich aus dem Tunnel herauszukommen und von Fried nichts mehr zu hören und zu sehen, aber der Tunnel war viel länger, als ich ihn mir vorgestellt hatte, ich hörte Frieds Keuchen hinter mir, bald hatte er mich wieder eingeholt und ging unmittelbar hinter mir, aber da kam glücklicherweise der Tunnelausgang in Sicht, ein helles Pünktchen zuerst nur, aber mit jedem Schritt wurde es größer. Ich atmete auf, nun würde er es wohl nicht mehr wagen, wenn er es überhaupt beabsichtigt hatte, es erschien mir nun doch wieder zweifelhaft, und je näher wir dem Ausgang kamen, umso unwahrscheinlicher erschien es mir.

Ein paar Meter vor dem Ausgang, ich konnte schon eine grüne Wiese erkennen und den Sonnenschein darauf, da stolperte Fried und griff nach mir, zweifellos um sich fest zu halten. Ich sagte nur „Hoppla!" und stützte ihn und versuchte sogar zu lachen, aber ich bin sicher, ich würde Fried rücksichtslos niedergeschlagen haben, wäre er mitten im Tunnel gestrauchelt; ich hätte es für Absicht und seinen Griff für Gewalttätigkeit gehalten.

Als wir aus dem Tunnel waren, setzten wir uns auf eine Bank und vermieden es uns anzusehen. Ich bemerkte, wie Fried seine Armbanduhr wieder umband, ich ließ die meine aus Trotz in der Tasche. Dabei wurde ich gewahr, dass ich mein Schlüsselbund noch fest umklammert hielt. Ich ließ es beschämt los. Dann gingen wir über den Berg zurück. Während des ganzen Weges sprachen wir kein Wort, und als wir uns verabschiedeten, gaben wir uns nur flüchtig die Hand. Eine Verabredung trafen wir nicht. Vielleicht hätten Fried und ich Freunde werden können. Jetzt, nach dem Gang durch den Tunnel, war es nicht mehr möglich.

Hinweise zum Text: Seite 24.

Ben liebt Anna

Peter Härtling

Anna war zu Beginn des vierten Schuljahres neu in die Klasse gekommen. Herr Seibmann, der Klassenlehrer, hatte sie an einem Morgen vor sich durch die Tür geschoben und gesagt: Das ist eure neue Mitschülerin. Sie heißt Anna Mitschek. Seid nett zu ihr. Sie ist erst seit einem halben Jahr in Deutschland. Vorher lebte sie mir ihren Eltern in Polen.

Alles war komisch an Anna.

Sie hatte keine Jeans an, sondern ein zu langes, altmodisches Kleid. Sie hatte nur einen Zopf und auch der war zu lang. Sie war blass, dünn und schniefte.

Ben fand Anna scheußlich.

Ein paar fingen an zu kichern.

Benehmt euch, sagte Herr Seibmann. Er setzte Anna neben Katja an den Tisch und Katja rückte gleich ein bisschen weg von Anna. Anna tat so, als merkte sie das alles nicht.

Ben fand, Anna passe nicht in die Klasse. Er musterte sie noch einmal. Da hob sie den Kopf und guckte ihn an. Er fuhr richtig zusammen. Sie hatte riesige braune Augen, die waren ungeheuer traurig. Solche Augen hatte er noch nie gesehen. Er wusste auch nicht, wie er darauf kam, sie traurig zu finden. Er dachte: Solche Augen darf man nicht haben. Sie machen einem Angst. Er sah nicht mehr hin.

In den nächsten Tagen kümmerte sich niemand um Anna. Herr Seibmann mahnte die Klasse nicht gemein zu sein. Wenn Anna wenigstens mal heulen würde, dachte Ben. Das tat sie nicht. Katja fand Anna ekelhaft. Die stinkt, meinte sie, und richtig schreiben kann sie auch nicht. Mit zehn kann die nicht einmal richtig schreiben.

Bernhard sagte: Die kann vielleicht polnisch schreiben.

Die ist überhaupt eine Polin und keine Deutsche, sagte Katja.

Wahrscheinlich hat die in Polen nicht bleiben dürfen, meinte Bernhard.

Wegen Dauerstinken, sagte Katja.

Das war Ben zuviel. Er packte Katja am Arm. Hör bloß auf. Du stinkst doch selber.

Katja riss sich los und schrie so laut, dass es alle in der Klasse hören konnten: Der verteidigt Anna. Ben liebt Anna!

Ben ging auf Katja los und presste ihr die Hand auf den Mund. Sie wurde im Gesicht rot und zappelte. Lass doch, rief Regine. Pass auf, die kriegt keine Luft mehr!

Sie hatten nicht bemerkt, dass Herr Seibmann in der Tür stand und ihnen schon eine Weile zuhörte.

Lass Katja los, Ben! Herr Seibmann hatte eine Mordswut. Die war ihm anzusehen. Er forderte sie auf, an die Plätze zu gehen.

Plötzlich war es ganz still in der Klasse. Weil es so mucksmäuschenstill war, hörten sie Anna schluchzen. Sie wollte es verbeißen. Es gelang ihr nicht. Die

Tränen liefen ihr über die Backen. Sie wischte sie immer wieder weg und schniefte dazu.

Herr Seibmann ging zu Annas Tisch und sagte Katja, sie solle ihren Platz mit Regine tauschen. Zu Regine sagte er: Vielleicht kannst du Anna helfen. Dann hielt er eine Rede. Er sprach zwischen den Zähnen. Er hätte wohl lieber gebrüllt.

Es kann jedem von euch passieren, dass er in eine andere Stadt und in eine andere Schule kommt. Und jeder von euch wäre erst mal fremd. Bei Anna ist das noch viel schlimmer. Sie ist in einem anderen Land, in Polen, aufgewachsen und zur Schule gegangen. Dort, in der Schule, hat sie nur polnisch gesprochen. Zu Hause deutsch und polnisch. Ihre Eltern haben in Polen gelebt, aber sie sind Deutsche. Sie haben den Antrag gestellt in die Bundesrepublik umzuziehen. Nun sind sie da. Sie wollen endlich zu Hause sein. Anna auch. Ihr macht es ihr schwer.

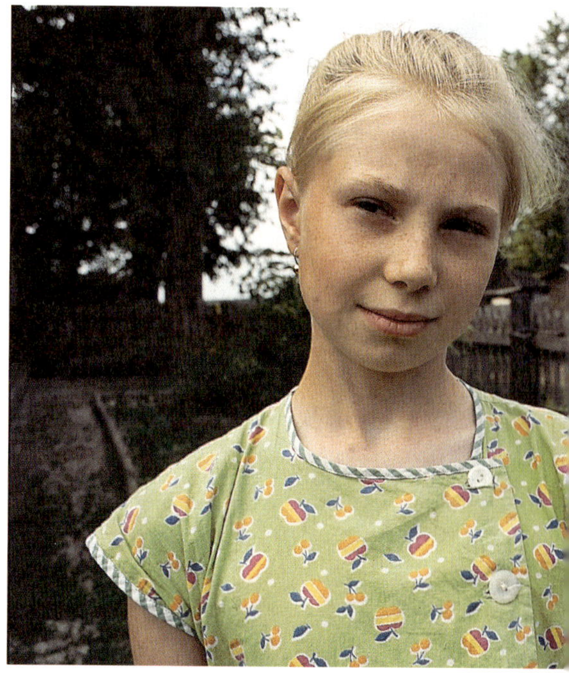

Ben linste zu Anna hinüber. Sie hatte den Kopf gesenkt. Es war gar nicht sicher, ob sie auf Herrn Seibmanns Rede hörte.

Was kann man machen, sagte Bernhard nach der Schule. Nix, sagte Katja. Sie ließen Anna in den nächsten Tagen wieder allein. Selbst Regine gab es auf, ihr helfen zu wollen. Die ist blöd, sagte sie, die redet nicht mit mir. Die ist saudumm, kann ich euch sagen.

Begonnen hat es dann mit einem alten Tennisball. Den hatte irgendeiner auf dem Schulhof gefunden. Sie hatten ihn sich im Rennen zugeworfen. Ben, Bernhard und Jens. Anna stand unter dem Kastanienbaum an der Schulhofmauer. Wieder alleine für sich. Sie stand da wie ein Ausrufezeichen. Richtig vorwurfsvoll. Ben fand das doof.

Blöde Kuh, dachte er. Wir wollen ja. Die will nicht! Er holte aus und warf. Der Ball traf Anna mitten auf die Stirn. Es klatschte. Anna schrie kurz auf. Gleich wird sie heulen, dachte Ben und wartete darauf.

Alle andern waren stehn geblieben, hatten ihre Spiele unterbrochen und schauten auf Anna. Sie blieb still, rieb sich die Stirn, drehte sich sehr, sehr langsam zur Mauer. Das war gemein, sagte Regine.

Ben hatte plötzlich einen Riesenzorn auf sich selber. Sowas Doofes, sagte er und meinte sich. Es hörte sich aber so an, als meinte er Anna.

Es ist wahr, er hat Anna treffen wollen. Er hat ihr sogar wehtun wollen.

Das geschieht ihr recht. Bernhard klatschte Beifall wie im Theater oder im Zirkus. Ben sagte: Hättest du doch geschmissen, du Arsch.

Jetzt bist du auf einmal feige, was? Bernhard rannte mit den andern fort. Die Pause war zu Ende.
Ben schlenderte hinterher, ging aber nicht ins Klassenzimmer. Er wollte doch auf Anna warten. Sie kam nicht. Er lief zurück auf den Hof. Sie stand noch immer unterm Kastanienbaum. Er wollte rufen: Anna! Aber das wäre zu viel gewesen. Sie könnte denken, er wollte sich an sie ranmachen.
Es tat ihm Leid, dass er geworfen hatte. Sonst nichts.
Anna, sagte er dann doch so laut, dass sie es hören musste. Sie blieb mit dem Rücken zu ihm stehen, rührte sich nicht. Wenn die nicht will, dachte er sich. Selber schuld.

Da guckte sie zu ihm hin. Auf ihren Backen waren Streifen von Dreck. Sie hatte sich mit den Händen die Tränen weggewischt. Ihre Augen wirkten noch trauriger als sonst. Mannomann, solche Augen! Sie ging die paar Schritte auf ihn zu. Die Hände hielt sie vor dem Bauch gefaltet, als wollte sie gleich losbeten.
Ben sagte: Tschuldigung.
Anna sagte: So schlimm war's nicht.
Aber du hast geheult.
Weil ihr alle mich nicht mögt.
Ich mag dich aber, sagte er. Das hatte er gar nicht sagen wollen. Ui!, schrie er.
Was ist denn los?, fragte sie.
Nichts. Scheiße.
Sie sagte: Du hast gesagt –.
Doch Ben hielt sich die Ohren zu und heulte wie eine Sirene. Er sah, dass Anna redete. Er konnte sie nicht hören. Darüber war er froh. Er war völlig durcheinander und rannte vor ihr her.
Sie kamen zu spät aus der Pause. Herr Seibmann machte keinen Zirkus wie sonst, sondern sah Ben und Anna nur prüfend an.
Also, nun können wir ja mit dem Übungsdiktat anfangen.
Bernhard stöhnte.
Will einer was dazu sagen?, fragte Herr Seibmann.
Die ganze Klasse schüttelte wie ein Mann die Köpfe.
Das Diktat verhau ich, dachte Ben. Ganz bestimmt.
Die Stimme von Herrn Seibmann war plötzlich ganz nah: Benjamin Körbel, schläfst du oder wachst du?
Ben versuchte aufzupassen.

Hinweise zum Text: Seite 24.

Schule und Freundschaft

Ihr seid nun bereits ein Jahr an der Realschule und sicher vertraut mit der ehemals so neuen Umgebung. Ihr werdet wohl auch neue Freunde gefunden haben und euch sicher in der Schulgemeinschaft wohl fühlen. Die folgenden Texte greifen diese beiden Themen noch einmal auf: Sie zeigen Schulsituationen, die euch ab und zu vielleicht bekannt vorkommen können, und sie befassen sich mit der „Freundschaft" und dabei auftauchenden Problemen.

Wilhelm Busch:
Max und Moritz
S. 8

Wilhelm Busch (1832–1908) war Zeichner, Maler und Dichter. Einen Großteil seiner Verserzählungen hat er selbst illustriert. Hinter seinen lustigen Reimen verbirgt sich oft ein tiefsinniger Humor. Berühmt wurde er durch seine Bildergeschichten: *Hans Huckebein*, *Die fromme Helene*, *Fipps der Affe* und vor allem durch *Max und Moritz*.

1 Ihr habt das ABC gelernt, dazu das Lesen, Schreiben und Rechnen. Nun spricht Wilhelm Busch davon, dass man auch „der Weisheit Lehren" mit Vergnügen hören muss. Was könnte er wohl damit meinen?

2 Es gibt jede Menge „weise Sprüche" zum Lernen. Sucht und tragt sie zusammen und gestaltet ein schönes Plakat zu diesem Thema.

Kurt Kusenberg:
Eine Schulstunde
S. 9

Der Schriftsteller, Kunsthistoriker und Publizist Kurt Kusenberg wurde 1904 in Göteborg/Schweden als Sohn eines deutschen Kaufmanns geboren. Die Figuren seiner oft fantasiereichen Geschichten und Satiren sind überwiegend Sonderlinge und Käuze. Kusenberg schrieb aber auch Hörspiele. Er starb 1983 in Hamburg.

1 In der Geschichte geht es um anschaulichen Unterricht in Zoologie. Ihr sagt heute Biologie dazu. Natürlich ist das „Anschauungsmaterial" hier etwas seltsam. Sprecht darüber, was euren Biologieunterricht, aber auch den Unterricht in anderen Fächern anschaulich macht.

2 Am Schluss betritt der Direktor der Schule, der Geschichte unterrichtet, das Klassenzimmer.
Stellt euch einmal vor, dass eine solche Situation sich auch in eurer Schule ereignen würde. Schreibt allein oder mit eurer Partnerin oder eurem Partner eine Geschichte dazu und lest sie in der Klasse vor.

Schüler aus Thule
S. 13

1 Dieses kleine Scherzgedicht bezeichnet man als *Limerick*, benannt nach einem Ort in Irland. Stelle das Reimschema fest, das bei allen Limericks gleich ist und suche weitere Merkmale.
2 Vielleicht findest du weitere Limericks. Trage sie vor oder schreibe sie auf und illustriere sie.
3 Wenn ihr alle gefundenen Limericks vergleicht, findet ihr sicher ein weiteres wichtiges Merkmal. Versucht euch nun selbst an einem Limerick. (Themen: Schule, Klasse, Freundschaft, Lernen ...) Hier sind zwei Schülerbeispiele:

In Landshut ein dicker Bäcker
stellt sich um Zwei den Wecker.
Im Akkord wird der Teig gemacht
und dabei auch viel gelacht.
Die gebackenen Brezen und Kräcker sind lecker.

Zwei Jungen gingen nach Altdorf zur Eisenbahnbrücke,
dort war – oh Graus – eine große Lücke.
Einer fiel hinunter,
blieb aber dennoch munter.
Um den, der oben stand, flog eine Mücke.

Bertolt Brecht: Was ein Kind gesagt bekommt
S. 13

Bertolt Brecht (1898–1956) gehört zu den Schriftstellern, die während der Hitlerzeit wegen ihrer politischen Überzeugung Deutschland verlassen mussten und im Ausland lebten. Nach dem Krieg kehrte er nach Berlin (Ost) zurück und leitete dort ein berühmtes Theater, das „Berliner Ensemble". Mit seinen eigenen Bühnenstücken erzielte er große Wirkung. Brecht wollte mit seinen Stücken die Zuschauer auf soziale Ungerechtigkeit aufmerksam machen und sie zum Nachdenken über Mittel und Wege der Veränderung bringen. Er schrieb auch Tausende von Gedichten, darunter solche, die er Kindern widmete.
Bertolt Brecht hat in seinem Gedicht viele Vorschriften und Verbote zusammengestellt, die Kinder von ihren Eltern immer wieder zu hören bekommen.

1 Auch in der Schule gibt es bestimmte Verhaltensvorschriften. Nehmt die Hausordnung, stellt euch einige Vorschriften zusammen und schreibt sie in Versform nieder.
2 Erstellt für eure Klasse eine kleine „Gebotstafel", an die sich alle halten sollen, damit eure Klassengemeinschaft auch gut funktioniert.
3 Vielleicht wollt ihr den Spieß ja auch einmal umdrehen: Was sollten Erwachsene gesagt bekommen?

Peter Janda:
Meine Traumschule
S. 14

1 Herr Petersen schildert hier aus der Sicht eines Lehrers seine Wunschschule. Trage die aufgeführten Merkmale zusammen und ordne sie in eine Tabelle ein: wünschenswert – normal – unwirklich.
2 Sucht euch einige der gefundenen Merkmale aus und diskutiert über deren Sinn.
Sind sie so in der Schule umzusetzen?
3 Wie stellt ihr euch eigentlich einen wünschenswerten Stundenablauf vor?

Heinz Rein:
Gang durch den Tunnel
S. 15

Heinz Rein wurde 1906 in Baden-Baden geboren und lebte später in Baden-Baden.

1 Weshalb kommen die beiden Jungen überhaupt auf die Idee mit der Mutprobe im Tunnel?
2 Die beiden Jungen wollten Freundschaft schließen. Überlegt, warum sie dies am Ende doch nicht können.
3 Schreibt nun aus eurer Sicht einen Brief an Fried und versucht ihm klar zu machen, was er falsch gemacht hat.
4 Wie würdest du eine Freundschaft „angehen"?

Peter Härtling:
Ben liebt Anna
S. 19

Peter Härtling, geb. 1933 in Chemnitz, war zunächst Journalist und Lektor. Heute lebt er als freier Schriftsteller in Mörfelden-Walldorf (Hessen) und schreibt Gedichte, Erzählungen und Romane für Kinder und Erwachsene. Besonders bekannt wurden seine Kinder- und Jugendbücher *Oma*, *Das war der Hirbel* und *Krücke*. Neben vielen Literaturpreisen erhielt er den Deutschen Jugendliteraturpreis.

1 Anna wird zu Beginn zwar kurz, aber doch recht gut beschrieben. Malt ein Bild, wie ihr euch Anna vorstellt.
2 Was meint Ben wohl mit „Das Diktat verhau ich" und warum hat er dieses Gefühl?
3 Am Anfang erfahrt ihr sehr viel über das, was die Mitschülerinnen und Mitschüler über Anna denken und sagen. Anna aber sagt nichts und doch wird sie sich viel gedacht haben.
Versetze dich in Annas Situation und schreibe zwei Tagebucheinträge: einen nach Annas erstem Schultag und einen zweiten nach dem Tag, an dem das Diktat geschrieben wurde.
4 Wenn Kinder aus anderen Ländern neu in eure Klasse kommen, ist es sicher auch eine schwierige Situation für sie. Wie könntet ihr diesen Kindern helfen, damit sie sich rasch zurechtfinden und sich wohl fühlen?

5 Wenn dir dieser Jugendbuchauszug gefallen hat und du neugierig auf das Buch geworden bist, dann besorge es dir. Vielleicht kaufen es dir deine Eltern oder du kannst es in einer Bücherei ausleihen.
Lies es und erzähle deiner Klasse, wie die Geschichte mit Ben und Anna zu Ende geht.

Gedichte-Werkstatt

Gedichte

In einer Werkstatt wird etwas hergestellt.
In diesem Fall sind es Gedichte.

Ihr seid die Gesellinnen und Gesellen
und sollt am Ende euer Meisterstück abliefern.

Ihr werdet mit Sprache spielen, Gedichte „reparieren“
und eure Gedanken selbst in Gedichtform bringen.

Viel Spaß!

Sprachspielereien

wind

Eugen Gomringer

```
       w    w
     d   i
    n   n   n
  i  d    i   d
w           w
```

Stunden

Ernst Jandl

```
st
  und
      en
   und
st
  und
      en
  und
st
  und
      en
  und
st
  und
      en
```

UNORDNUNG

Timm Ulrichs

```
ordnung   ordnung
ordnung   ordnung
ordnung   ordnung
ordnung   ordnung
ordnung   ordnung
ordnung unordn  g
ordnung   ordnung
ordnung   ordnung
ordnung   ordnung
ordnung   ordnung
ordnung   ordnung
```

1 a) Stell dir vor, ein Wind kommt auf: Was macht er mit deinen Haaren, mit dem Laub auf dem Boden, dem Staub auf der Straße, mit …?
b) Was ist das Besondere an dem Gedicht?
c) Gestalte dein eigenes *Wind*-Gedicht.

2 Was wird in dem Gedicht *Stunden* dargestellt?

3 a) Wieso heißt das Gedicht von Timm Ulrichs *Unordnung*? Wie drückt der Dichter die Unordnung aus?
b) Ihr könnt *Unordnung* auch anders darstellen. Versucht es.

4 Wieso wohl heißen die vorliegenden Gedichte *Bild*gedichte?

5 a) Erfindet selbst Bildgedichte zu den Wörtern *Explosion*, *Lücke* und *einsam* …
b) Sucht weitere Wörter, zu denen ihr ein Bildgedicht anfertigen könnt.

Mit Konsonanten spielen

Blödeln

Hans Manz

Utter fühlt sich
üde und att.
Sie acht sich
Inzentee.
„Inzentee acht
wieder unter“,
sagt Utter,
„und gut
ist er auch.
Mm!“

1 Das Gedicht ist von einem Virus befallen. Findest du ihn?

2 Hier habt ihr einen „Rohling“, aus dem ihr selbst ein *Blödel*-Gedicht machen könnt. Lest es laut vor.

3 Erstellt eine Liste von Wörtern mit gleichen Anfangsbuchstaben und bastelt daraus euer eigenes *Blödel*-Gedicht.

Kuno kaut Käsebrötchen.
Kleine Krümel knallen
Auf die Kachelfliesen.
„Käse ist köstlich,“
kichert Kuno,
„schmeckt einfach Klasse.“
So ein Käse.

Luselgried

Friedl Hofbauer

Wenn die Matzen kiauen
und die Bunde hellen
vitschern die Zwögel

wenn das Lelefon täutet
und die Hange sich schläutet
...

4 a) Lest das Gedicht laut vor. Was stimmt hier nicht?
b) Verändert das Gedicht so, dass es einen Sinn ergibt.

5 Das Gedicht endet mit drei Pünktchen. Setzt es fort.
Achtet bei den Wörtern, die von dem Virus befallen sind, auf die Wortarten.

Schüttelreime

Es graust vor nichts den Bademeister,
selbst in die fette Made beißt er.

Im Herbste an den Zitterpappeln
sieht man die Blätter bitter zappeln.

Beim Zahnarzt in den Wartezimmern
hört man häufig Zarte wimmern.

Es klapperten die Klapperschlangen,
bis ihre Klappern schlapper klangen.

6 Schon zu Zeiten eurer Urgroßeltern gab es solche Sprachspielereien. Was wird bei diesen Reimen eigentlich durcheinander *geschüttelt*?

7 Wenn ihr das Bauprinzip erkannt habt, könnt ihr es gleich bei den folgenden Reimen anwenden. Dabei kommt es darauf an, wie man die Wörter ausspricht, und nicht, wie man sie schreibt!

Weil Bäume sie in Mengen hatten,
schliefen sie in H***m***.

Hat eine Eiche Blätter kaum,
ist sie ein guter K***b***.

Menschen mögen ***,
während sie die Löwen meiden.

Ich freue mich auf ***,
da hab ich keine Sorgen mehr.

8 Versucht jetzt selbst zu folgenden Wörtern Schüttelreime zu erfinden:
bunte Ränder/_unde _änder; lang und bauschig/b… und …l

9 Sucht weitere Wörter, die ihr schütteln könnt, und macht daraus Schüttelreime.

Drei Chinesen mit dem Kontrabass

Drei Chinesen mit dem Kontrabass
saßen auf der Straße und erzählten sich was.
Kam die Polizei, fragt, was ist denn das?
Drei Chinesen mit dem Kontrabass.

Dri Chinisin mit dim Kintribiss
sißin if dir Strißi ind izziltin sich wis.
Kim die Pilizi, frigt, wis ist dinn dis?
Dri Chinisin mit dim Kintribiss.

Dru Chunusun mut dum Kuntrubuss

Dro Chonoson mot dom Kontroboss

Drau Chaunausaun maut daum Kauntraubauß

1 Sicher kennt ihr dieses Lied. Vervollständigt die Strophen und singt es einmal vor.

2 Wie verändert sich die Stimmung durch die verschiedenen Vokale?

3 Welche Stimmlage, welche Gestik und Mimik
passen zu den einzelnen Vokalen am besten? Probiert es aus.

ottos mops

Ernst Jandl

ottos mops trotzt
otto: fort mops fort
ottos mops hopst fort
otto: soso

otto holt koks
otto holt obst
otto horcht
otto: mops mops
otto hofft

ottos mops klopft
otto: komm mops komm
ottos mops kommt
ottos mops kotzt
otto: ogottogott

4 Lest das Gedicht laut vor. Achtet dabei auf die Vokale.

5 a) Lasst euch von diesem O-Gedicht anregen,
ein ähnlich gebautes A-, E-, I- oder U-Gedicht zu schreiben.
Es darf darin nur ein einziger Vokal vorkommen: z. B. *Annas Aal schmatzt …*
b) Am besten sammelt ihr zuerst Wörter mit dem gleichen Vokal.
Wenn ihr sie nach Wortarten geordnet aufschreibt, dann dichtet es sich leichter.
Verfahrt dabei nach dem Beispiel der nachfolgenden Tabelle.

Namen	Nomen	Verben	Adjektive	andere
Iris	Fisch	singt	mies	nie
Kurt	Schuh	knurrt	bunt	uff!
Else	Pferd	geht	nett	gerne
…	…	…	…	…

6 Vergleicht eure Gedichte.
Sprecht dabei auch über die Wirkung der verschiedenen Vokale.

Reimen macht Spaß

Abzählreime

Eins zwei drei vier Nagezahn,
frisst nur fetten Löwenzahn,
Löwenzahn beißt zurück –
du bist aus, du hast Glück!

Georg Klusemann

Backenzahn und grüner Kater,
Katzenschwanz und Eulenvater,
Bimmelbahn und Schokokuss –
du bist der, der suchen muss.

nach Janosch

1 Tragt die Abzählreime vor. Warum sind Reim und Rhythmus so wichtig?

2 Ihr kennt sicher noch andere Abzählreime.

3 Lasst eurer Fantasie freien Lauf und erfindet selbst weitere Abzählreime.

Seltenheiten

Josephine Hirsch

Grüne Füchse,
blaue Lüchse,
runde Ecken,
schnelle Schnecken,
kleine Riesen,
schwarze Wiesen,
heiße Kühle,
kalte Schwüle,
junge Greise,
dumme Weise,
lila Kälber,
sag es selber,
sind in allen Welten
selten.

4 Dieses Gedicht besteht aus lauter Wortpaaren, die sich reimen.
Was ist das Besondere an den Wortpaaren?

5 Denkt euch andere Seltenheiten aus, die sich reimen, und macht daraus ein eigenes Gedicht. Die zwei letzten Verszeilen könnt ihr übernehmen.

Gedichte entflechten

Drei Finken

nach Wolf Harranth

Die drei Spatzen

nach Christian Morgenstern

Es sitzen drei Finken auf einem Ast,
In einem leeren Haselstrauch
Da sitzen drei Spatzen, Bauch an Bauch.
Die haben zur Herbstzeit den Abflug verpasst.
Da hocken sie nun und träumen
Der Erich rechts und links der Franz
Von sommersonnigen Bäumen.
Und mittendrin der freche Hans.

Sie haben die Augen zu, ganz zu,
Doch beißt sie ein Windstoß von Zeit zu Zeit
Und obendrüber da schneit es, hu!
Und zaust ihnen eisig das Federkleid
Und bringt ihren Ast arg ins Schwanken,
Geraten die Träume ins Wanken.

Sie rücken zusammen dicht an dicht.
Dann rucken sie hin und rucken sie her,
Die frierenden Finken, und träumen nicht mehr.
So warm wie der Hans hats niemand nicht.
Sie hören alle drei ihrer Herzlein Gepoch.
Und ich höre sie, will es mir scheinen,
Ganz leise auf Finkenart weinen.
Und wenn sie nicht weg sind, so sitzen sie noch.

1 Dieses Gedicht besteht eigentlich aus zwei Gedichten, die ineinander geraten sind. Die Reihenfolge der einzelnen Verszeilen ist aber geblieben. Versuche die Gedichte wieder zu entwirren. Der Inhalt und die Reime helfen dir sie richtig zuzuordnen:

Drei Finken
Es sitzen drei Finken auf einem Ast,
Die haben zur Herbstzeit den Abflug verpasst.
…

Die drei Spatzen
In einem leeren Haselstrauch
Da sitzen drei Spatzen, Bauch an Bauch.
…

2 Vergleicht jetzt eure Gedichtfassungen mit den Originaltexten auf Seite 39.

Verse zu einem Gedicht anordnen

Im Nebel

nach Josef Guggenmos

Im Nebel steht – er hat's in sich –

gar mancherlei umher.

Dass jetzt vielleicht, dass jetzt was steht,

vielleicht was kommen muss.

ganz dicht vor deiner Hand,

das weiß man nie vorher.

und denkst, dass jetzt beim nächsten Schritt

Doch was da steht, das ahnt man nicht,

Jetzt rennst du nicht, jetzt gehst du nur,

ein Baum vielleicht, ein Zaun vielleicht,

jetzt setzt du Fuß vor Fuß,

vielleicht ein Elefant.

1 a) In diesem Gedicht stimmt etwas nicht. Schreibt die einzelnen Verszeilen auf Papierstreifen und legt sie vor euch auf den Tisch.
b) Ordnet die Verszeilen so an, dass ein sinnvolles Gedicht entsteht.
Das Gedicht fängt an mit

Im Nebel steht – er hat's in sich –

gar mancherlei umher.

2 Vergleicht eure Gedichtfassungen. Welche Unterschiede gibt es?

Garten

nach Georg Bydlinski

Der Himmel ist blau wie das Meer.

Der Wind bewegt meine Haare,

sie schwingen leicht, hin und her.

Ich sitze im Gras und schweige.

Ich sehe die Käfer im Kraut.

den Schmetterling, der in der Nähe

Ich bin nicht allein, denn ich sehe

Ich höre die Amseln und Stare.

die Sonne berührt meine Haut.

den Wind, der im Kirschgeäst schaukelt,

ganz langsam vorübergaukelt.

Der Wind bewegt die Zweige,

3 Diese Verszeilen müssen neu angeordnet werden, damit daraus ein zusammenhängendes Gedicht entsteht. Benutzt dazu wie beim vorigen Gedicht Papierstreifen, auf die ihr die einzelnen Verszeilen abschreibt. Bringt sie dann in die Reihenfolge, die euch am sinnvollsten erscheint. Das Gedicht beginnt mit:

Ich sitze im Gras und schweige.

4 Gib deinem Gedicht eine eigene Überschrift.

5 Lest eure Gedichte vor und vergleicht sie. Warum wohl sind bei diesem Gedicht viele Möglichkeiten der Versanordnung vorstellbar?

Die passenden Wörter finden

März

nach Georg Britting

Über der Isar fliegen
die Möwen im [1] Wind.
Die Enten [2] und liegen
am Ufer dann still. Es sind

die [3] nie höher gestiegen
als diese Stunde im März.
Die [4] [5] und fliegen
der [6] Sonne ans Herz.

1 Dieses Gedicht hat einige Lücken, die erst noch ergänzt werden müssen. Wählt aus den vorgegebenen drei Möglichkeiten jeweils das Wort aus, das euch am besten gefällt, und setzt es ein. Vergleicht eure Fassung mit dem Originaltext auf Seite 39.

Selbst Gedichte schreiben

Erinnert ihr euch? Elfchen!

Schulwechsel

Ungewohnt
Neue Lehrer
Die vielen Fächer
Werde ich Freunde finden?
Abwarten

1 Beschreibt mit eigenen Worten die Stimmung, die hier zum Ausdruck kommt. Wie habt ihr euch damals gefühlt? Ihr seid mittlerweile ein Jahr älter geworden und könnt jetzt sicher schon mehr Gedanken zu Papier bringen.
Wir schreiben einen **Sechzehnender**:

1. Zeile	Farbe, Geräusch, Geruch, Licht, Form, Geschmack	1 Wort
2. Zeile	charakteristische(r) Person/Gegenstand	2 Wörter
3. Zeile	anschauliche nähere Beschreibung	3 Wörter
4. Zeile	weitere(r) charakteristische(r) Personen/Gegenstand und Beschreibung	4 Wörter
5. Zeile	eigene Auffassung	5 Wörter
6. Zeile	Zusammenfassung	1 Wort

Realschule

Hell
Meine Schule
Liegt im Grünen
Meine Klassenlehrerin ist prima
Ich fühle mich hier pudelwohl
Toll!

2 Auch dieser Sechzehnender gibt die Stimmung eines Schülers oder einer Schülerin wieder. Beschreibt auch sie mit eigenen Worten und vergleicht wieder mit euch.

Um eigene Sechzehnender zu verfassen solltet ihr zunächst Gedanken zu einem Thema sammeln. Eine Hilfe dazu gibt euch die nachfolgende Stoffsammlung.

Schulleben: Abwechslungsreich, langweilig, Pausenhalle, Hausmeister, Sekretärin, Ausflug, grau, bunt, Skitag, Geschrei, Schulaufgabe, Gong, lästiges Lernen, eine richtige Familie, Schulfest, Sportfest, Computer, Internet, Schulparty, Chor, Sportlehrer, Kochen …
Hobby: Musik, Stereoanlage, laut, Eltern schimpfen, Bässe dröhnen …
Meine Klasse: …
Freizeit: …

3 „Bastelt" aus der Sammlung zu *Schulleben* einen Sechzehnender.

4 Vervollständigt die Gedanken zu *Hobby* und bringt sie mit einem Elfchen oder mit einem Sechzehnender zu Papier.

5 Erstellt selbst solche Stoffsammlungen zu den beiden anderen oder neuen Themen. Schreibt darüber ein Elfchen oder einen Sechzehnender.

6 Schreibt eure Werke mit Hand oder per Computer sauber auf farbiges Papier, illustriert sie wenn möglich und gestaltet eine Ausstellung unter dem Thema: *Die Klasse 6 – junge Dichterinnen und Dichter*

Die Gedichte in ihrer Originalfassung

Drei Finken

Wolf Harranth

Es sitzen drei Finken auf einem Ast,
die haben zur Herbstzeit den Abflug verpasst.
Da hocken sie nun und träumen
von sommersonnigen Bäumen.

Doch beißt sie ein Windstoß von Zeit zu Zeit
und zaust ihnen eisig das Federkleid
und bringt ihren Ast arg ins Schwanken,
geraten die Träume ins Wanken.

Dann rucken sie hin und rucken sie her,
die frierenden Finken, und träumen nicht mehr.
Und ich höre sie, will es mir scheinen,
ganz leise auf Finkenart weinen.

Die drei Spatzen

Christian Morgenstern

In einem leeren Haselstrauch
da sitzen drei Spatzen, Bauch an Bauch.

Der Erich rechts und links der Franz
und mitten drin der freche Hans.

Sie haben die Augen zu, ganz zu,
und obendrüber da schneit es, hu!

Sie rücken zusammen dicht an dicht
So warm wie der Hans hats niemand nicht.

Sie hören alle drei ihrer Herzlein Gepoch
Und wenn sie nicht weg sind, so sitzen sie noch.

Im Nebel

Josef Guggenmos

Im Nebel steht – er hat's in sich –
gar mancherlei umher.
Doch was da steht, das ahnt man nicht,
das weiß man nie vorher.

Jetzt rennst du nicht, jetzt gehst du nur,
jetzt setzt du Fuß vor Fuß,
und denkst, dass jetzt beim nächsten Schritt
vielleicht was kommen muss.

Dass jetzt vielleicht, dass jetzt was steht,
ganz dicht vor deiner Hand,
ein Baum vielleicht, ein Zaun vielleicht,
vielleicht ein Elefant.

Garten

Georg Bydlinski

Ich sitze im Gras und schweige.
Der Himmel ist blau wie das Meer.
Der Wind bewegt die Zweige,
sie schwingen leicht, hin und her.

Ich bin nicht allein, denn ich sehe
den Wind, der im Kirschgeäst schaukelt,
den Schmetterling, der in der Nähe
ganz langsam vorübergaukelt.

Ich höre die Amseln und Stare.
Ich sehe die Käfer im Kraut.
Der Wind bewegt meine Haare,
die Sonne berührt meine Haut.

März

Georg Britting

Über der Isar fliegen
die Möwen im knatternden Wind.
Die Enten schnattern und liegen
am Ufer dann still. Es sind

die Wolken nie höher gestiegen
als diese Stunde im März.
Die Möwen schreien und fliegen
der taumelnden Sonne ans Herz.

Wettbewerb der Leseratten

Wie bei richtigen Olympischen Spielen gehören auch zu einem Vorlesewettbewerb:

Vorbereitung
der Teilnehmerinnen und Teilnehmer
Dazu findet ihr Hilfen auf den folgenden Seiten.

Organisation
Damit ein geordneter Verlauf gewährleistet ist.

Regeln
Damit alle Teilnehmerinnen und Teilnehmer die gleichen Chancen haben.

Jury
Um die beste Vorleserin oder den besten Vorleser zu ermitteln.

Zuhörer
Damit eine gute Wettkampfatmosphäre entsteht.

Siegerehrung
Damit die Siegerin oder der Sieger den verdienten Preis erhält.

Teilnahmebedingungen könnten sein:
- Ihr sucht euch den Text, den ihr vorlesen möchtet, selbst aus. Ein Ausschnitt aus einem Jugendbuch ist besonders geeignet.
- Ihr stellt das Buch, aus dem der ausgewählte Text stammt, vor und führt kurz in die Handlung ein.
- Die Vorlesezeit für den ausgewählten Textausschnitt beträgt 3 bis 5 Minuten!

Weitere Möglichkeiten:
- Alle bekommen den gleichen Text zum Vorlesen.
- Zusätzlich zu diesem vorbereiteten Text muss noch ein unbekannter Text gelesen werden.

Trainingseinheit 1

Richtiges Atmen ist Voraussetzung

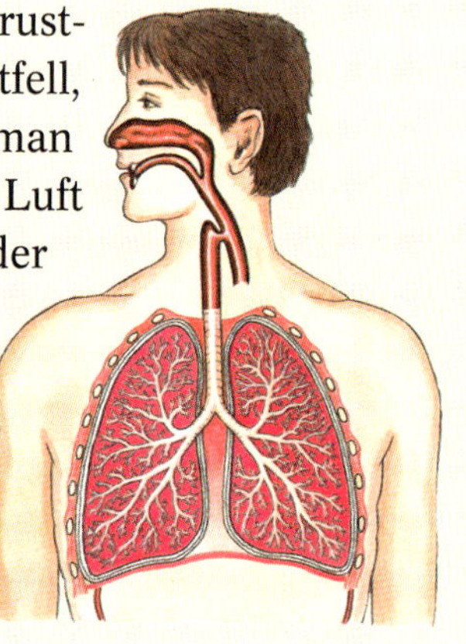

Erst die Atmung macht das Sprechen möglich. Brusthöhle, Bronchien und Lungenflügel, die von Brustfell, Rippen und Zwerchfell umschlossen sind, nennt man Atmungsorgane. Beim Ausatmen strömt diese Luft durch den Kehlkopf, in dem sich die Stimmbänder befinden. Wenn diese in Schwingungen geraten, werden Töne erzeugt.
Viele Menschen atmen falsch, weil sie hastig und flach nur mit dem Brustkorb atmen. Wer den Bauchraum benützt, atmet ruhig und tief. Richtiges Atmen kann man erlernen und einüben.

In der deutschen Sprache gibt es zahlreiche **Redewendungen**, die mit dem Vorgang des Luftholens zu tun haben.

1 Lies die folgenden Redewendungen oder Sätze und versuche zu erklären, was sie bedeuten und in welchem Zusammenhang sie verwendet werden.

- Das ist atemberaubend schön.
- Ich habe die Nase voll.
- Dort herrscht „dicke Luft".
- Sie bringt keinen Ton heraus.
- Er ist sprachlos.
- Ihr hat es die Stimme verschlagen.
- Seine Worte überschlagen sich.
- Der steht mit offenem Mund da.

2 Fallen dir noch weitere Redewendungen oder Sätze ein?

Was für Sportler eine gute Kondition ist,
ist für Lese-*Athleten* eine richtige Atemtechnik.
Richtiges Atmen ist für deutliches und verständliches Sprechen sehr wichtig.
Das hängt mit der Entstehung der Töne im Körper zusammen.
Beim Atmen mit Lunge und Zwerchfell entsteht ein Luftstrom.
Je gleichmäßiger der Luftstrom ist, desto besser werden
die Töne erzeugt und umso leichter fällt dir das Vorlesen.

Mit den folgenden Übungen kannst du eine gleichmäßige Atmung trainieren.
Mache die Übungen nicht nur heute, sondern öfter.
Wie beim Sport können sie beim Lesen vor jedem Training
zur „Aufwärmung" dienen.

3 Blase eine Kerzenflamme nicht ganz aus, sondern lasse sie möglichst lange ununterbrochen flackern. Öffne dazu den Mund nur ganz wenig.

4 Singe einen Ton auf einem Atemzug und halte dabei eine Kerzenflamme vor den Mund. Verbrauche so wenig Atem, dass die Kerze nicht flackert.

5 Blase mit dem Strohhalm möglichst lange in ein Glas Wasser.
Wer kann auf einem Atemzug das Wasser am längsten blubbern lassen?

6 Stell dir folgende Situationen vor:
- Du hast eine Blume in der Hand. Ganz langsam und unhörbar atmest du ein und riechst ihren Duft.
- Jetzt hast du eine Pusteblume in der Hand. Puste den Samen kräftig vom Stängel.
- Du kommst nach Hause, das Essen steht auf dem Herd. Schnuppere lange und vorsichtig am Kochtopf auf dem Herd.

7 Ein Spiel:
Zwei Spieler stehen sich an der Längsseite eines Tisches gegenüber.
In der Mitte des Tisches liegt ein Wattebausch.
Beide Spieler versuchen, den Wattebausch auf der gegenüberliegenden Seite vom Tisch zu pusten.

Wenn du dich bei einem schnellen Lauf überanstrengt hast, dann bekommst du keine Luft, vielleicht hast du sogar „Seitenstechen".
Nun musst du die Spannung abbauen, dich „entspannen". – Tief durchatmen.
Auch beim Sprechen sollst du locker und entspannt sein.
Verspannungen der Gesichtsmuskulatur oder des Kehlkopfes verhindern, dass deine Stimme klar und angenehm klingt.

8 Beobachte dich beim Sprechen vor einem Spiegel. Achte dabei darauf, dass dein Gesicht locker und entspannt ist. Beobachte, wie du atmest. Beim richtigen, tiefen Atmen wölbt sich deutlich dein Bauch.

Trainingseinheit 2

Deutliches Sprechen üben

Ein Basketballspieler bei den Olympischen Spielen braucht vor allem Sprung- und Wurfkraft. Er wird deshalb besonders die Bein- und Armmuskulatur trainieren. Beim Vorlesen kommt es darauf an, jedes einzelne Wort deutlich auszusprechen. Dazu benötigst du Zunge, Zähne, Kiefer und Lippen als Sprechwerkzeuge. Je sicherer und geläufiger sie gebraucht werden, desto besser und deutlicher wird die Aussprache. Zungenbrecher sind dafür eine gute Übung:

Zungenbrecher

Esel essen Nesseln nicht.
Nesseln essen Esel nicht.

Die Katze tritt die Treppe krumm.

Der Flugplatzspatz
nahm auf dem Flugplatz Platz.
Auf dem Flugplatz
nahm der Flugspatz Platz.

Dies ist ein Scheit.
Es ist ein feingesplissener Spleißenscheit,
den schickt Frau Meissner aus Neiße
und lässt dazu sagen gar fein,
dass ihr Mann ein fleißiger Scheitspleißer sei,
der am Abend – ehe er etwas gegessen
oder gebissen – hätte viele Scheite gesplissen.

Auch in anderen Sprachen kennt man solche Zungenübungen,
z. B. im Englischen:

How much wood would a wood chuck chuck
if a wood chuck would chuck wood?

(Wie viel Holz würde ein Murmeltier hacken,
wenn ein Murmeltier Holz hacken würde?)

oder im Italienischen:

Sotto le frasche* del capanno
quattro gatti grossi stanno,
sotto quattro grossi sassi,
quattro gatti grossi e grassi.
(*sprich: fraske)

(Unter den Zweigen der Vogelhecke
sitzen vier dicke Kater beisammen
unter vier großen Felsbrocken
vier dicke, fette Kater hocken.)

1 Versuche die einzelnen Zungenbrecher möglichst schnell und fehlerfrei zu sprechen.

2 Kennst du noch andere Zungenbrecher? Stelle sie der Klasse vor.

Wenn Fliegen hinter Fliegen fliegen, fliegen Fliegen Fliegen nach.

3 Schreibe diesen Zungenbrecher um mit: *Robben*, *Spinnen* …

Wenn ein Chor singt, dann halten die Sänger das Liedblatt auf Mundhöhe, um den Kopf beim Lesen nicht zu weit nach unten zu senken.

4 Probiert aus, wie Sprechen klingt, wenn ihr
a) den Kopf auf die Brust senkt/presst,
b) das Kinn weit nach oben streckt.

5 Übersetze zuerst das Gedicht von Joachim Ringelnatz in „normale" Sprache.

6 Übertrage es dann einmal in die Lu-, Ga- oder Mo-Sprache.

7 Ihr könnt auch einen Korken oder Streichholz hochkant in den Mund stecken und dabei sprechen …

Bi-Sprache

Joachim Ringelnatz

Ibich habibebi dibich,
Lobittebi, sobi liebib.
Habist aubich dubi mibich
Liebib? Neibin, vebirgibib.

Nabih obidebir febirn,
Gobitt seibi dibir gubit.
Meibin Hebirz habit gebirn
Abin dibir gebirubiht.

umulmrum

Konrad Balder Schäuffelen

nach mencha	nei
nach seflenga	naus
nach schturgert	nontr
ens allgai	nauf
diller	nauf
nach neiulm	nom
ens boirische	niber
nach elchenga	na
dona	na …

8 Trage das Gedicht zunächst schwäbisch und dann hochdeutsch vor.

Trainingseinheit 3

Verschiedene Redemittel kennen lernen

Um seine Kraft wirkungsvoll einsetzen zu können, braucht der Sportler für die Bewegung der Arme und Beine eine bestimmte Technik. Ähnliches gilt beim Vorlesen bzw. Sprechen. Du kannst Wörter und Sätze unterschiedlich aussprechen, z. B. leise oder laut, schnell oder langsam, hoch oder tief. Welche Techniken oder, wie die Fachleute sagen, *Redemittel* es gibt, die Stimme zu gestalten, und welche Wirkung du damit erzielen kannst, lernst du in dieser Trainingseinheit kennen.

„Unsere Mannschaft ist völlig außer Form | und das beim Heimspiel. V Die Nummer 3 trifft überhaupt nicht. V Höchste Zeit, | dass sie ausgewechselt wird!“

Mit Sinnschritten lassen sich Sätze und Texte gliedern. Sie markieren die Stellen zum Atemholen (|) oder für eine längere Pause (V), um Wichtiges hervorzuheben.

„Heute können wir mit mehr als 10 Punkten Vorsprung gewinnen.“
„Heute können wir mit mehr als 10 Punkten Vorsprung gewinnen.“

Mit der **Betonung** einzelner Wörter oder Wortgruppen wird die wesentliche Aussage eines Satzes herausgestellt. Unterschiedliche Betonungen verändern den Sinn.

„Die Nummer 4 hat schon 35 Punkte auf dem Konto!“

„Die Nummer 4 hat schon 35 Punkte auf dem Konto?“

Die **Stimmführung** macht die Aussage eines Satzes deutlich. Dies geschieht durch Heben der Stimme bei Fragen und durch Senken der Stimme bei Ausrufen.

Ein Fan (freudig und bestimmt):
„Diese Mannschaft ist einfach unschlagbar."
Ein Anhänger der Gegner (enttäuscht):
„Diese Mannschaft ist einfach unschlagbar."

Die **Stimmlage** zeigt an, wer spricht
und welcher Stimmung er ist.

Laut: „Pass auf, die Nummer 9 kommt von rechts!"
Leise: „Hoffentlich können sie den Vorsprung halten!"
Schnell: „Gib den Ball ab, die Nummer 5 steht frei!"
Langsam: „Nicht aus der Ruhe bringen lassen. Ball halten!"

Lautstärke und **Sprechtempo** verdeutlichen das Gemeinte.

1 Lies die Beispiele zu den verschiedenen Redemitteln laut vor.
Achte dabei auf die Redezeichen und die Anweisungen.

2 Ein Spiel: An die Tafel werden drei bis vier Sätze
mit unterschiedlicher Aussage geschrieben, z. B.:
„Guten Morgen. Hast du gut geschlafen?"
„Das kannst du mit mir nicht machen!"
„Wir dürfen die anderen nicht aufwecken!"
„Oh je, wie konnte das nur passieren!"

Jeder von euch darf sich nun einen dieser Sätze aussuchen und ihn sprechen.
Allerdings nicht mit den Originalwörtern, sondern als *Grammolo*,
d. h. mit sinnlosen Silben, z. B.: *Daba*, *daba* oder *mimo*, *mimo* u. Ä.
Allein an den Redemitteln sollen eure Mitschülerinnen und Mitschüler erkennen,
welchen der Sätze ihr ausgewählt, „gesprochen" habt.

3 Wenn ihr diese Übung beherrscht, könnt ihr auch ein Rollenspiel daraus machen.
Dazu sucht ihr euch einen Partner oder eine Partnerin.
Jedes Paar erhält einen Zettel mit der Beschreibung einer Szene, z. B.:
– ein Gast isst im Lokal und es schmeckt ihm nicht;
– ein Staubsaugervertreter will seine Ware vorführen und verkaufen;
– Kunden streiten sich beim Bäcker, wer als Nächster bedient wird.
Auch diese Szenen werden ausschließlich mit sinnlosen Silben gesprochen.
Achtet dabei auf die Redemittel.

Trainingseinheit 4

Deine Körpersprache einsetzen

Beim Sport sind trainierte Muskeln wichtig, aber nicht alles.
Beim Vorlesen kommt es nicht nur darauf an, klar und verständlich zu sprechen, sondern auch darauf, den Text lebendig vorzutragen.
Dabei solltest du deine Zuhörerinnen und Zuhörer möglichst oft ansehen.
Die Aussagen des Textes kannst du mit Hilfe deiner Körpersprache verdeutlichen.
Man spricht von **Mimik** (Gesichtsausdruck) und **Gestik** (Bewegung der Hände).

1 Stelle dir vor, du hörst diesem Jungen zu.
Auf welchem Foto spricht er dich am meisten an?
Woran liegt das?

2 Was könnte jemand ausdrücken,
der mit hochgezogenen Augenbrauen vorliest?

3 Auch die Körperhaltung ist wichtig. Welche Stimmung wird ausgedrückt, wenn jemand mit hängenden Schultern dasitzt?

4 Versuche nun selbst mit deinem Körper darzustellen, dass du *wütend*, *traurig*, *beleidigt*, *schüchtern*, *arrogant* oder *glücklich* bist.
Vielleicht gelingt es dir, noch andere Stimmungen auszudrücken.
Suche dir eine Partnerin oder einen Partner und probiert es wechselseitig aus.
Eine dritte Person kann beraten und korrigieren.

5 Wähle einen Text aus, den du gut kennst.
Hieran kannst du üben,
– immer wieder deinen Partner oder deine Partnerin anzusehen,
– deine Mimik und Gestik bewusst einzusetzen.

Trainingseinheit 5

Übung macht den Meister

Bevor der Wettkampf stattfindet, sind viele Probeläufe nötig, um die erlernten Techniken zu üben und zu verbessern. Für die Lese-Olympiade hast du nun verschiedene Techniken des Vorlesens kennen gelernt, die du an den folgenden Texten, aber auch an anderen Texten des Lesebuches ausprobieren kannst. Es ist sinnvoll, die Übungen auf mehrere Tage zu verteilen.

Das große Lalula

Christian Morgenstern

Kroklokwafzi? Semememi!
Seiokronto – prafliplo:
Bifzi, bafzi; hulalemi:
quasti basti bo …
Lalu, lalu, lalu, lalu, la!

Hontraruru miromente
zasku zes rü rü?
Entepente, leiolente
klekwapufzi lü?
Lalu, lalu, lalu, lalu, la!

Simarar kos malzipempu
silzuzankunkrei!
Marjomar dos: Quempu Lempu
Siri Suri Sei!
Lalu, lalu, lalu, lalu, la!

1 Versuche das Gedicht fehlerfrei zu lesen. Lass dir Zeit.

2 Trage nun das Gedicht laut vor und stelle dir dabei folgende Situationen vor:
- Streitgespräch,
- Liebesszene,
- lustiges bzw. trauriges Geschehen.

Achte auf Stimmführung und Stimmlage.
Auch die Mimik und Gestik sind wichtig.
Gelingt es dir so vorzulesen, dass deine Mitschülerinnen und Mitschüler erraten, um welche Situation es sich handelt?

Onkel Kullermann

Eva Hinze

Kennt ihr schon Onkel Kullermann,
der leider schlecht verstehen kann?
Was man sagt, das dreht er um,
hört mal zu, ihr lacht euch krumm!

„Onkel Kullermann, guten Morgen!“
„Wie, du musst dir etwas borgen?“

„Nein, ich meine, wie es geht!“
„Wo das kleine Töpfchen steht?"

„Hast du heut schon was gegessen?“
„Wie, was soll die Katze fressen?"

„Hier ist etwas Kraut im Topf!“
„Eine Braut mit einem Zopf?"

„Schnell, ich lauf und bringe Eier!“
„Eine Henne hat Frau Meier?"

„Sage mir, was soll ich holen?“
„Wie, noch einen Eimer Kohlen?"

„Lieber Onkel, ich mach Feuer!“
„Draußen steht ein Ungeheuer?"

„Grünes Holz, das wird nicht taugen!“
„Es hat geschrien und grüne Augen?“

„Du hörst schlecht, und ich muss gehen!“
„Komm bald zurück! Auf Wiedersehen!"

3 Bei diesem Gedicht sind die Satzzeichen für das Vorlesen sehr wichtig. Sie geben die Stimmführung an. Lest das Gedicht mit verteilten Rollen.

4 Versuche einmal das Gedicht alleine vorzutragen. Mit Hilfe von Stimmlage und Lautstärke kannst du die zwei Rollen, die du sprichst, unterscheiden.

Gehen – laufen – springen

Rosemarie Künzler-Behncke

Ich gehe – ich eile – ich laufe – ich springe
ich renne – ich rase – ich sause – ich schwinge
ich flitze – ich wandre – ich schlendre – ich schreite
ich hüpfe – ich hopse – ich tänzle – ich gleite
ich stelze – ich taumle – ich torkle – ich schleiche
ich stampfe – ich tripple – ich hinke – ich weiche
ich humple – ich schlurfe – ich bummle – ich schwanke
ich husche – ich trotte – ich trödle – ich wanke …

5 Überlege, wie man die Gangarten
durch das Sprechtempo ausdrücken kann.
Versuche so zu sprechen, dass man
die unterschiedlichen Gangarten heraushört.
Achte beim Vorlesen auch darauf,
die aufeinander folgenden Konsonanten
deutlich auszusprechen.

Ein Riese hatte Riesenhände

Lutz Rathenow

Ein Riese hatte Riesenhände,
'nen Riesenkopf mit Riesenmund.
Natürlich lauter Riesenfinger und Haare
wie ein Tuschkasten bunt.

Nur eines war nicht riesengroß:
die Nase, die war menschenklein.
Und juckte es in ihr, da passten die Riesenfinger nicht in sie hinein.
Das fand der Riese sehr gemein.

6 Lies das Gedicht laut vor.
Teile dazu den Text in Sinnschritte ein.
Welche Wörter können betont werden?
Du kannst die Aussagen durch Gesten und Mienenspiel verdeutlichen.
Probiere verschiedene Darstellungen aus.

Getuschel

Jürgen Spohn

Die da
ist mit
der da da
und
der da
ist mit
dem da da
und
da ist
das da
damit da
und
die da
war mit
dem da da
als da
die da
den da sah

7 Teile den Text in passende Sinnschritte ein und achte beim Vorlesen auf die richtige Betonung. Erprobe verschiedene Möglichkeiten.

8 Das Gedicht trägt den Titel „Getuschel". Versuche es auch so vorzulesen. Es gelingt noch besser, wenn mehrere zur gleichen Zeit das Gedicht sprechen und dabei miteinander richtig „tuscheln".

Nachts, wenn es schneit

Hans Baumann

Wer in einer Winternacht,
wenn es still ist weit und breit,
aus dem ersten Schlaf erwacht,
weil es schneit und schneit und schneit:
auf die Dächer, auf die Brücken,
auf Platanen und auf Föhren,
Denkmalslöwen auf den Rücken,
kann den Winter wachsen hören.

9 Der Schnee fällt ganz leise, sanft und langsam. Achte beim Sprechen darauf, dass deine Stimme auch so klingt.

Zur Vorbereitung des Lese-Wettbewerbs

Die Teilnehmerinnen und Teilnehmer haben sich anhand der Trainingseinheiten vorbereiten können.
Nun müssen auch die Vorbereitungen der Organisatoren voll anlaufen.

Wann findet die Veranstaltung statt?

Wer nimmt verbindlich daran teil?

Wo findet die Veranstaltung statt?

Tipps für die Veranstaltung

Werbung
Entwerft ein Logo und ein Plakat.
Schreibt Einladungen für die Veranstaltung.

Jury
Sprecht geeignete Juroren an: Eltern, Lehrer, Mitschüler …
Erstellt ein Bewertungs-schema.

Siegerehrung
Überlegt euch Preise und besorgt sie.
Plant die Gestaltung der Siegesfeier.

Was soll bewertet werden?

Textverständnis

- Kann der Leser bzw. die Leserin in kurzen eigenen Worten in den Inhalt einführen und die Auswahl der Textstelle erläutern?
- Ist der vorbereitete Textabschnitt verständlich oder fehlt der Zusammenhang?
- Wird die vorgegebene Lesezeit (3–5 Min.) weitgehend eingehalten?

Lesetechnik

- Wird der Text flüssig und sicher vorgetragen?
- Ist die Aussprache deutlich, sodass man die Wörter und Sätze gut verstehen kann?
- Sind auch die Endungen eindeutig und richtig?
- Wird der Text von dem Leser bzw. der Leserin durch Betonungen, Pausen und Stimmführung so gestaltet, dass die Zuhörer gefesselt werden und die Spannung spürbar wird?

Körpersprache

- Welche Körperhaltung nimmt der Leser oder die Leserin ein?
- Wird der Textinhalt durch Mimik und Gestik verdeutlicht?

Einigt euch vorher, wie viele Punkte ihr für jede Aufgabe geben wollt.

Wie jeder Wettbewerb erfordert auch der Lese-Wettbewerb eine gezielte Vorbereitung auf die besondere Situation und die speziellen Anforderungen. Zunächst musst du einen geeigneten Text zum Vorlesen finden und dann deinen Lesevortrag daran einüben.

Textauswahl

Lies aus deinem Lieblingsbuch vor oder suche in einem Krimi oder Abenteuerbuch eine geeignete Textstelle.
Du solltest die Textstelle vortragen, die dir besonders gut gefällt und in der etwas Entscheidendes für die Handlung passiert.
Je besser du dich in die Personen und in die Situation hineinversetzen kannst, desto überzeugender kannst du auch vorlesen.

Üben mit dem Text

1 Lies den Text zuerst leise und beantworte dir folgende Fragen:
Wer sind die handelnden Personen? Was passiert jetzt? Worum geht es?
Welche Stimmung herrscht im Text?

2 Lies dir selbst jeden einzelnen Satz laut vor, sprich dabei sorgfältig und deutlich. Achte vor allem darauf, dass du die Endungen deutlich sprichst, doch vermeide übertriebenes Sprechen. Natürlichkeit ist beim Vorlesen wichtig.

3 Achte auf Besonderheiten:
– Orts- und Eigennamen,
– schwierig zu sprechende Wörter, z. B. Fremdwörter,
– wörtliche Rede
(wenn mehrere Personen sprechen, musst du die Stimmlage ändern).

4 Markiere im Text die Sinnabschnitte, achte dabei auf Satzzeichen. Damit legst du auch fest, an welcher Stelle im Text du atmen wirst.

5 Lasse dir Zeit beim Vortrag, mache Pausen. Bedenke, dass die Zuhörerinnen und Zuhörer in aller Regel den Text nicht kennen, mit dem du dich gründlich auseinander gesetzt hast. In den Pausen haben sie Zeit, das Gehörte zu verstehen. Pausen sind deswegen immer sehr wichtig.

6 Gebrauche deinen vollen Stimmumfang. Betonung, Heben und Senken der Stimme schafft Abwechslung – eine gleichbleibende Stimmlage wirkt eintönig: Aus Zuhörern werden Weghörer.

7 Markierungszeichen:

| = Atem holen

V = Pause

= Stimmführung

= Betonung

8 Setze Körpersprache (Gestik und Mimik) bewusst und sinnvoll ein.

9 Lies den vorbereiteten Text (z.B. unten aus *Berts Herzenskatastrophen* von *Anders Jacobsson und Soeren Olsson)* deiner Familie oder deinen Freunden vor. Damit kannst du Aufgeregtheit abbauen und du erfährst, was du bereits kannst und was du noch üben musst.

Sonntag, 31. Dezember

Halli, hallo, Tagebuch!

Ein letztes Blatt in der Geschichte. Hiermit schreibe ich auf der letzten Seite meines Tagebuchs. Meine Hände sind schweißnass. Nicht auszudenken, wenn ich jetzt in letzter Minute noch etwas Verkehrtes schreibe! Mein Tagebuch nein, nein, das war falsch! Ein Klecks im Protokoll der Zeit. Worüber soll ich schreiben? Die Schildkröte Ove hat vier der restlichen fünf Fische im Aquarium aufgefressen. Lohnt es sich, das aufzuschreiben?
Ich kann berichten, dass ich für die Silvesterfeier heute Abend Partyhüte bemalt habe. Arne war hier und sagte, ich könne Ove behalten. Er hat sich inzwischen eine Eidechse zugelegt, die Jackpot heißt.
„Warum heißt sie Jackpot?“, fragte ich. „Mir ist nichts anderes eingefallen.“ Dann zeigte Arne mir vier Pappnasen, mit denen seine Familie heute Abend für Stimmung sorgen will. Arnes Papa hat versprochen, Milfred Cherrey zu imitieren. „Ha ha ha“, lachte ich.
„Und wer ist das?“ Arne hatte keine Ahnung. Aber er glaubte, dass es irgendein alter Jazzer war.
Ich überlege, ob ich Emilia anrufen soll. Heute Nacht hab ich beschlossen, in sie verliebt zu sein. Ich werd sie anrufen und ihr ein gutes neues Jahr wünschen und sie fragen, ob ich bei ihr Chancen hab.
Aber ob ich mich traue, das ist eine andere Frage!

Alles okeh – ich sag jetzt ade.

Kinder hier und anderswo

Jette

Peter Härtling

Jette sitzt an ihrem Schreibtisch und fertigt eine Liste aller ihrer Freundinnen und Freunde an, aller derzeitigen. Einige Freundinnen sind nämlich gewesene und werden nicht mehr aufgestellt. Und über einen Freund ist sie sich nicht schlüssig. Das ist Milan. Sie kennt ihn noch nicht lange. Er wohnt seit kurzem im Nachbarhaus, und Max, Jettes ältester Freund, möchte ihn am liebsten vergessen, was er natürlich nicht kann, da er Milan täglich auf der Straße oder im Haus oder sonstwo trifft. Milan gefällt Jette und das gefällt Max nicht. Das ist klar. Max ist eifersüchtig. Und das wiederum bringt Jettes Liste durcheinander. An die Spitze hat sie Susi geschrieben, an die zweite Stelle Anette, danach Korinna und Grete, die jüngste der Peterfrauen.

Als Erster nach den Mädchen wäre Max dran. Keiner ist so lange ihr Freund wie er. Jettes Mutter Karola sagt oft: „Ihr zwei habt schon im Kinderwagen miteinander geflirtet." Daran kann Jette sich nicht erinnern, und Flirten findet sie sowieso blöd. Mit Milan ist es auch anders. Mit dem würde sie nie solchen Quatsch machen wie mit Max. Milan mag sie heimlich. Ich kann den Max nicht runtersetzen, sagt sie sich und schaut aus dem Fenster, hinüber zum Nachbarhaus, wo Milan wohnt, der es ihr so schwer macht. Wovon er aber nichts weiß. Sie zerreißt die Liste. Solange sie sich nicht entscheiden kann, stimmt sie nicht. Also weg damit.

Mutter klopft an die Tür und steht schon im Zimmer. Geheimnisse vor ihr zu haben ist nicht leicht. Seit Vater auszog und die Eltern sich scheiden ließen, ist sie noch ungeduldiger und sprunghafter. Seither will sie auch nicht mehr Mama, sie will Karola gerufen werden. Das fällt Jette noch immer schwer, obwohl sie Karolas Wunsch versteht, nicht mehr nur Mutter sein zu wollen, sondern auch Freundin. Jetzt, denkt Jette, ist Karola auf jeden Fall mehr Freundin als Mutter.

Karola steht nicht einen Augenblick still. Sie läuft im Zimmer kreuz und quer, setzt Puppen um, bringt die Stofftiere durcheinander, rückt ein Bild so zurecht, dass es noch schiefer hängt. „Fällt dir nicht auch die Decke auf den Kopf?"

Jette guckt erst Karola an und dann zur Decke. „Ein bisschen."

Karola schüttelt heftig den Kopf und ihre roten Haare leuchten im Licht. „Entweder kommt die Decke runter oder nicht."

„Bei mir nicht", sagt Jette.

Was Karola überhaupt nicht verstehen kann. „Deine Ruhe möchte ich haben."

Jette mag solche schnellen, witzigen Wortwechsel. Die gelingen nur mit Karola.

„Hast du Lust rauszugehen, rauszufahren?"

Jette hat inzwischen die Papierschnipsel im Papierkorb verschwinden lassen, ohne dass es Karola aufgefallen ist. „Wohin willst du denn?", fragt sie.

„Weißt du was? Wir fahren ins Grüne an den Müggelsee, zu Petermanns Häuschen!"

Das ist ein wunderbares, sommerliches Stichwort.

„Weißt du, wo mein blauer Badeanzug steckt? Der neue, den du mir im letzten Jahr geschenkt hast fürs Hallenbad?“

„Dort, wo du ihn reingestopft hast.“

„Aber du wäschst ihn doch immer nach dem Baden aus, Karola.“

Karola findet ihn, irgendwo. Wie Jette Karolas Strohhut findet, auch irgendwo. „Wir zwei beide rudern ganz schön in unserm Chaos.“ Karola nickt sich selber zu.

Als sie im Aufzug hinunterfahren, fragt Jette: „Ob Petermanns den Schlüssel noch immer im zweiten Blumentopf von links, auf dem Fensterbrett vorm Klo, versteckt haben?“

„Du hast ein Gedächtnis wie ein Elefant. Ich habe das längst vergessen. Es ist doch fast ein Jahr her, dass wir dort waren ohne Petermanns Begleitung.“

Das Petermannsche Häuschen duckt sich zwischen Büschen auf einer Insel, die nur mit dem Boot zu erreichen ist. Seit das Berlin der Ossis und das Berlin der Wessis wieder zusammengehören, können sie den Müggelsee und Petermanns Insel ohne Mühe erreichen.

Die Petermänner, die bis auf einen, der allerdings in Rostock lebt, allesamt Frauen sind, gehören zu Karolas weiterer Verwandtschaft. „Wie genau und um welches Eck wir verwandt sind, hat deine Großmama noch gewusst. Es ist auch nicht so wichtig. Hauptsache, wir verstehen uns.“ So sieht Karola das.

Die Petermänner, die eigentlich drei Peterfrauen sind, heißen Hilde, Cordula, Grete. Grete, Hildes Tochter, ist zwei Jahre älter als Jette. Hilde und Cordula sind Schwestern. Worüber sich Jette jedesmal von neuem wundert, denn sie sind sich überhaupt nicht ähnlich und streiten oft mit großer Ausdauer, wohnen aber in einem Kiez und hängen wie Pech und Schwefel zusammen. Jette findet die Frauen prima, besonders dann, wenn sie so übereinander herziehen, dass die Fetzen fliegen. Manchmal heulen sie alle auf einmal. Das endet meistens in einem Versöhnungsfest.

Sie finden das Boot an der gewohnten Stelle, dem immer brüchiger werdenden Steg. Niemand hat es geklaut oder versenkt. Auch auf der Insel hat sich nichts verändert. Keiner hat unerlaubt das Häuschen bewohnt. Bloß der Schlüssel liegt nicht dort, wo er liegen soll. Er ist weg.

Sie ziehen sich aus und die Badeanzüge an, die allerdings eher Sonnenanzüge bleiben, denn mehr als die Zehen versenken sie nicht im noch eiskalten Wasser. Karola schaudert es. „Das sollte um ein paar Grade wärmer sein, im Juni.“

„Woher weißt du das?“

„Manchmal fragst du recht impertinent, Jette.“

„Was bedeutet impertinent?“

Sie liegen im Gras. Karola setzt sich auf. „Das bedeutet rotzfrech.“

Jette blinzelt in die Sonne, packt Karola am Arm und zieht sie zu sich herunter. „Das bin ich überhaupt nicht.“ – „Doch.“

Karola bläst ihr die Haare aus dem Gesicht.

Plötzlich spürt Jette eine Traurigkeit, die sie schon eine Weile gespürt und nur überspielt hat. Als sie das letzte Mal, im letzten Sommer, einen Tag auf der Insel verbrachten, war Papa noch dabei. Nun fehlt er. Die Bank, auf der er gesessen und gelesen hat, kommt ihr leerer als leer vor. Wie gerne würde sie jetzt mit Karola über Papa reden. Auch über ihn schimpfen, wenn es unbedingt sein müsste. Doch Jette weiß, dass Karola noch nicht soweit ist. Sie will nichts von Papa hören.

„Komm, wir können noch eine Weile rudern." Jette packt die Sachen zusammen, verfrachtet sie ins Boot, sieht zu, wie Karola sich gespielt langsam anzieht, und meckert: „Du hast auf einmal zu nichts mehr Lust."

Sie rudern zwischen den Inseln. Jette kommt es vor, als reagiere der See auf ihre veränderte Stimmung. Das Wasser schwappt dick und schwer an den Rudern.

„Was machen wir nachher, wenn wir zu Hause sind?", fragt Jette, als sie mit der S-Bahn zurückfahren, und guckt Karola dabei nicht an.

Karola redet genauso vor sich hin: „Bald ins Bett gehen." – „Nee."

„Du musst morgen wie immer zur Schule, Jette." Sie lässt den Satz so in der Luft hängen, als habe er kein Ende. Jette setzt ihn für sich fort: „... auch wenn dein Vater nicht mehr da ist." „Wie wär's mit Kino?" „Einfach so?" „Einfach so." Jette nickt bestätigend. „Das hilft auch nicht", murmelt Karola.

Sie essen miteinander zu Abend, starren eine halbe Stunde in die Glotze, und die Müdigkeit stellt sich von selber ein.

Karola zieht Jette aus dem Sofa hoch, drückt sie an sich, bringt sie ins Bad. Sie stehen zusammen vor dem Spiegel. Jette sieht ihren Kopf – wie abgeschnitten vom unteren Rand des Spiegels.

Karola geht in die Hocke und schmiegt ihre Backe an die von Jette. „Süß siehst du aus." Karola lächelt Jette im Spiegel an.

„Ist nicht wahr."

„Aber guck dich doch mal an", fordert die Karola im Spiegel.

Jette mustert sich so wie manchmal, wenn sie sich besonders gefallen will. Vielleicht hat Karola doch Recht. Sie sieht ein Mädchen, das sie unter einer hohen, runden Stirn mit großen, grünbraunen Augen anguckt. Rote Backen hat sie, einen etwas zu breiten Mund und ein freches, von einem Grübchen geteiltes Kinn. Die braunen Haare sind allesamt den Kopf hinaufgekämmt und versammeln sich in einem von Spray gefestigten Knoten.

„Na?", fragt Karola.

„Geht so“, antwortet Jette und hat Karola im Blick. „Du bist viel schöner“, sagt sie und meint es ernst.
Wenn Karola traurig ist, sieht sie besonders schön aus. Ihre stets blasse Haut wirkt wie von innen beleuchtet. Und die Augen, die sie Jette vererbt hat: grünspanig, sagt sie immer dazu. Den Mund von Karola findet Jette am tollsten. Die Lippen sind ein wenig aufgeworfen. Wenn Karola sich schminkt, ist das ganze schöne Gesicht ein Rahmen für den redenden oder schweigenden Mund.

„Genug!“ Karola hat ihr Gesicht aus dem Spiegel gezogen und das von Jette hängt nun alleine am linken unteren Rand. Da bleibt es noch einen Moment, weil es so komisch aussieht. Dann läuft sie in ihr Zimmer und legt sich hin.
Karola folgt ihr. Sie setzt sich auf den Bettrand, fährt mit der Hand über die Decke, als sei sie nicht glatt und straff genug.
„Mama, das kitzelt.“
„Mama? Das ist ein Rückfall, Jette.“
Jette dreht sich zu ihr: „Ich bin müde.“
„Es ist auch egal. Ich hab nur Spaß gemacht.“
Jette umarmt Karola, lässt sich dann aufs Kissen zurückfallen, presst die Augen zu und bittet Karola darum, das Licht zu löschen.
„Gute Nacht, Jette, schlaf gut.“
„Gute Nacht.“
„Soll ich dich wecken?“
„Ich hab meinen Wecker.“

Sie legt sich, wie immer zum Einschlafen, auf die Seite, zieht die Beine an, und ihr fällt ein, wie sie an ihrem elften Geburtstag auch zu zweit vorm Spiegel standen und Karola sagte: „Du bist nun elf und ich elfunddreißig.“
Damals war sie noch Mama gewesen.

Hinweise zum Text: Seite 73.

Ich bin ein Mädchen aus Sarajevo

Zlata Filipovic

Zlata ist elf Jahre alt und lebt in Sarajevo, als sie beginnt, ein Tagebuch zu führen. Ihre Welt ist zunächst noch in Ordnung. Sie ist eine gute Schülerin und schwärmt für Madonna. Aber ihr Leben ändert sich schlagartig, als der Bürgerkrieg in Jugoslawien ausbricht. Zlata erzählt in ihrem Tagebuch, wie sie die Geschehnisse erlebt. Ihre Erfahrungen teilt sie in Briefen mit. Sie schreibt sie in ihr Tagebuch, das sie Mimmy nennt.

Donnerstag, 01. Oktober 1992

Dear Mimmy,

nach dem Frühling und dem Sommer kommt nun der Herbst.
Wir haben bereits Oktober. Und der Krieg geht weiter.
Die Tage werden kürzer und immer kälter. Bald müssen wir
den alten Ofen in die Wohnung hinaufschleppen. Aber mit was
sollen wir heizen? Haben die uns hier in Sarajevo vergessen?
Sollen wir wirklich den ganzen Winter über ohne Wasser,
Gas und Strom auskommen und das mitten im Krieg?
Papa stöbert im Speicher und im Keller herum und sucht nach Holz.
Ich fürchte, einige unserer Möbel werden im Ofen enden,
wenn die Lage vor dem Winter nicht besser wird.
Auch habe ich das Gefühl, dass uns alle vergessen haben
und dass dieser Wahnsinn immer so weitergeht. Wir müssen da
allein durch, uns muss selbst etwas einfallen, wie wir mit dem Winter
fertig werden, der uns zu allem anderen noch droht.
Mama ist völlig von der Rolle aus der Arbeit gekommen.
Sie hat zwei Kollegen aus Grbavica getroffen. Es stimmt anscheinend,
dass die Leute dort massenweise vertrieben werden.
Von Mamas Familie, von Nedos Familie, von Lalo – keine Spur,
kein Lebenszeichen. Nedo ist halbtot vor Sorge.

Deine Zlata

Sonntag, 04. Oktober 1992

Dear Mimmy,

Kein Wasser! Auch kein Strom!! Aber Mirna ist gekommen! Meine absolute Superfreundin. MIRNA. Ihre Haare sind wahnsinnig lang geworden. Sie ist eine richtige Modeschöpferin geworden. Sie hat jetzt einen Dalmatinerhund, der Gule heißt und immer um sie herumschwänzelt. Sie ist nicht dünner geworden, eher das Gegenteil. Nachdem wir uns umarmt hatten, wussten wir erst mal überhaupt nicht, wo wir anfangen sollten; wir hatten uns sooo lange nicht gesehen.
Der Krieg hat uns getrennt, darüber haben wir dann geredet. Aber am wichtigsten ist, dass wir wieder zusammen sein können. Ich hab ihr versprochen, dass ich sie diese Woche besuche (außer wenn sie schießen, dann natürlich nicht).

Dear Mimmy, ich hab dich lieb,
Zlata

Sonntag, 11. Oktober 1992

Dear Mimmy,

das war ein Tag, den werden wir nie vergessen. Heute haben meine Eltern und ich den alten Ofen in die Küche geschleppt. Jetzt haben wir's schön warm und gemütlich. Papa, Mama und ich konnten uns waschen. Zwar mit Regenwasser, aber das macht nichts. Alle sind jetzt sauber, und wir frieren nicht mehr so fürchterlich wie in den letzten Tagen.
Wir haben immer noch kein Wasser und keinen Strom.

Deine Zlata

Mittwoch, 14. Oktober 1992

Dear Mimmy,

ich schreibe dir bei Kerzenlicht (hab dafür eine meiner schönsten Kerzen genommen). Es ist mir zwar nicht leichtgefallen, sie anzuzünden, aber was soll's? Licht braucht man.
Heute bin ich zu Mirna gegangen. Sie hat mir ihre neuesten Kleiderentwürfe gezeigt und mir Gule vorgestellt.
Er ist niedlich, hat aber noch keinen einzigen Farbtupfer auf dem Kopf. Zwei wundervolle Stunden lang war ich dort.
Eine gute Nachricht: Wir haben wieder Gas!

Zlata

Hinweise zum Text: Seite 73.

Die Stadt der Fahrräder

Elana Bregin

Nichts auf der Welt wünschte sich Thomas sehnlicher als ein Fahrrad. Solange er sich erinnern konnte, hatte er von einem eigenen Fahrrad geträumt. Aber wie sollte ein Junge wie er dazu kommen?

In seiner Familie waren sie fünf Kinder – er und vier jüngere Schwestern. Sie wohnten bei ihrer Großmutter in der schwarzen Township Wozani, nahe der großen Stadt Silverton. In Silverton lebte ihre Mutter. Sie hatte dort in einem der weißen Vororte eine Arbeit als Hausangestellte – einen guten Job, der besser bezahlt wurde als die meisten anderen Arbeiten. Aber dennoch – es war nicht einfach, fünf Kinder zu ernähren. Kleidung, Miete und Thomas' Schule mussten bezahlt werden. Da blieb nichts übrig für solch einen Luxus wie Fahrräder.

Aber so war es mit den meisten Dingen in Wozani. Es gab dort noch viele andere Familien wie die von Thomas, mit vielen Kindern und wenig Geld. In der Gegend blieben die Leute oft hungrig, und Fahrräder waren nur selten zu sehen. Und die gehörten dann nicht Kindern, sondern Erwachsenen. Meistens waren es alte Klappergestelle, schwerfällig und hässlich. Aber Thomas sah ihnen mit sehnsüchtigen Blicken nach.

Er hätte alles dafür gegeben, mit einem eigenen Fahrrad zu fahren, über der Welt zu thronen wie ein König und sich von den rollenden Rädern forttragen zu lassen. Er träumte davon, an den Arbeitern, die sich mühsam zu Fuß dahinschleppten, wie ein Habicht vorbeizugleiten.

Aber solche Vergnügen waren Kindern wie ihm nicht vergönnt. Wenn er ein Fahrrad wollte, würde er warten müssen, bis er älter wäre, hatte seine Großmutter ihm erklärt. Dann könnte er arbeiten und sein eigenes Geld verdienen. Und dann könnte er sich selbst eins kaufen. Bis dahin müsste er Geduld haben.

Thomas schien es, dass alle Geduld in Wozani nicht ausreichen würde, um ihm durch so viele Jahre des Wartens zu helfen. Jedes Fahrrad, das vorbeifuhr, nahm ein kleines Stück seines Herzens mit sich fort.

Nur seine Lieblingsschwester Thandi kannte das Ausmaß seiner Sehnsucht.

„Vielleicht wirst du großes Glück haben", versuchte sie ihn oft zu trösten. „Vielleicht findest du einmal eine reiche Person, die dich mag und dir ein eigenes Fahrrad kauft."

Aber sogar für einen Tagtraum schienen ihre Worte weit hergeholt. Thomas kannte keine reichen Leute. Alle Leute in Wozani waren so arm wie er selbst.

Doch dann kam er nach Silverton, in den weißen Vorort des Reichtums. Diese Leute waren reich; anfangs konnte Thomas gar nicht glauben, wie reich. In ihren Häusern waren nicht einmal die Hunde hungrig. Autos waren in Räumen geparkt, in denen ganze Familien hätten leben können. Und Fahrräder waren so verbreitet wie Bäume.

Thomas war zu Beginn der Sommerferien nach Silverton gekommen, um bis zum neuen Schuljahr bei seiner Mutter zu leben. Sie hatte ihre Madam – so nannten die Schwarzen die weißen Frauen, bei denen sie arbeiteten – deswegen um Erlaubnis gebeten. Sie wollte nicht, dass er über Weihnachten in der Township bliebe, denn sie hatte Angst, dass er ohne die Schule, die ihn von den Straßen weghielt, in Schwierigkeiten geraten würde.
Nein, es tat Thomas nicht Leid, die Unruhe der Township für eine Weile hinter sich zu lassen, um sich bei seiner Mutter im friedlichen Silverton aufzuhalten. Silverton, das war eine ganz und gar andere Welt.
Zum Alltag hier gehörten baumbestandene Straßen und Swimming-Pools, große Häuser, schicke Autos, Dienstboten, Fernseher und … Fahrräder – Fahrräder im Dutzend. Sie zischten vorbei wie ein Schwarm Hornissen, drängelten sich auf den Bürgersteigen und rasten Kopf an Kopf die glattgeteerten Straßen entlang. Es waren nicht alte und verbeulte Fahrräder wie die in Wozani, sondern glänzende, brandneue; mit schimmernden Chromfarben und glitzernden Aufschriften auf den Rahmen, mit ausgefallenen Lenkern und speziellen Gängen. Thomas' Herz brannte in hilflosem Neid.
In seinen schlechtsitzenden roten Shorts und dem Mr.-T-Sweat-Shirt, das die freundliche Madam gestiftet hatte, stand Thomas gegen die Wand am Fuße der Auffahrt gelehnt und beobachtete die Radfahrer beim Spiel.
Die Straße, in der die Madam seiner Mutter lebte, war die ideale Fahrradbahn. Sie war lang, breit und schattig, mit genau der richtigen Steigung in der Mitte;

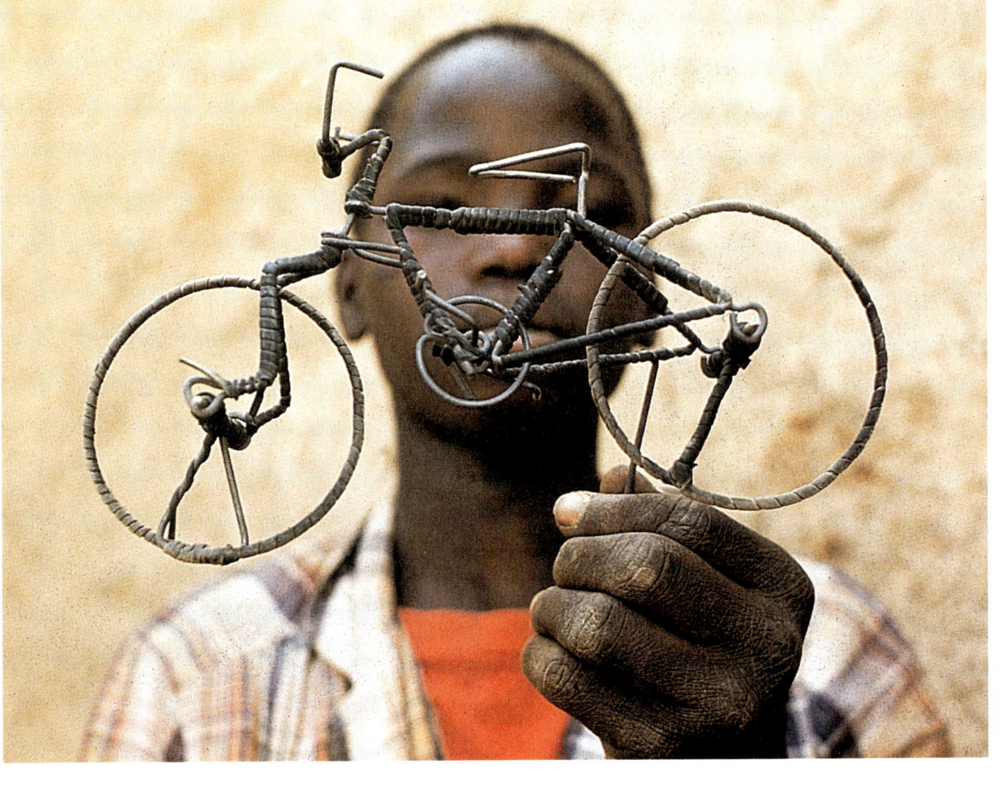

und weil es eine Sackgasse war, war sie wenig befahren. Eine Gruppe Kinder aus der Nachbarschaft traf sich in den Ferien regelmäßig hier und verbrachte viel Zeit zusammen. Sie fuhren auf und ab, dachten sich immer neue Spiele aus, hielten Rennen ab – und für gewöhnlich störten sie die Anwohner mit ihren Rufen und ihrem Lärm. Aber Thomas machte es großen Spaß, sie zu beobachten.

Sie banden selbstgemachte hölzerne Wagen hinten an ihre Fahrräder und wechselten sich damit ab, sich gegenseitig hin- und herzuziehen. Sie hielten Staffel- und Hindernisrennen ab und versuchten, einander mit Tricks und Kunststücken zu übertrumpfen. Sie sprangen über Rampen aus Sandhügeln und stellten Hindernispfade mit alten Reifen und Planken, Tauen und Bierbüchsen auf.

Immer schienen sie unglaublichen Spaß zu haben. Thomas sah ihnen sehnsüchtig von seinem Platz an der Auffahrt aus zu, er sehnte sich danach mitzumachen, er hoffte, dass ihm eines der Kinder wider alles Erwarten anbieten würde, eine Runde auf seinem Fahrrad zu fahren. Aber niemals kam eines von ihnen auf den Gedanken.

Der Junge, den er von der ganzen Gruppe am besten leiden konnte, wurde von den anderen Kevin genannt – ein fröhlicher, schlaksiger Junge mit Vorderzähnen wie ein Hase und lustigen grünen Augen.

Kevin war weder der älteste in der Gruppe noch der größte, noch besaß er das beste Fahrrad. Aber offensichtlich war er derjenige, zu dem alle anderen aufsahen. Er war es, der die Spiele erfand, die Regeln bestimmte und die Streitereien schlichtete. In allem, was mit Fahrrädern zu tun hatte, war er der Champion. Er konnte schneller fahren, höher über die Rampen springen, besser als irgend jemand anders in der Gruppe die Balance halten. Und er war ein richtiger Draufgänger; je schwieriger und gefährlicher eine Herausforderung war, umso besser schien sie ihm zu gefallen. Thomas schlug das Herz bis zum Hals, wenn er diesen Jungen beobachtete, wie er die abschüssige Straße rückwärts auf dem Sattel sitzend hinunterflog; oder wie er versuchte, sich bei voller Fahrt zu einem Handstand auf dem Lenker hochzudrücken; oder wie er über eine so schmale Leiste wackelte, dass er einfach hinfallen musste.

Stets musste er für seine Wagnisse bezahlen – er war immer mit blauen Flecken und Schrammen bedeckt, mit blutenden Knien und schorfigen Ellenbogen. Er fiel so oft von seinem Fahrrad, dass er es kaum noch zu bemerken schien. Er sammelte sich einfach wieder auf, untersuchte sich geistesabwesend nach Verletzungen und machte sofort damit weiter, womit er aufgehört hatte. Thomas bewunderte ihn ungeheuer. Kevin war der einzige aus der Gruppe, der ihm je Beachtung schenkte. Manchmal, während er vorbeizischte und Thomas dort an die Wand geklebt stehen sah, als sei er ein Teil der Ziegelsteine, grinste er sein freches Grinsen, wedelte zwei Finger über seinem Kopf und rief langgezogen: „Ma-a-gisch!“

Normalerweise war Thomas sehr schüchtern; mehr als zurückgrinsen und sich noch tiefer gegen die Wand drücken, konnte er nicht. Aber es gefiel ihm sehr, auf diese Art gegrüßt zu werden; er fühlte sich dann als Teil der Gruppe.

Das Wort *magisch* war eines, das die Fahrradkinder sehr viel benutzten. Es war Kevins Lieblingswort. Er sagte nie *Hallo* oder *Tschüs* oder *Wie geht es dir?* wie andere Leute. Er sagte nie, dass etwas schön oder klug oder eine gute Idee war, er sagte nur magisch.

Er hatte seine eigene Art, das Wort auszusprechen, er zog die Silben lang, das gab ihm einen ganz eigenen Klang.

Thomas griff die Gewohnheit schnell auf.

„Magisch“, hauchte er in genau dem gleichen Tonfall wie Kevin, wenn er ein Fahrrad sah, das er bewunderte, oder wenn eines von den Kindern etwas tat, das ihn beeindruckte. Und oft hörte er es sich selbst in der Aufregung der Fahrradspiele laut ausrufen. „Magisch!“, jauchzte er aus seiner einsamen Ecke. „Magisch!“, rief er, als Kevin wie eine Schwalbe vorbeisegelte, um noch ein weiteres Rennen zu gewinnen; oder wenn er bei einem spektakulären Rampensprung durch die Luft schoss, dass es einem den Atem verschlug.

Und seine Stimme schwoll an von anderen Stimmen, von einem Chor von *Magischs*, die alle im gleichen Moment aus einem Dutzend aufgeregter Kehlen hervorbrachen.

Dann schien es, dass das Wort eine besondere Macht bekam. Thomas fühlte sich emporgehoben, ermutigt und begeistert; es war, als habe er selbst das Rennen gewonnen oder einige Augenblicke lang dort in der Luft geschwebt, außerhalb von Raum und Zeit. Wie eine warme, freundliche Welle brach der Schrei um ihn herum und schwemmte ihn hinaus aus seiner einsamen Ecke. Und während dieser kurzen Sekunden fühlte er sich als Teil der Gruppe.

Obwohl Silverton so reizvoll war, gab es während dieser ersten Tage oft Zeiten, in denen sich Thomas zurück nach Wozani wünschte. Seine Mutter war mit ihrer Arbeit in dem großen Haus beschäftigt und hatte wenig Zeit für ihn. Oft fühlte er sich einsam. Er vermisste seine Großmutter und seine Schwestern, vor allem die kleine Thandi; und er vermisste seine Spielkameraden. Hier hatte er keine Freunde. Die weißen Kinder waren es nicht gewohnt, mit schwarzen Jungen zu spielen. Er gehörte nicht zu ihrer Welt, und sie sahen ihn nicht als ihresgleichen an oder als jemanden, der ihr Freund sein konnte.

Hinweise zum Text: Seite 74.

Keine Zeit zum Spielen

Regula Zbinden

Erschreckende Tatsachen: Rund 250 Millionen Kinder weltweit müssen nach neuester Schätzung des Weltkinderhilfswerks Unicef arbeiten. Einige der Ursachen: Hunger, Kriege, Verschuldung in den armen Ländern der Welt. Auch für die Indianermädchen im Hochland Südmexikos beginnt der Ernst des Lebens früh. Ein Beispiel von vielen: die zwölfjährige Sebastiana.

Es gibt keinen Bus nach Chichelalho, dem Ort, wo Sebastiana und ihre Familie wohnen. Keine der 39 Indianerfamilien im abgelegenen Dorf besitzt ein Auto. Sebastianas Vater, Lucas Perez Diaz, geht jeden Sonntag mit dem Esel anderthalb Stunden zu Fuß nach Larrainzar, um auf dem Markt einzukaufen.

Wir nehmen nicht den Esel, sondern das Taxi, um Sebastiana und ihre Familie zu besuchen. Von der Touristenstadt San Cristóbal, die im Hochland von Chiapas auf über 2000 Metern liegt, fahren wir durch abwechslungsreiche Berglandschaften, vorbei an kleinen Indianerdörfern, steilen Maisäckern, Schafweiden und Pinienwäldern. Von Larrainzar führen eine holprige Naturstraße und später nur noch ein Feldweg nach Chichelalho. Wir entdecken Lehmhäuser mit spitzen Grasdächern. Sie liegen verstreut in einem kleinen Tal zwischen steilen Berghängen, an denen sich die Wolken stauen.

Außer Sebastiana, ihren Eltern und ihren sieben jüngeren Geschwistern haben sich auch die Nachbarinnen versammelt. Fremde Besucher sind in Chichelalho, wo es weder Radio, Fernsehen, Zeitungen noch Telefon gibt, eine willkommene Abwechslung! Bei unserer Ankunft beginnen die Mädchen und Frauen im Freien zu weben. Trotz der Kälte sind sie barfuß und tragen ihre Tracht: eine weiße Bluse mit einer eingewebten orange-roten Borde, dazu einen blauen Wickelrock, der mit einem breiten roten Gurt zusammengehalten wird.

Die zwölfjährige Sebastiana webt auch. Sie hat das Ende des schmalen Webrahmens mit einem Seil am Haus, das andere mit einem Gurt um die Hüfte befestigt. Stolz zeigt sie uns ihre feine Webarbeit mit blauen, geometrischen Mustern auf weißem Grund.

„Mit sieben Jahren hat Sebastiana angefangen zu weben. Die Mädchen beobachten es den ganzen Tag bei ihrer Mutter; sie versuchen es und weben mit zwölf Jahren schon fast perfekt“, erzählt ihr Vater. Weil Sebastiana, die anderen Kinder und die Frauen im Dorf nur ihren Indianerdialekt Tzotzil sprechen und seltener als die Männer Kontakt mit Spanischsprechenden haben, muss Lucas übersetzen. Sebastiana ist gewohnt, über einen Dolmetscher mit anderen Leuten zu sprechen, denn in der kleinen Schule in Chichelalho wird alles, was der Lehrer auf Spanisch erklärt, ins Tzotzil übersetzt.

„In unserem Dorf haben die kleinen Weberinnen Freude an der Arbeit! Alle arbeiten zusammen mit dem Vater und der Mutter, um das Essen zu verdienen. Aber es reicht nicht“, erzählt uns Lucas. Er besitzt zuwenig eigenes Land, um von der Landwirtschaft zu leben. Beim Haus pflanzt er Mais, Bohnen und Kohl zur Selbstversorgung an. „Das Weben ist unsere einzige Möglichkeit, etwas Geld für den Lebensunterhalt zu verdienen“, erklärt er. Die Weberinnen liefern ihre Arbeiten einer Kooperative, einem Zusammenschluss von Arbeitern, in der benachbarten Stadt San Cristóbal ab. Doch wegen der großen Konkurrenz wird nur wenig verkauft.

Für Sebastiana beginnt der Tag früh. „Zusammen mit meiner Mutter stehe ich zwischen vier und fünf Uhr auf, um Tortillas, das sind Maisfladen, zu backen. Das braucht viel Zeit, weil wir zuerst die im Kalkwasser aufgeweichten Maiskörner durch den Fleischwolf drehen und den Teig herstellen müssen. Dann backen wir die Maisfladen auf einer Metallplatte auf dem offenen Feuer.“ Tortillas gehören zu jeder Mahlzeit; sie werden mit Bohnen und anderem Gemüse gegessen. Nur einmal pro Woche gibt es Eier oder Hühnerfleisch dazu.

Nach dem Frühstück geht Sebastiana bis um zwei Uhr nachmittags zur Schule; ihre jüngeren Schwestern hüten das Baby, während die Mutter den Haushalt besorgt und sich in freien Momenten an den Webstuhl setzt.

„Der Samstag ist schulfrei, dann weben meine Mutter und ich zusammen vor dem Haus. Ich möchte einmal so regelmäßig und dicht weben können wie sie“, erzählt Sebastiana.

Sie und ihre Geschwister zeigen uns das neue Lehmhaus mit dem Wellblechdach, wo die Eltern und die acht Kinder in einem einzigen Raum auf drei Pritschen schlafen. Daneben steht das alte Haus mit dem steilen Grasdach, das als Rauchküche und Vorratskammer für den Mais dient. Küken spazieren durch den Raum, Hühner und Truthennen scharren vor dem Haus, und im abgeernteten Maisfeld frisst der Esel die dürren Maisstängel. Das alles sieht sehr friedlich aus. Fast vergessen wir, wie hart das Leben für die Familie ist, die kaum das Nötige zum Leben besitzt.

Ob es Sebastiana einmal besser haben wird als ihre Eltern, die nie zur Schule gehen konnten und mit 17 Jahren schon heirateten? Lucas und Pasquale sind noch unentschlossen, ob sie ihre älteste Tochter im nächsten Jahr in die Oberschule nach Larrainzar schicken wollen. Doch eins wissen sie genau: eine gute Ausbildung ist wichtig!

Hinweise zum Text: Seite 75.

Kinderarbeit nimmt weltweit zu

250 Millionen Jungen und Mädchen unter 15 Jahren benötigen Hilfe

Berlin (pba) – Die Kinderarbeit hat nach Angaben von Terre des hommes weltweit drastisch zugenommen. Rund 250 Millionen Kinder zwischen fünf und 14 Jahren müssen weltweit unter elenden Bedingungen arbeiten. Statt in die Schule zu gehen, werden sie in Bergwerken, Schuhfabriken, Glas- oder Textilfirmen geknechtet und ausgebeutet. Auf dem Vormarsch sind vor allem „besonders schlimme Formen ausbeuterischer Kinderarbeit“ wie Prostitution. Und in naher Zukunft muss mit einem weiteren Anstieg auf 375 Millionen Kinderarbeiter gerechnet werden, so die Vorsitzende des Kinderhilfswerkes.

Hilfe für Kinder in Not sei gegenwärtig nötiger denn je. Noch immer werden Mädchen und Jungen täglich Opfer von Kriegen. Weltweit sind in den vergangenen zehn Jahren rund zwei Millionen Kinder in bewaffneten Konflikten getötet worden. Zudem sind sie in wachsendem Maße auch als Soldaten in kriegerische Auseinandersetzungen geraten.

Terre des hommes will sich vor allem für die Rechte arbeitender Kinder sowie für die Opfer von Krieg und Gewalt einsetzen, erklärt die Vorsitzende. Die Projektarbeit in diesen Bereichen soll verstärkt werden. Das Hilfswerk, das zur Unterstützung kriegsverletzter Kinder gegründet wurde, unterstützt gegenwärtig 320 Projekte in 22 Ländern. Bei uns in Deutschland engagieren sich derzeit mehr als 3000 Menschen in etwa 170 Arbeitsgruppen für die Ziele von Terre des hommes.

Hinweis zum Text: Seite 75.

Free the Children International

Susanne Schneider

(…) April 1995, Craig ist zwölf: Bis zu diesem Tag ist er vermutlich nur für seine Eltern etwas Besonderes, für andere ist er ein behütetes Schulkind aus Thornhill, Kanada, einem sehr bürgerlichen Vorort von Toronto. Ein Junge, der Fußball liebt. An jenem Morgen im April aber änderte sich sein Leben, und damit das vieler Millionen Kinder.
Wie jeden Tag suchte er beim Frühstück die Comicseite des Toronto Star. Zufällig las er eine Geschichte, die unter den Bildergeschichten stand, über das Schicksal eines pakistanischen Kindes. Als Iqbal Masih vier Jahre alt war, verkauften ihn seine Eltern an den Besitzer einer Teppichfabrik. Mit den umgerechnet knapp dreißig Mark konnten sie ihre Schulden bezahlen. Iqbal Masih saß die nächsten sechs Jahre mit anderen Kindern angekettet auf einem Steinboden und knüpfte sechs Tage die Woche zwölf Stunden lang Teppiche, für fünf Pfennig am Tag. Mit zehn glückte ihm die Flucht. Zwei Jahre lang versuchte er die Welt auf das Elend der Kinderarbeit aufmerksam zu machen, erhielt Preise für seinen Mut. Dann wurde er ermordet. Er war zwölf, wie Craig Kielburger.
Craig: „Da dachte ich zum ersten Mal über mein Leben nach: Was hatten Iqbal und ich gemeinsam, außer dass wir beide zwölf Jahre alt waren?"
Die Geschichte von Iqbal Masih ging um die Welt. Aber nur ein kleiner Junge aus Thornhill in Kanada entschloss sich, noch bevor er sich auf den Weg zur Schule machte, die Kinderarbeit zu bekämpfen. Er ist dabei ein ganzes Stück weit gekommen. Der Papst hat ihn empfangen und die Queen, Mutter Teresa, der Dalai-Lama. Al Gore, der amerikanische Vizepräsident, lud ihn zu sich nach Hause ein. Craig ist Berater des kanadischen Außenministeriums, wurde von einem kanadischen Nachrichtenmagazin zu einer der zwanzig wichtigsten Persönlichkeiten des Landes gewählt. (…)
„Oft werde ich gefragt, ob ich genug Verständnis hätte für die Situation der Kinder, die ausgebeutet werden. Schließlich seien ihre Familien auf den Verdienst angewiesen. Ich antworte: In Indien arbeiten zwanzig Millionen Kinder unter miserablen Bedingungen, gleichzeitig sind genauso viele Erwachsene arbeitslos. Warum beschäftigen Fabrikbesitzer lieber Kinder? Weil sie billiger sind, weil sie sich nicht gewerkschaftlich organisieren. Weil, wer nicht lesen und nicht schreiben kann, selten politisch aktiv wird. Pakistan zum Beispiel steckt achtzig Prozent seines Etats in Waffen und nur ein Prozent in die Schulen. Das zu ändern, das muss unsere Aufgabe sein." (…)
Craigs Einsatz begann mit einem Flohmarkt im Garten seiner Eltern. Ein paar Kinder aus seiner Klasse brachten ihm Sachen, die sie nicht mehr brauchten. Von den ersten Flohmarkt-Dollars ließ er Broschüren drucken. Er fing an, seine Mitschüler aufzurütteln, deren Eltern und die Lehrer, sammelte weiter Geld und gründete mit seinen Mitschülern die erste Free-the-Children-Gruppe. „Wir Kinder haben erkannt, dass wir Macht und Einfluss haben können", sagt Craig. „Wir können Briefe schreiben, Unterschriften und Geld sammeln, Petitionen

einreichen, aufklären.Wir können uns weigern, Gegenstände zu kaufen, die mit Kinderarbeit hergestellt wurden." (...)

Als Craig seine Asien-Reise plante, wusste er nicht, dass sich der kanadische Premierminister Jean Chrétien zur selben Zeit in Pakistan und Indien aufhalten würde. Chrétien führte eine Wirtschaftsdelegation an, die kanadischen Firmen neue Aufträge sichern sollte. Als Craig in Indien von Chrétiens Reise erfuhr, bat er um einen Termin, er wollte mit ihm über Kinderarbeit reden. Chrétien ließ ausrichten, er habe keine Zeit.

Craig trommelte die Reporter zusammen, die mit der kanadischen Delegation reisten. Er brachte sie zu zwei indischen Kindern, die er gerade aus einer Fabrik für Feuerwerkskörper befreit hatte. Die Kinder erzählten von ihrem Alltag. Dann sagte Craig: „Und ausgerechnet darüber will unser Premierminister nicht sprechen." Am nächsten Tag waren die kanadischen Zeitungen voll mit dem Schicksal dieser Kinder und mit Zitaten von Craig Kielburger. Da hatte der Premierminister Zeit. Sie trafen sich in Islamabad.

„Zuerst blieb er ziemlich vage in seinen Aussagen", erinnert sich Craig. Doch zum Ende der Asien-Reise war Chrétien überzeugt, dass Kinderarbeit - wann immer und wo immer - zu bekämpfen sei. Bei einem offiziellen Abendessen in Pakistan stand ein kanadischer Abgeordneter auf und beschwerte sich: „Eine Geschäftsreise ist nicht der geeignete Zeitpunkt, um über Kinderausbeutung zu sprechen." Chrétien entgegnete: „Für dieses Thema gibt es keinen falschen Zeitpunkt." Da erhoben sich alle, alle bis auf den einen kanadischen Abgeordneten, und dankten dem Premierminister für diesen Satz. (...)

Niemals sagt er „ich", wenn er über seine Arbeit redet, immer sagt er „wir". Er will *Free the Children* in den Vordergrund bringen. Auf die Frage nach seinen Zielen antwortet er: „Unser Ziel ist es, all den Kindern, die ausgebeutet werden, den Schulbesuch zu ermöglichen. Denn Wissen ist Macht. Wer weiß, kann sich wehren, wer mehr weiß, kann sich organisieren". (...)

Was aus Craig Kielburger werden wird? Friedensnobelpreisträger? Präsident der Vereinigten Staaten?

Er sagt, er möchte Arzt werden. Und noch mehr Gutes tun. Bei *Ärzte ohne Grenzen*, natürlich.

Hinweise zum Text: Seite 75.

Kinder hier und anderswo

Kinder leben auf dieser Welt sehr unterschiedlich. Von Familie zu Familie, von Stadt zu Stadt, von Land zu Land, von Kontinent zu Kontinent, von Kulturkreis zu Kulturkreis verändern sich ihre Lebensbedingungen. Darüber lest ihr in dieser Sequenz. Beim Lesen solltet ihr aber auch immer wieder euer eigenes Leben betrachten. Dabei werdet ihr möglicherweise feststellen, dass es trotz der Unterschiede auch manche Gemeinsamkeiten gibt. Das kann spannend und interessant für euch werden. Auch solltet ihr die Länder, die in den Texten genannt sind, auf einem Globus oder einer Weltkarte suchen.

Peter Härtling:
Jette
S. 57

Angaben findet ihr auf Seite 25.

1 Jette schreibt eine „Freundschaftsliste".
Welche Gedanken gehen ihr dabei durch den Kopf?
2 Jettes Mutter will seit kurzem nicht mehr Mama, sondern Karola genannt werden. Warum?
3 „Wir zwei beide rudern ganz schön in unserm Chaos."
Was meint Karola damit?
4 Der gemeinsame Ausflug ins Grüne weckt Erinnerungen. Welche sind das?
5 Wieder zu Hause stehen Mutter und Tochter vor dem Spiegel. Spielt diese Szene.
Übertragt die Situation auf Vater und Sohn.
Spielt auch diese Szene.
Was ist gleich, was ist anders?
6 Stellt euch vor, am Abend dieses Tages schreibt Jette in ihr Tagebuch.
Was könnte darin stehen?

Zlata Filipovic:
Ich bin ein Mädchen aus Sarajevo
S. 61

Mehr als vier Jahre dauerte der Bürgerkrieg zwischen Serben, Kroaten und Bosniern im ehemaligen Jugoslawien. Im Verlaufe dieses Krieges wurde die von Serben belagerte bosnische Stadt Sarajevo Zentrum der blutigen Kämpfe. Am 30. Mai 1992 fielen die ersten Bomben. Erst im November 1995 einigten sich die Kriegsparteien im Abkommen von Dayton auf ein umfassendes Friedensabkommen für Bosnien und Herzegowina.
Zlata Filipovic wurde 1980 geboren. Als der Krieg im ehemaligen Jugoslawien hereinbrach, war sie 11 Jahre alt. Nach der Veröffentlichung ihres Tagebuchs durfte sie zusammen mit ihren Eltern kurz nach ihrem 13. Geburtstag ihre belagerte Heimatstadt verlassen. Heute lebt sie in Paris.

1 a) Worüber berichtet Zlata in den Tagebucheintragungen vom 1. Oktober?
b) Was war für ihre Mutter besonders schlimm an diesem Tag?

2 Aus Zlatas Tagebucheintrag vom 11. Oktober werden die Lebensbedingungen im Krieg deutlich. Welche nennt der Tagebucheintrag?
3 Bei allem Elend im zerstörten Sarajevo gibt es für die Menschen Augenblicke des Glücks. Lest nach in den Tagebucheinträgen vom 4. und 14. Oktober.
4 Sucht einen Tagebucheintrag aus und lest ihn vor. Versetzt euch in die Situation des Mädchens Zlata. Gedanken der Trauer, aber auch Augenblicke des Glücks werden beim Vorlesen wieder wach.
5 Was wisst ihr über den Krieg im ehemaligen Jugoslawien? Fragt auch Eltern, Verwandte, Nachbarn.Sucht weitere Texte und Bilder in Büchern, Zeitschriften. Sicherlich gibt es auch Filmberichte auf Video, die ihr gemeinsam anschauen könnt.

Elana Bregin:
Die Stadt der Fahrräder
S. 64

Elana Bregin, geboren 1954, gehört der weißen Minderheit Südafrikas an. Nach dem Studium arbeitete sie zunächst als Tänzerin. Neben ihrer heutigen Tätigkeit als Tanzlehrerin engagiert sie sich vielfältig für soziale und ökologische Fragen – und schreibt Kinderbücher. Ihre Geschichten erzählt sie für alle Kinder Südafrikas, weiße und farbige. In ihren mehrfach ausgezeichneten Erzählungen verbindet sie die Darstellung des afrikanischen Alltags häufig mit märchenhaften Elementen beider dort heimischen Kulturen.
Das magische Fahrrad, so heißt das Buch, dem der Ausschnitt entnommen ist. Erzählt wird die Geschichte von Thomas aus Südafrika. In Südafrika leben heute Schwarze und Weiße weitgehend mit den gleichen Rechten nebeneinander. Das war lange Zeit nicht so. Die Minderheit der Bevölkerung, die Menschen mit weißer Hautfarbe, hatte alle Rechte und lebte in Reichtum. Die Mehrheit der Bevölkerung, die Menschen mit schwarzer Hautfarbe, lebte mehr oder weniger rechtlos in großer Armut. Inzwischen sind die Schwarzen vom Gesetz her den Weißen gleichgestellt, aber ihre Lebensbedingungen sind nach wie vor schlecht.

1 Wozani ist die „Township" in der Thomas zu Hause ist. Wie lebt er dort?
2 Wovon träumt Thomas?
3 Zu Beginn der Sommerferien kommt Thomas zu seiner Mutter nach Silverton.
a) Warum lebt seine Mutter dort?
b) Warum will sie, dass Thomas in den Ferien bei ihr wohnt?
c) Was ist in Silverton anders als in Wozani?
4 Womit vertreibt sich Thomas hier am liebsten die Zeit?

5 Kevin zieht vor allem die Aufmerksamkeit von Thomas auf sich. Was bewundert dieser an Kevin?
6 Obwohl Silverton für Thomas reizvoll ist, sehnt er sich anfänglich nach Wozani zurück. Versetzt euch in seine Lage und schreibt einen Brief an die Großmutter oder an die Lieblingsschwester Thandi.
7 Ob sich Thomas' Traum wohl erfüllt? Wie könnte die Geschichte weitergehen?

Regula Zbinden: Keine Zeit zum Spielen
S. 66

Angaben zur Autorin konnten nicht ermittelt werden.

1 Was erfahrt ihr über Chichelalho und das Leben der Menschen dort?
2 Für die zwölfjährige Sebastiana hat das Weben eine große Bedeutung. Welche?
3 Wie sieht Sebastianas Tagesablauf aus? Vergleicht ihn mit eurem Tagesablauf.
4 „Eine gute Ausbildung ist wichtig", sagen Sebastianas Eltern. Wodurch wird die Ausbildung ihrer ältesten Tochter erschwert?
5 Sprecht über eure Möglichkeiten, eine gute Ausbildung zu bekommen.

Zeitungsbericht: Kinderarbeit nimmt weltweit zu
S. 70

1 Welches Ausmaß hat die Kinderarbeit weltweit inzwischen angenommen?
2 Welche Formen der Kinderarbeit gibt es?
3 Worunter haben Mädchen und Jungen noch zu leiden?
4 „Terre des hommes" (franz.) heißt „Erde der Menschen". Was erfahrt ihr über die Aufgaben und Ziele dieser Organisation?
5 Sammelt weitere Informationen zur Kinderarbeit, z. B. aus Zeitungen und Büchern.
6 Stellt die gefundenen Informationen in der Klasse vor und lest Ausschnitte daraus vor.

Susanne Schneider: Free the Children International
S. 71

1 Wie kam der 12-jährige Craig dazu, Kindern in Not zu helfen?
2 Sammle weitere Informationen über die Arbeit von Craigs Organisation.
3 Gestaltet mit euren Ergebnissen ein Werbeplakat und stellt es für eure Mitschülerinnen und Mitschüler aus.

Nicht nur Schläge tun weh

Die Möhre

Peter Härtling

Das ist eine Geschichte, die wirklich passiert ist. Sie spielt Ende des letzten Krieges. Ihr könnt nicht mehr viel vom Krieg wissen. Manchmal seht ihr im Fernsehen Bilder von kämpfenden Soldaten, von flüchtenden Frauen und Kindern. So war es damals in Deutschland, und Kindern geht es im Krieg immer besonders schlecht, obwohl sie weniger Angst haben als Erwachsene. Denn Kinder können, wenn sie spielen, den Krieg vergessen.

Otto war mit seinen Geschwistern und seiner Mutter auf der Flucht. Er kam in einen kleinen Ort, wo sie lange suchen mussten, bis sie ein Zimmer fanden, in dem sie wohnen konnten. Da wohnten sie zu fünft fast ein Jahr. In dem Zimmer gab es keine Betten. So breiteten sie Decken auf dem Boden aus, legten sich darauf, und da sie oft sehr müde waren, schliefen sie gut.

In dem kleinen Ort wartete man auf die russischen Soldaten und hatte große Angst. Eine ganze Nacht lang hörte man Gewehr- und Kanonenschüsse, dann war es mit einem Mal sehr still. Niemand traute sich auf die Straße, wenigstens niemand von den Erwachsenen. Die Kinder waren frecher, und ein paar liefen durch das ausgestorbene Städtchen.

Unter ihnen war Otto. Sie stiegen auf stehen gelassene Autos und Lastwagen, fanden Gewehre, fassten sie aber nicht an, weil sie fürchteten, sie könnten geladen sein. Sie entdeckten einen Panzer, den sie eroberten und in dem sie sich einnisteten.

Als es Mittag war, hörten sie Lärm, Rufe, das Kettengeklirr von rollenden Panzern, und sie sahen, wie die russischen Soldaten die Dorfstraße herunterkamen, allen voran ein Pferdewagen, auf dem ein Soldat stand, der die kleinen Pferdchen mit Peitschenknallen antrieb. Otto bewunderte den Soldaten, der auf dem holpernden, schwingenden Wagen wie ein Tänzer aussah.

Die Kinder kletterten aus dem Panzer heraus. Sie fürchteten sich, aber die Soldaten winkten ihnen zu, aus einem Lastwagen warf einer ein weißes Brot herunter, dann noch eines, noch eines, und so konnten die Kinder Brot mit nach Hause bringen.

Ottos Mutter schimpfte schrecklich, als er mit dem Brot nach Hause kam. Sie hatte ihm nicht erlaubt, auf die Straße zu gehen, aber am Ende waren alle froh, dass er das Brot mitgebracht hatte.

Vom Brot, genauer gesagt, vom Brot, das die Leute nicht hatten, will ich eigentlich erzählen, vom Hunger. Ihr könnt gar nicht wissen, was Hunger ist, wie Hunger ist. Obwohl es auf der Erde noch viele Leute gibt, die immer Hunger haben. Der Hunger fängt ganz langsam an, macht den Bauch hohl und schwer. – Man hat das Gefühl, man sei satt, sehr satt, aber nur eine Weile, dann beginnt der Hunger wehzutun. Es sind Schmerzen, die überall stecken, in den Beinen wie im Kopf, vor allem im Kopf, denn man weiß – hat man eine Weile Hunger gehabt – nicht mehr, was man vor lauter Hunger tun soll. Hunger macht einen verrückt. Die Kinder beginnen zu weinen, die Mütter sind hilflos.

Als Otto einmal zwei Tage lang Hunger gehabt hatte, gab ihm seine Mutter einen Schnürsenkel, auf dem er kauen konnte. Das half zwar nicht gegen den Hunger, aber Otto dachte sich aus, was der Schnürsenkel alles sein könnte: ein Stück Fleisch, Brot, Nudeln, was ihm eben einfiel.

In dem Dorf gab es Leute, die nicht hungerten, weil sie Gärten hatten, in denen Gemüse wuchs, oder weil sie Vorräte in ihren Kellern hatten. Bei denen bettelten die Kinder, aber sie bekamen selten etwas; denn für diese Leute waren es fremde Kinder, die von irgendwo hierher gekommen waren. Der Besitzer des großen Hauses, in dem Otto wohnte, hatte einen solchen Garten. Das Haus stand auf einem Felsvorsprung, war hoch gebaut, und unterhalb des Felsens, in den ein Treppchen geschlagen war, lag an einem Bach, umgeben von einem hohen Stacheldrahtzaun, der Garten: In ihm wuchsen Radieschen, Kohlrabi, Spinat, Salat und eine große Menge Möhren. An einem Abend, als die russischen Soldaten gerade im Hof des Hauses ein Fest feierten, sangen, tranken und tanzten, verließ Otto das Zimmer, schlich sich über den Hof zu dem Treppchen am Felsen, stieg langsam, immer wieder um sich blickend, ob niemand in der Nähe sei, in den Garten. Schon von oben roch er das frische Grün der Karotten. Der Hunger krampfte seinen Bauch zusammen. Er duckte sich, und als er im Garten unten war, legte er sich auf die Erde, zog sich mit den Armen langsam vor bis zu den Möhren. Eine riss er aus der Erde. Es ging leicht. Sie war groß und wunderschön rot. Die Spucke floss ihm im Mund zusammen. In dem Augenblick, als er sie putzen wollte, packte ihn eine Hand im Nacken, die andere schlug mit furchtbarer Gewalt auf ihn ein. Es war der Hausbesitzer, der ihn anscheinend schon lange verfolgt hatte. Immer wieder schlug ihn der Mann. Am Ende drückte er sein Gesicht in die Erde und schrie: „Friss das!“

Otto merkte gar nicht, dass er weinte. Er stand auf. Alles tat ihm weh. Er stand vor dem Mann. Der Mann sagte: „Gib die Möhre her!“ – Otto hielt sie fest. Der Mann sagte noch einmal: „Gib die Möhre her!“

Otto schüttelte den Kopf. Da riss ihm der Mann die Möhre aus der Hand und sagte: „Ich möchte dich hier nicht noch einmal sehen.“

An diesem Abend kam Otto spät und von Schmutz überzogen in das Zimmer zurück. Seine Mutter schimpfte ihn aus. Er sagte nicht, was geschehen war. Er fragte sich nur immerfort, warum ihm der Mann nicht wenigstens die Möhre gegeben hatte, denn der Mann musste wissen, welchen Hunger er hatte. Das fragt er sich bis heute. Sicher war es Diebstahl. Sicher war es nicht richtig. Aber was hätte Otto tun sollen?

Hinweise zum Text: Seite 88.

Kinder in den Straßen des kriegszerstörten Berlin, 1947

Ihr dürft mir nichts tun

Achim Bröger

Wir hatten einen bei uns in der Klasse. So fangen Schulgeschichten an. Aber Bernds Geschichte kann nicht so anfangen. Da wäre schon das erste Wort falsch. Wir hatten Bernd nicht. Zwischen uns und ihm gab's kein Wir. Wir waren die Klasse. Bernd war erst mal nur ein Satz von Hopf, dem Klassenlehrer: „Wir bekommen einen Neuen. Der lag lange im Krankenhaus und wird vieles nicht mitmachen können. Kümmert euch um ihn. Gebt euch Mühe."

Bernd Braeckow kam. Am Anfang fiel vor allem seine Narbe auf. Diese lange rote Furche am Hinterkopf. Als hätten sie ihn da umgegraben. Bernds Narbe, die sich wegen seiner kurzgeschnittenen Haare nicht übersehen ließ. Und das Tablettenschlucken fiel natürlich auch auf. Jede Stunde eine. Die Packung steckte in seiner Schultasche wie bei uns das Pausenbrot.

Was haben die nur mit seinem Kopf gemacht?, hatte ich oft überlegt und mir alles Mögliche vorgestellt. Aber fragen wollte ich ihn nicht danach, die anderen auch nicht. Und er erzählte nie irgendwas davon.

Er redete überhaupt nicht viel. Nach der Schule kam er stumm zur Fußballwiese mit und trug uns den Ball. Dann stand er neben dem Tor und sah mit seinen großen vorstehenden Augen zu. Oder er stand daneben, wenn wir mit den Mädchen aus unserer Klasse Völkerball spielten. Bernd mit seiner Narbe am Hinterkopf und dem Tablettenröhrchen in der Tasche sah immer nur zu und sagte nichts. So war das jedenfalls am Anfang.

Einmal waren wir bei ihm eingeladen. Kuchen gab's und Kakao. Und das alles in einem kleinen Wohnzimmer. Wir saßen zu fünft auf einem weichen Sofa und versanken darin. Bernd zwischen uns. Seine Mutter saß im einzigen Sessel. Ein Vater hätte in diese Wohnung nicht mehr gepasst.

Seine Mutter sagte: „Ihr seid also Bernds Freunde." Wir nickten, obwohl das sicher nicht stimmte. Wie bei einem Krankenhausbesuch war das, stockend und leise. Keiner wusste, worüber man reden sollte, gespielt wurde auch nichts. Die Mutter saß daneben, beobachtete uns und sagte: „Greift doch zu. Fühlt euch wie zu Hause." Wir blieben dann nicht lange.

Eigentlich wollte ich den Bernd wirklich zu meinem Geburtstag einladen, weil er mir Leid tat. Aber mehr als acht Leute passten nicht in mein Zimmer. Bernd war zuviel. Er wurde auch sonst von niemandem eingeladen.

Eine Zeit lang ging Bernd noch stumm neben uns her und sah uns zu. Trug den Ball, stand neben dem Tor und wurde immer mehr übersehen. Aber plötzlich ließ er sich nicht mehr übersehen.

Wenn ein Ball auf ihn zurollte, drosch er ihn weit in die Büsche. Dann rannte er weg und schrie aus sicherer Entfernung: „Ihr dürft mir nichts tun!" Das hatte uns auch der Klassenlehrer gesagt: „Passt auf, dass keiner ihm was tut. Das könnte böse ausgehen."

Wir sahen hinter Bernd her. Einer meinte: „Komischer Kerl, hat bisher nie was gesagt, und jetzt schreit er plötzlich los." Als das öfter vorkam, hieß es: „Der ist unberechenbar. Das hat wohl was mit der Narbe am Kopf zu tun. Vielleicht sollte er mal andere Tabletten nehmen."

Dann begann Bernd zu schlagen. Er haute auf dem Schulhof dem Pit die Faust in den Magen, weil der ihn aus Versehen berührt hatte. Der starke Pit schnappte nach Luft. Bernd stand vor ihm, rot im Gesicht und sagte: „Du darfst mir nichts tun."

„Der glaubt wohl, er kann sich alles erlauben. Nur weil er irgendwas am Kopf hat. So ein fieser Kerl." Mit dem Mitleid war's jetzt vorbei. Wir ließen ihn stehen. Unseren Ball trugen wir selbst.

Bernd schlug immer häufiger und schrie sein „Ihr dürft mir nichts tun!".

Irgendwann erfuhr unser Klassenlehrer davon. Er sagte: „Schluckt's runter, auch wenn ihr wütend seid. Und fasst ihn bitte nicht an."

Wir fassten ihn nicht an. Und wir redeten kein Wort mit ihm, obwohl Bernd plötzlich überhaupt nicht mehr still war. Er schrie und tobte, wenn ihm eine Kleinigkeit nicht passte.

Bernd haute um sich, egal, wohin er traf, meldete jeden, der abschrieb oder in der Pause nicht auf den Hof hinunterging. Bernd Braeckow wirkte wie ausgewechselt. Wir standen da und schüttelten die Köpfe. Immer öfter sagte einer: „Der ist ja nicht normal. Jetzt dreht er völlig durch."

Als Bernd krank wurde, wollte ihm keiner die Schularbeiten bringen. Hopf musste erst einen bestimmen. Und er bat wieder: „Gebt euch Mühe mit ihm, auch wenn er anders ist."

Noch drei Tage kam Bernd in die Schule. Dann blieb er für immer weg. Hopf sagte dazu: „Wir haben's nicht geschafft."

Bernd hatte nur seine Narbe, seine Tabletten und keinen von uns. Deswegen kann ich nicht sagen: Wir hatten einen bei uns in der Klasse. Es gab kein wir. Für kurze Zeit gab es den gleichen Klassenraum und die gleichen Lehrer. Sonst nichts.

Hinweise zum Text: Seite 88.

Spinat auf Rädern

Renate Welsh

Maria ist erst vor kurzem mit ihren Eltern in die fremde Stadt gezogen. Alles ist ganz anders als zu Hause. Die anderen Kinder beachten sie nicht. Sie rufen Maria „Rumänin“ nach. Dabei ist sie das gar nicht.

Die Kinder in der Schule kümmerten sich nicht um Maria. Am zweiten oder dritten Tag hatte ihr Ralf die Schultasche aus der Hand gerissen und sie quer über den Schulhof geschleudert. Darauf hatte Maria dasselbe mit seiner gemacht, nur ein bisschen weiter. Er hatte sich auf sie gestürzt, und sie hatten gerauft. Ralf war dabei nicht gut weggekommen. Raufen hatte sie zu Hause gelernt, mit Michael und den anderen Buben. Sie erinnerte sich, wie die Buben das Baumhaus überfallen hatten, das Maria mit ihren Freundinnen eingerichtet hatte. Zerkratzt und blutend waren die Angreifer abgezogen und hatten die Mädchen nicht einmal verklatscht, weil sie sich schämten. Ob das Baumhaus den Winter heil überstanden hatte? Das dritte Brett von links, nein, das vierte, war schon im Herbst morsch gewesen. Nanni hatte versprochen, ein neues vom Stapel hinter ihrem Haus mitzubringen, aber als sie es holen wollten, hatte Nannis Vater sie verjagt. Der hatte die größten Hände, die Maria je gesehen hatte. Einmal hatte er mit seinen Riesenhänden eine Eidechse gefangen, Maria hatte gar nicht hinschauen wollen vor Angst, es würde nur mehr Eidechsenbrei zwischen den Riesenfingern kleben, aber Nannis Vater hatte zart zugegriffen, und nachdem sie alle die Eidechse angestaunt hatten, verschwand sie unversehrt zwischen den Steinen.

Die Buben im Schulhof boxten einander in die Rippen und lachten laut. Seit der Geschichte mit der Schultasche ließen sie Maria in Ruhe, riefen nicht einmal hinter ihr her wie hinter den anderen Mädchen. Die luden Maria weder zum Gummihüpfen ein, noch holten sie sie in das dicht gedrängte Knäuel, in dem sie sich, Kopf an Kopf gedrängt, flüsternd unterhielten. Wenn Maria vorbeiging, drehte sich die eine oder andere nach ihr um, das Getuschel riss ab, setzte gleich darauf heftiger wieder ein. Manchmal fragte sich Maria, ob sie überhaupt da war. Sie stand an die Mauer gelehnt und blickte hinauf in das Stück Himmel über dem Schulhof. Richtig blau wird er nie, dachte sie, nicht blau wie daheim. Ein weißer Kondensstreifen schnitt quer durch das nasse Blau. Sie schaute zu, wie er langsam zerrann.

Die Lehrerin war freundlich, lange nicht so streng wie die daheim. Sie sah nicht einmal aus wie eine richtige Lehrerin mit ihren Locken, die am Ende jeder Stunde viel wilder von ihrem Kopf abstanden als am Anfang. Maria hörte ihr gern zu, besonders wenn sie vorlas, so leise, dass man sich wunderte, alles zu verstehen.

In der Elfuhrpause hielt die Lehrerin Maria zurück. Sie klopfte die Hefte auf ihrem Tisch zu einem ordentlichen Stapel, verstaute sie in ihrer großen Tasche

und sagte: „Maria, ich habe das Gefühl, dass es dir nicht besonders gut geht. Du musst Geduld haben."
Maria zuckte mit den Schultern. Die Lehrerin wartete.
Maria schwieg.
Im Schulhof wurde es laut. Irgendwann murmelte die Lehrerin etwas unverständlich Bedauerndes und wandte sich ab.
Maria lief ins Klo und weinte.
Nach einer Weile putzte sie sich die Nase. Beim Händewaschen sah sie im Spiegel, wie rot ihre Augen waren. Sie hielt das Gesicht unter fließendes Wasser.
Die Tür ging auf. Katja kam herein, musterte Maria: „Hast du geheult?"
„Ich doch nicht." Maria trocknete sich mit dem Zipfel ihrer Bluse ab.
„Sieht aber ganz so aus. Du hast Augen wie ein Kaninchen."
Maria behauptete, ihr wäre etwas ins Auge gefallen. Beim Bleistiftspitzen.
Katja lächelte und verschwand in einer Toilette.

In der nächsten Stunde spürte Maria mehrmals, wie die Blicke der Lehrerin sie streiften. Jedesmal wischte Maria sich übers Gesicht, als wären Spinnweben an ihr hängen geblieben. Sie hätte der Lehrerin gern gesagt … Was eigentlich?
Reden war überhaupt blöd. So oft Maria den Mund aufmachte, kicherten einige in der Klasse und steckten die anderen an. Die Lehrerin runzelte dann die Stirn und bekam traurige Augen, doch das half auch nicht. Trotzdem waren die Schulstunden noch angenehm im Vergleich zu den schrecklichen Pausen. Es gab nicht immer ein freies Klo, in das sich Maria einsperren konnte. Und wenn sie zu lange blieb, roch sie hinterher die scharfe Mischung aus Desinfektionsmitteln, Urin und alten Abflussrohren an ihren Haaren.
Maria hob den Kopf, so hoch sie konnte, und ging durch den Schulhof, als suche sie jemanden.
„He, Maria!", Uschi winkte Maria zu sich. „Die Mama hat meine Sachen aussortiert, sie hat gesagt, du kannst dir eine ganze Tasche voll mit Kleidern abholen."
„Ich brauch sie nicht", sagte Maria.
Die Vorstellung, in Uschis Kleidern in die Schule zu gehen, war ihr schrecklich. Am zweiten Schultag hatte Ines Maria einen Pullover gegeben, und dann hatten alle Mädchen sie angesehen und gegrinst. Die Mutter hatte behauptet, das bilde sie sich nur cin, aber Maria hatte gezupft und gepopelt, bis eine Masche lief und noch eine und noch eine. Die Mutter hatte versucht, das Loch zu stopfen, aber das hatte so unmöglich ausgesehen, dass sogar sie nicht mehr von Maria verlangte, den Pullover anzuziehen, und ihn dann seufzend und vorwurfsvoll als Putzlappen verwendete.
Maria erinnerte sich auch, wie ihr ein Mädchen ein angebissenes Wurstbrot hinhielt: „Ich mag's nicht mehr und ihr habt eh nichts zu essen. Hab ich selbst im Fernsehen gesehen."
Uschi starrte sie an.

Lieber trag ich das ganze Jahr dasselbe Zeug, dachte Maria. Ich bin doch kein Bettelkind. Und die können von mir denken, was sie wollen. Tut gar nicht weh.
„Ich möchte bloß wissen, worauf die sich was einbildet“, sagte einer von den Buben, die mit Ralf in einer Ecke standen.
„Ich erbe auch immer die Sachen von meiner Kusine“, sagte Vera und etliche nickten.
Verstanden die wirklich nicht, dass das etwas anderes war? Maria spürte, wie ihr die Röte aus dem Kragen über die Wangen hochkroch.
Nach der letzten Stunde wartete sie, bis sie sicher sein konnte, dass alle weg waren. Dann schlich sie die Treppe hinunter. Jeder, der mich sieht, glaubt bestimmt, ich hätte etwas angestellt, dachte sie. Mir doch egal. Es gelang ihr nicht, sich selbst zu überzeugen, so oft sie es auch lautlos wiederholte. Vielleicht hatte Uschis Mutter das Angebot ganz freundlich gemeint? Ihr Pech. Ich brauche von denen nichts. Sie wollen mich nicht und ich will nichts von ihnen.
Sie machte einen Umweg, um nicht am Eissalon vorbeizugehen. Dort stand jetzt die halbe Klasse, schleckte Eis und redete und lachte. Wahrscheinlich über sie. Nein, nicht einmal das.
Fast wäre sie in einen Hundehaufen getreten. Das würde denen so passen.
Die Augen fest auf den Boden zu ihren Füßen geheftet, ging sie in die Seidengasse. Sie weigerte sich, nach Hause zu denken. Zu Hause war das nicht.

Hinweise zum Text: Seite 89.

Der Indianer in der 6 b

Federica de Cesco

Moni ist eigentlich ein sehr schüchternes Mädchen. Doch wenn es um Indianer geht, weiß sie viel zu erzählen. Und dann kommt doch tatsächlich Tom, ein Indianerjunge, für ein Jahr in ihre Klasse. Alle Jungen der 6b möchten ihn zum Freund haben, aber er wendet sich Moni zu.

Die Mutter hatte Waschtag. Als Moni nach Hause kam, trug sie gerade den schweren Plastikkorb voller Bettwäsche in die Wohnung. Ihr Haar war strähnig und ihr Gesicht verschwitzt.

„Mama!“, rief Moni aufgeregt. „Morgen bin ich bei Tom Great Bear eingeladen. Bitte, darf ich gehen?“

Die Mutter sah sie überrascht an. „Bei wem?“

„Bei dem Indianer!“

„Ach so.“ Die Mutter wirkte unentschlossen. „Wer weiß, in was für Verhältnissen der lebt. Da musst du erst Papa fragen.“

Warum ausgerechnet Papa?, dachte Moni. Warum kann sie das nicht selbst entscheiden? Sie spürte, wie sie ihre Hände in den Taschen der Strickjacke zu Fäusten ballte. Ich gehe, ob es ihm passt oder nicht, schoss es ihr durch den Kopf. Sie erschrak bei diesem Gedanken. Was war nur in sie gefahren?

„Also gut. Ich frage ihn gleich.“

„Da musst du dich schon bis heute Abend gedulden“, sagte die Mutter. „Er trifft sich mit einem Kollegen und kommt nicht zum Essen.“

Moni verbrachte einen unruhigen Nachmittag. Sie sagte Tom, dass ihr Vater heute nicht zu Hause sei.

„Deine Mutter auch nicht?“ Obwohl seine Frage beiläufig klang, kam Moni sich lächerlich vor.

„Sie ... sie hat Waschtag“, stammelte sie nervös.

Tom nickte nur. Als ob ihn das interessierte!

Um sieben kam der Vater nach Hause, setzte sich gleich an den gedeckten Tisch und stopfte sich die Serviette in den Hemdkragen. Moni sah sofort, dass er nicht guter Laune war. Wahrscheinlich hatte er mal wieder Krach mit seinem Abteilungschef. Immer, wenn der Chef etwas an ihm auszusetzen hatte, schnauzte er zum Ausgleich die Familie an. Und richtig, schon ging es los. Waschtag hin oder her, Mutter konnte sich ihre Zeit doch einteilen und dafür sorgen, dass etwas Gekochtes auf den Tisch kam! Für Käse und Aufschnitt hatte er nichts übrig. Er war ein kräftiger Mann, der abends Hunger hatte und etwas Warmes essen wollte. Dann kam Markus an die Reihe. Sein Walkman ging ihm schon lange auf die Nerven, das ewige Surren wollte er nicht mehr hören. Und dazu noch die schlechten Noten!

„Du bist doch nicht dumm, nur stinkfaul, hast nichts als deinen Fußball im Sinn. Alles in den Beinen, nichts im Kopf. Als ob man im Leben nur Tore schießen könnte!“

Markus löffelte seine Suppe und hielt den Mund. Er wusste, dass das Barometer auf Sturm stand. Auch Moni schwieg bedrückt. Was nun? Mit dem Vater konnte sie heute Abend nicht reden.

Doch da sagte die Mutter, wahrscheinlich um ihn auf andere Gedanken zu bringen: „Du, Helmut, Moni ist bei dem Indianer eingeladen. Soll sie hingehen, oder nicht?“ Der Vater warf der Mutter einen gereizten Blick zu.

„Bei welchem Indianer?“ Moni wollte antworten, doch Markus kam ihr wieder zuvor.

„Pass bloß auf, dass er dir nicht den Skalp abzieht!“

„Die Indianer skalpieren nicht!“, rief Moni entrüstet über den Tisch.

„Jetzt nicht mehr“, grinste Markus, „da würden sie sofort im Knast landen. Aber früher waren sie dafür Spezialisten!“

„Ja, weil die Weißen es ihnen beigebracht hatten!“

Markus lachte voller Hohn. „Das glaubst du doch wohl selbst nicht!“

„Das stand in einem Buch“, sagte Moni. „Die Weißen kassierten für jeden erschossenen Indianer eine Prämie. Da haben sie sich angewöhnt, als Beweis den Leichen die Kopfhaut mit den Haaren abzuziehen.“

„Aber Moni, so was erzählt man doch nicht bei Tisch!“, rief die Mutter.

„Ist das der Blödsinn, den du dir aus Büchern einverleibst?“, brummte der Vater.

„Das ist kein Blödsinn, das ist wahr!“, schrie Moni.

„Monica!“ Sie zog unter dem drohenden Blick ihres Vaters die Schultern ein. Einige schlimme Sekunden vergingen. Schließlich fasste sich Moni ein Herz.

„Dann darf ich also gehen?“

Der Vater hielt der Mutter seinen Teller hin. „Ist noch Suppe da?“ Sie nickte und tauchte den Schöpflöffel in die Schüssel. Moni schluckte befangen. Der Vater hatte ihre Frage überhört. Aber Markus nicht.

„Was willst du denn bei dem Indianer?“, gluckste er. „Um den Totempfahl tanzen?“ Moni wurde immer wütender.

„Er will mir interessante Sachen aus Amerika zeigen.“

„Zum Beispiel ein Kriegsbeil?“ Markus schlug sich ein paar Mal mit der Hand auf den Mund und gab eine Anzahl schriller Töne von sich. Der Vater haute den Löffel in die Suppe, dass die Tropfen spritzten.

„Schluss jetzt mit dem Affentheater! Ich will das Wort Indianer nicht noch einmal hören!“

Das war zuviel. In Monis Kopf ging eine Rakete hoch. Sie nahm einen Mundvoll Suppe und spuckte sie über den Tisch, Markus mitten ins Gesicht. Stille. Keiner rührte sich. Markus saß da, völlig entgeistert, während ihm die Suppe über Kinn und Hals lief. Moni war von ihrer eigenen Reaktion wie gelähmt. Plötzlich schmiss der Vater seine Serviette auf den Tisch, schob den Stuhl mit lautem Krach zurück. Er packte Moni am Arm, riss sie hoch und verpasste ihr eine schallende Ohrfeige.

„Ich werde dich lehren, dass du dich bei Tisch zu benehmen hast! Hier wird nicht gespuckt!“

„Markus hat angefangen!“, heulte Moni.

„Kein Wort mehr!“, schrie der Vater. „Marsch, in dein Zimmer! Und es kommt gar nicht in Frage, dass du morgen zu diesem Ausländer gehst. Da sieht man es wieder! Schlechter Umgang verdirbt gute Sitten!“ Moni stürzte tränenüberströmt in den Gang.

„Ich weiß nicht, was mit ihr los ist“, hörte sie die Mutter fassungslos sagen, bevor sie die Tür hinter sich zuknallte und sich von Schluchzen geschüttelt aufs Bett warf. Wie kam sie nur dazu, Markus anzuspucken? Und obendrein noch bei Tisch, wo der Vater sowieso schlechter Laune war? Jetzt durfte sie Tom nicht besuchen. Aus, Schluss! Sie hatte sich das wichtigste Ereignis ihres Lebens verscherzt. Alle bewunderten Tom und wollten mit ihm befreundet sein. Aber sie, Moni, war bisher die einzige, die er zu sich nach Hause eingeladen hatte. Aus lauter Verzweiflung hämmerte sie mit den Fäusten aufs Kopfkissen. Doch allmählich beruhigte sie sich. Ihr Entschluss stand nach wie vor fest: Sie würde Tom besuchen, egal, was die Eltern darüber dachten. Nur, wie sollte sie es anstellen? Mir wird schon etwas einfallen, dachte Moni, während ihr Schluchzen nachließ und sie tränenblind ein Taschentuch suchte.

Vor dem Schlafengehen nahm sie das winzige Püppchen, das Tom ihr geschenkt hatte, in die Hand und betrachtete es lange.

Hinweise zum Text: Seite 89.

Nicht nur Schläge tun weh

Beim Wort Schläge denkt ihr sicher zunächst an eine Rauferei oder generell an körperliche Gewalt. Das muss aber nicht immer so sein, wie auch der Begriff des Schicksalsschlages zeigt. Ihr kennt sicher aus eigener Erfahrung auch Situationen, in denen ihr mit Worten oder Gesten verletzt worden seid. Die Texte in dieser Sequenz handeln von den verschiedenen Arten von Gewalt. Sie wollen euch anregen darüber nachzudenken, wie man sie vermeiden kann. Denn eigentlich möchte doch keiner einem anderen Schmerzen zufügen. Oder etwa doch?

Peter Härtling:
Die Möhre
S. 77

Informationen zum Autor findet ihr auf Seite 25.

1 a) Die Geschichte spielt am Ende des Zweiten Weltkrieges (1939–1945). Wie erlebt Otto den Krieg?
b) Was bedeutet es für Otto hungern zu müssen? Sucht dazu die entsprechenden Textstellen heraus.

2 a) Die Begegnung mit dem Hausbesitzer in dessen Garten war ein einschneidendes Erlebnis für Otto. Was war das Schlimmste daran?
b) Lest den entsprechenden Textabschnitt in der Klasse vor.
c) Spielt die Szene.

3 „Sicher war es Diebstahl. Sicher war es nicht richtig. Aber was hätte Otto tun sollen?" Was meint ihr dazu?

4 Wie alt war Peter Härtling zu der Zeit, in der die Geschichte spielt? Was könnte das bedeuten?

5 Auch heute leiden immer noch Millionen von Kindern an Hunger. Sammelt dazu Informationen und berichtet in der Klasse.

6 Welche Hilfsmaßnahmen gegen den Hunger in der Welt kennt ihr? Was wisst ihr darüber?

Achim Bröger:
Ihr dürft mir nichts tun
S. 80

Achim Bröger wurde 1944 in Erlangen geboren. Nach der Schule arbeitete er in mehreren Berufen, u. a. als Schriftsetzer, Polizist und Werbetexter. Seit 1980 ist er freier Schriftsteller. Er hat Kinder- und Jugendromane, aber auch Erzählungen und Hörspiele verfasst, für die er inzwischen viele Auszeichnungen erhalten hat.

1 Bernd leidet an einer schweren Krankheit. In seinem Verhalten wird das deutlich. Sprecht darüber.

2 Wie geht die Klasse mit Bernd und seiner Krankheit um?

3 Wie würdet ihr euch in einer ähnlichen Situation verhalten?

4 „Wir haben's nicht geschafft."
Was meint der Klassenlehrer wohl damit?

Renate Welsh: Spinat auf Rädern
S. 82

Die österreichische Kinder- und Jugendbuchautorin wurde 1937 in Wien geboren. Ihr Roman Johanna wurde 1980 mit dem Deutschen Jugendliteraturpreis ausgezeichnet. Dieser Text ist ein Auszug aus dem gleichnamigen Buch. Darin wird die Geschichte von Maria erzählt, die aus Rumänien gekommen ist. Sie fühlt sich sehr einsam, bis sie die alte Frau Müller kennen lernt. Frau Müller wohnt mit Maria im gleichen Haus und fährt jeden Nachmittag ihre Balkonpflanzen in einem Kinderwagen spazieren. Darauf bezieht sich auch der Titel des Buches.

1 Maria ist neu in der Klasse.
Worunter leidet sie besonders?

2 Was ist eigentlich anders an Maria?

3 a) Welche Rolle spielt für dich deine Kleidung?
b) Wie stehst du zu Markenklamotten?

4 Maria fühlt sich nicht zu Hause.
Was bedeutet für dich zu Hause sein?
Schreibe deine Gedanken und Gefühle dazu auf.
Dazu ein paar Tipps, die dir das erleichtern sollen:
a) Schreibe die Wörter zu Hause auf ein großes Blatt Papier.
b) Alles, was dir dazu in den Sinn kommt, schreibst du um die Kernwörter herum auf. Das können einzelne oder mehrere Wörter sein.
c) Auf diese Weise entsteht eine Wortsammlung (ein Cluster). Jetzt kannst du die darin enthaltenen Gedanken ordnen und als Text niederschreiben.

Federica de Cesco: Der Indianer in der 6b
S. 85

Die Autorin stammt aus einer deutsch-italienischen Familie und verbrachte ihre Jugendjahre in Ostafrika und Italien. Heute lebt sie am Genfer See und verfasst überwiegend Jugendbücher. Ihren ersten Roman *Der rote Seidenschal* schrieb sie bereits mit 16 Jahren.
Der vorliegende Text ist dem Buch *Der Indianer in der 6b* entnommen. Darin wird die Geschichte von Moni erzählt und wie ihr der Indianerjunge Tom das Leben rettet.

1 Beschreibt die Situation in der Familie.
Wie stehen die einzelnen Familienmitglieder zueinander?

2 Was ist der Grund dafür, dass Moni ihren Bruder mit Suppe bespuckt?

3 Worunter Moni leidet, habt ihr sicher herausbekommen.
Wie geht sie damit um?

4 Wie könnte die Geschichte weitergehen?

Tiere unterwegs

Die Ameisen

Joachim Ringelnatz

In Hamburg lebten zwei Ameisen,
Die wollten nach Australien reisen.
Bei Altona auf der Chaussee
da taten ihnen die Beine weh,
Und da verzichteten sie weise
Dann auf den letzten Teil der Reise.

Hinweise zum Text: Seite 109.

Die Fliege

Kurt Kusenberg *(Text aus urheberrechtlichen Gründen in alter Rechtschreibung.)*

Nicht jeder Raum eignet sich zum Nachdenken, und wenn man viele Räume besitzt, muß man herausfinden, welcher von ihnen die Gedanken am meisten fördert. So oft der Sultan von Tubodin über etwas nachsinnen wollte, begab er sich in die Grüne Kammer, legte sich auf ein Sofa und schloß die Augen; fast immer kam er zu guten Einsichten. Allerdings mußte es in der Kammer ganz, ganz still sein – vor allem durfte dort nie eine Fliege summen, denn dieses Geräusch war dem Sultan verhaßt.

Der Sklave Pontus hatte dafür zu sorgen, daß in die Grüne Kammer keine Fliege drang. Ein bequemes Amt, wird mancher sagen, ein Faulenzerposten, wie er nur im Morgenland vergeben wird. Doch damit tut man dem Sklaven Pontus unrecht. Zum einen hatte er sich das Amt ja nicht erwählt, sondern es war ihm, der in seiner Heimat als kundiger Baumeister galt, vom Schicksal auferlegt worden, und er litt unter der Erniedrigung. Zum anderen ist es gar nicht so leicht, im Orient Fliegen aus dem Zimmer zu halten.

An dem Tage, von dem hier berichtet wird, ruhte der Sultan in der Grünen Kammer auf dem Sofa und sann vor sich hin. Pontus, der mit seiner Fliegenpatsche bei der Tür stand, war unruhig. Er wußte es nicht geradezu, aber er ahnte oder argwöhnte, daß irgendwo eine Fliege sitze, und konnte nur hoffen, daß sie sich nicht zeige. Doch da hörte, da sah er sie schon. In taumeligen Kurven flog sie einher und summte wie eine Hornisse.

Der Sultan schlug die Augen auf. „So liederlich", sprach er, „versiehst du dein Amt! Wie soll ich nachdenken, wenn das Zimmer voller Fliegen ist?"

„Verzeiht, Herr", antwortete Pontus. „Es ist nur eine einzige Fliege, und ich werde sie sofort erlegen."

Der Sultan blickte nach einem Tisch aus Jaspis, auf dem vielerlei Kostbarkeiten standen. „Wende die goldene Sanduhr um. So lang der Sand rieselt, hast du Zeit, die Fliege zu töten. Gelingt es dir nicht, so stirbst du."

Es war eine kurze Frist, denn das goldene Ding diente als Zeitmaß für die Ansprachen, die der Sultan an seine Minister richtete; in vier Minuten lief der Sand durchs Glas. Mit zitternder Hand kehrte Pontus die Sanduhr um und begann eine Jagd, die keinen guten Ausgang versprach. In der Grünen Kammer standen auf sieben langen Tischen unzählige Kunstgegenstände, an den Wänden hingen Ampeln, Waffen und geschnitzte Figuren: lauter Verstecke für die Fliege, sichere Verstecke, weil Pontus nichts beschädigen durfte.

Die Fliege stieß ans Fenster, zweimal, dreimal, und Pontus schlich hinzu. Als sie erneut gegen die Scheibe fuhr, schlug er nach ihr; doch er verfehlte sie. Mit empörtem Gesumm stürzte und wirbelte die Fliege umher, sie führte sich auf wie eine Besessene. Obwohl ein winziges Wesen nur und des Denkens nicht fähig, spürte sie genau, daß man ihr ans Leben wollte. Zudem war es die Stunde, in der alle Fliegen der Welt, auch wenn sie sich nicht bedroht fühlen, unsinnige Tänze aufführen – die Stunde vor Sonnenuntergang.

Die Fliege in der Luft zu treffen, schien unmöglich. Blitzschnell schoß sie dahin und änderte in einem fort die Richtung. Pontus behielt sie im Auge, er betete im stillen, sie möge sich endlich niedersetzen. Es kam ihm jetzt nicht mehr darauf an, ob er mit seiner Patsche etwas Wertvolles beschädigte: wenn er nur das leidige Insekt dabei erschlug. Da setzte sich die Fliege nieder, und es war, als vermöge sie doch zu denken, denn nunmehr befand sie sich jenseits aller Gefahr. Sie saß auf der rechten Schulter des Sultans.

Pontus blickte auf die Sanduhr und sah, daß sie zur Hälfte abgelaufen war. Was sollte er bloß tun? Es ging nicht an, den Sultan von Tubodin mit der Fliegenklappe zu treffen, und wer es dennoch unternahm, mußte mit einem qualvollen Foltertod rechnen. Da war das flinke Schwert des Henkers noch das kleinere Übel.

Der Sultan lag mit geschlossenen Augen auf dem Sofa, er tat, als sinne oder träume er vor sich hin. Er weidete sich jedoch an der Verzweiflung des Sklaven. Er horchte auf dessen Schritte und suchte zu erraten, wie es um die Fliegenjagd stand. Als er Pontus nicht mehr gehen, die Fliege nicht mehr summen hörte, wurde er unmutig. Am Ende gelang es dem Tölpel, sich im allerletzten Augenblick zu retten! Der Sultan konnte nicht wissen, daß die Fliege auf seiner eigenen Schulter saß, daß sie seinen hohen Schutz genoß.

Pontus stand reglos, er hatte keine Hoffnung mehr. Ohne hinzuschauen, sah er, wie die Sanduhr drüben ihm eilig das Urteil ausfertigte. Vor seinen Augen wuchsen Häuser empor, Rathäuser und Wohnhäuser, Handelshöfe und Getreidespeicher, eine ganze Stadt, die er hätte bauen wollen und die nun ungebaut blieb, einer Fliege wegen. Indem er dies dachte, hob die Fliege sich von des Sultans rechter Schulter und kreiste in der Luft. Gleich darauf fuhr sie nieder, dicht an Pontus vorbei. Sie streifte die Fliegenpatsche, flog das Sofa an, lief darüber hin, stieg erneut auf und setzte sich schließlich auf des Sultans rechtes Knie. Dort verhielt sie.

Ein wilder Zorn befiel Pontus. „Wenn ich ohnedies sterben muß“, dachte er, „soll auch der Sultan sterben. Er ist nicht allzu kräftig, es wird leicht sein, ihn zu erwürgen, und hinterher werde ich mich aufhängen.“ Aber schon kam ihm ein neuer Gedanke: „Meine Tat wird sicherlich nicht gleich entdeckt. Ich fliehe – vielleicht habe ich Glück nach so viel Unglück.“ Er trat leise auf den Sultan zu und streckte seine Hände aus. Sie zitterten nicht, wie vorhin, als er die Sanduhr umgewendet hatte, sie waren ganz ruhig. Jetzt kam es darauf an, den Hals des Sultans rasch und fest zu umklammern, damit ihm kein Schrei mehr entfuhr. In diesem Augenblick verließ die Fliege ihren Sitz, zog einen Halbkreis und ließ sich auf der Stirn des Sultans nieder. Der Sultan schlug nach ihr, die Fliege fiel auf das Sofa herab.

Im Zuschlagen öffnete der Sultan die Augen. Er sah die Hände des Sklaven dicht bei seinem Hals und erkannte, was jener mit ihm vorhatte. „Du willst mich töten?“ fragte er.

Pontus nickte. „Ich wollte es, Herr, weil ich um einer Fliege willen sterben sollte.“ Als dem Sultan aufging, wie nahe ihm der Tod gewesen, erschrak er. Sein Herz pochte, er wurde bleich. „Einer Fliege wegen“, sann er und konnte es gar nicht fassen, „einer kleinen Fliege wegen wäre ich ums Haar ermordet worden.“

Er brauchte ein Weilchen, bis er seine Stimme wiederfand. Dann sprach er:

„Daß du mich töten wolltest, lassen wir beiseite. Fest steht, daß nicht klar entschieden worden ist, ob du dein Leben verwirkt hast oder nicht, denn als ich die Fliege erschlug, war die Frist noch nicht abgelaufen. Oder irre ich mich?“

„Ich weiß es nicht, Herr“, erwiderte Pontus. „Ich habe zuletzt den Anblick der Sanduhr gemieden.“

„Wir wollen“, fuhr der Sultan fort, „den Fall zu Ende bringen. Du wendest jetzt noch einmal die Sanduhr; dann rennst du, so schnell du kannst und so weit du kommst, um dein Leben. Sobald die Zeit um ist, schicke ich meine Aufseher und die Jäger mit den Bluthunden hinter dir her. Fassen sie dich, gehörst du dem Henker.“

Pontus tat, wie ihm befohlen war. Er kehrte die Sanduhr um, stürzte aus der Grünen Kammer, lief die Treppen hinab, durcheilte die Höfe, die Tore und erreichte im Nu die engen Gassen der Stadt. Alle, an denen er vorüberschoß, hielten ihn für des Sultans schnellsten Kurier.

In der Grünen Kammer lief die Sanduhr aus. Der Sultan griff nach einer Glocke, um die Aufseher herbeizuläuten; da sah er etwas, das er nicht glauben mochte. Die Fliege auf dem Sofa, die er tot gewähnt, hatte sich erholt, sie kroch umher. Als sie sich gar in die Luft schwang und auf ihn zu flog, duckte er sich wie unter einer Gefahr. „Ein Zeichen!“ dachte er furchtsam. „Eine Warnung! Ich soll nicht läuten.“

So kam es, daß die Jagd auf den Sklaven Pontus unterblieb, daß er seine Heimat erreichte und wieder ein Baumeister wurde.

Hinweise zum Text: Seite 109.

Raubritter

Georg Britting

Zwischen Kraut und grünen Stangen
jungen Schilfes steht der Hecht,
mit Unholdsaugen im Kopf, dem langen,
der Herr der Fische und Wasserschlangen,
mit Kiefern, gewaltig wie Eisenzangen,
gestachelt die Flossen: Raubtiergeschlecht.

Unbeweglich, uralt, aus Metall,
grünspanig von tausend Jahren.
Ein Steinwurf! Wasserspritzen und Schwall:
Er ist blitzend davongefahren.

Butterblume, Sumpfdotterblume, feurig, gelblich rot
schaukelt aus den Wasserringen wie ein Seeräuberboot.

Hinweise zum Text: S.110

Fliegende Fische

Angelika Schultes

Fliegende Fische können nicht etwa wie Vögel fliegen,
so quirlig durch die heiße Sommerluft flattern
oder stundenlang durch die Wolken gleiten.

Aber bei Gefahr schießen sie in Höchstgeschwindigkeit
aus dem salzigen Meerwasser heraus, spreizen ihre großen Brustflossen
und segeln in geringer Höhe bis zu 200 Meter weit durch die Luft,
bis sie wieder in das Wasser eintauchen. Sie ähneln dabei
eher riesigen Heuschrecken als Fischen.

Viele verschiedene Arten von fliegenden Fischen
kommen in den Meeren der warmen Zonen vor.
Da sie sich meistens in ganzen Schwärmen
gleichzeitig aus ihrem nassen Element erheben,
bieten sie den Seeleuten und Schiffspassagieren
ein tropfenfunkelndes, eindrucksvolles Schauspiel.

Hinweise zum Text: S. 111.

Ist die Fledermaus eine Maus?

Henning Wiesner

Die Fledermaus hat ein Fell wie eine Maus, Ohren wie eine Maus, ist so groß wie eine Maus, sie ist aber keine Maus. Sie ist auch kein Nagetier, sondern ein hochentwickeltes Säugetier. Nur der Volksmund hat sie zur Maus gemacht, aber damit kann sie leben – sogar sehr gut: Es gibt weltweit über 800 Fledermausarten, fast so viel wie es Nagerarten gibt.

Allerdings hat die Fledermaus ein paar seltsame Angewohnheiten, die sie uns suspekt machen. Sie hängt beispielsweise immer mit dem Kopf nach unten da, und wir fragen uns, ob ihr nicht das Blut im Kopf zusammenläuft. Natürlich nicht, denn dann müsste das Blut beim Menschen ja auch in den Beinen hängen bleiben. Entscheidend ist nur, worauf das Gefäßsystem eingestellt ist. Und bei der Fledermaus funktioniert die Durchblutung ausgezeichnet, wenn sie mit dem Kopf nach unten hängt.

Sie könnte gar nicht auf einem Ast sitzen wie andere Tiere. Dazu fehlt ihr sozusagen das Sitzfleisch, denn das ganze Tier besteht fast nur aus Flügeln. Die Finger sind, bis auf den Daumen, riesig gewachsen. Darüber spannt sich die Haut wie bei einem Fächer und bildet so die Flügel. Ihre Zehennägel taugen nur noch zum Festkrallen. Sitzen, Liegen oder Stehen ist diesen Tieren unmöglich. Sie haben sich so an ihren Lebensraum in Höhlen, hohlen Baumstämmen und Türmen angepasst, dass sie nichts anderes können müssen als Hängen und Fliegen.

Fledermäuse können fantastisch fliegen, schnell, wendig und präzise. Sie können mit dem Bauch nach unten und nach oben fliegen, in der Luft Haken schlagen oder Wellenbewegungen machen. Wenn man in einer Höhle voller Fledermäuse steht, spürt man nur den Luftzug der vorbeisausenden Tiere. Nie würden sie uns berühren oder uns an den Kopf knallen und sich in den Haaren verheddern. Es gibt tropische Fledermäuse, die im Sturzflug Fische oder Frösche erbeuten, Früchte fressen, Nektar trinken oder sich wie unsere einheimischen Arten von Insekten ernähren.

Und diese geschickten Tiere fürchten wir? Nur weil wir im Film gesehen haben, dass sich Graf Dracula in eine Fledermaus verwandeln kann, haben alle Fledermäuse ein Blutsauger-Image. Tatsächlich gibt es den Vampir. Er lebt in Südamerika und fällt aufs heimtückischste über seine Opfer her. An Händen und Füßen ist er mit speziell weichen Polstern ausgestattet, sodass er sanft und unbemerkt auf Mensch oder Tier landen kann. Dann beißt er mit seinen rasiermesserscharfen Zähnen in die Haut. Das passiert so schnell, dass das Opfer immer noch nichts bemerkt. Er öffnet eine kleine Ader, leckt bis er satt ist und verschwindet wieder. Vorbei ist der ganze Spuk! Zur Beruhigung: Der Vampir erwischt nie eine Hauptschlagader. Außerdem kommt diese Fledermausart in Europa garantiert nicht vor. Bei uns wird einfach zu viel Knoblauch angebaut.

Hinweise zum Text: Seite 111.

Der Fluch des Vampirs

Angela Sommer-Bodenburg

Eine halbe Stunde später befanden sich Onkel Vladi und Gregor auf dem Weg zum Friedhof. Solange Gregors Mutter sie vom Fenster aus sehen konnte, ging Onkel Vladi langsam und gemächlich. Aber kaum waren sie außer Sichtweite, beschleunigte er seine Schritte. Gregor hätte Onkel Vladi gern gefragt, weshalb er es so eilig hatte. Doch Onkel Vladi nahm überhaupt keine Notiz von ihm. Mit seiner großen alten Ledertasche, deren Griff er fest umklammert hielt, erinnerte er Gregor an einen Arzt, der zu einem dringenden Notfall unterwegs war. Zu Gregors Verwunderung schien Onkel Vladi den Weg genau zu kennen. Sogar die Abkürzung durch das kleine Waldgrundstück war ihm vertraut. Offenbar hatten seine Vorbereitungen darin bestanden, den Stadtplan zu studieren, den er sich von Gregors Mutter ausgeliehen hatte!

Endlich standen sie vor dem großen Friedhofstor. Onkel Vladi drehte sich zu Gregor um und mit gedämpfter Stimme erklärte er: „Auf dem Friedhof musst du dein Amulett *unter* dem Pullover tragen!“

Es war das Erste, was er seit ihrem Aufbruch sagte.

„Und warum?“, wollte Gregor wissen.

„Wir haben jetzt keine Zeit, Fragen zu beantworten“, erwiderte Onkel Vladi.

Er reckte die Schultern wie jemand, der sich selbst Mut machen wollte, und trat durch die offene Pforte.

Gregor steckte die Kette in seinen Pullover. Er spürte ein Brennen, das aber nur wenige Sekunden anhielt. Dann folgte er Onkel Vladi.

Auch innerhalb des Friedhofs schien sich Onkel Vladi erstaunlich gut auszukennen. Entschlossen bog er in den schmalen, von hohen Büschen gesäumten Seitenweg ein, der zur Engelmann’schen Gruft führte.

Mit Herzklopfen ging Gregor hinter ihm her. Die Atmosphäre auf dem Friedhof kam ihm verändert vor – als läge etwas Unheimliches, Bedrohliches in der Luft. Am liebsten wäre er umgekehrt.

Aber nun tauchte nach einer Wegbiegung die Engelmann’sche Gruft vor ihnen auf. Sie erschien Gregor noch düsterer und abweisender als sonst und die beiden verschleierten Figuren, die ihren Eingang bewachten, machten einen noch gruseligeren Eindruck auf ihn.

Onkel Vladi war stehen geblieben. Gregor hörte ihn etwas in einer fremden Sprache murmeln, von der er nur ein Wort verstand: „Dracul!“

Instinktiv wich er zurück – und stieß mit dem Fuß gegen einen umgestürzten Grabstein. Er schrie auf.

Onkel Vladi fuhr herum. „Um Himmels willen! Sei leise!“, beschwor er Gregor.

„Aber es ist doch gar keiner hier“, antwortete Gregor.

Bislang waren ihnen erst zwei ältere Frauen begegnet und die hatten auf dem vorderen Teil des Friedhofs Blumen gepflanzt.

„Darauf würde ich mich nicht verlassen“, entgegnete Onkel Vladi. „Hier haben die Wände Ohren und die Mauern sind Verräter!“ Gregor schluckte.

„Glaubst du etwa, dass die Engelmann'sche Gruft … bewohnt ist?"

„Das werden wir bald wissen", antwortete Onkel Vladi.

„Aber die Gruft ist abgeschlossen!" Gregor zeigte auf die mächtige Eisentür. „Jedenfalls war sie das beim letzten Mal", schränkte er ein.

„Du hast versucht, in die Gruft zu gelangen?" Onkel Vladi sah ihn betroffen an.

„Nein. Ich hab nur einmal kurz an der Klinke gerüttelt."

„Und warum?"

„Ein Junge aus meiner Klasse hat behauptet, die Tür zur Gruft wäre mit einem Fluch belegt und niemand würde sich trauen sie anzufassen – am allerwenigsten ich."

„War das derselbe Junge, der sich die Hand am Amulett verbrannt hat?"

„Ja!", bestätigte Gregor überrascht.

„Und was hättest du getan, wenn sich die Tür zur Engelmann'schen Gruft geöffnet hätte?", wollte Onkel Vladi wissen.

„Ich wäre weggerannt!"

„Falls du das noch gekonnt hättest…"

„Wie meinst du das?"

„Ich will damit zum Ausdruck bringen, dass der Junge die Wahrheit gesagt hat."

„Du meinst, es stimmt, dass die Tür mit einem Fluch belegt ist?"

„Es ist nicht nur die Eingangstür", antwortete Onkel Vladi. „Die gesamte Gruft ist verflucht!"

„Die gesamte Gruft?"

„Ja! Zugemauert müsste sie werden, versiegelt bis in alle Ewigkeit!"

Ein so hasserfüllter Ausdruck war auf Onkel Vladis Gesicht erschienen, dass Gregor nicht wusste, wovor er sich mehr fürchtete: vor Onkel Vladi oder vor der Engelmann'schen Gruft.

„Aber wir sind doch auch hier", wandte er zaghaft ein.

„Weil ich die notwendigen Sicherheitsvorkehrungen getroffen habe", sagte Onkel Vladi. „Ohne die würde ich es niemals wagen, einen Fuß in die Engelmann'sche Gruft zu setzen!"

„Du willst in die Gruft gehen? Obwohl sie verflucht ist?"

„Eben deshalb!"

Gregor hatte das Gefühl, als wäre ihm ein kalter Windstoß ins Gesicht gefahren. Dabei war es völlig windstill.

„Und wie willst du in die Gruft kommen?", fragte er.

Onkel Vladi öffnete seine alte Ledertasche und nahm einen Schlüsselbund heraus. „Der Weise ist auf alle Ereignisse vorbereitet."

Hinweise zum Text: S. 112.

Die polyglotte Katze

Heinz Erhardt

Die Katze sitzt vorm Mauseloch,
in das die Maus vor kurzem kroch,
und denkt: „Da wart nicht lang ich,
die Maus, die fang ich!“

Die Maus jedoch spricht in dem Bau:
„Ich bin zwar klein, doch bin ich schlau!
Ich rühr mich nicht von hinnen,
ich bleibe drinnen!“

Da plötzlich hört sie – statt „miau“ –
ein laut vernehmliches „wau-wau“
und lacht: „Die arme Katze,
der Hund, der hatse!
Jetzt muss sie aber schleunigst flitzen,
anstatt vor meinem Loch zu sitzen!“

Doch leider – nun, man ahnt’s bereits –
war das ein Irrtum ihrerseits,
denn als die Maus vors Loch hintritt –
es war nur ein ganz kleiner Schritt –
wird sie durch Katzenpfotenkraft
hinweggerafft! –

Danach wäscht sich die Katz die Pfote
und spricht mit der ihr eignen Note:
„Wie nützlich ist es dann und wann,
wenn man ’ne fremde Sprache kann …!

Hinweise zum Text: Seite 112.

Nero Corleone

Elke Heidenreich

Die Madonnina lebte schon so lange auf dem Hof, dass niemand wusste, wie alt sie war. Zehn Jahre? Zwölf? Sechzehn? Oder vielleicht doch erst acht? Den Namen verdankte sie ihrem hellroten Kopf, dessen Fell genau in der Mitte fromm gescheitelt war, wie bei einer kleinen Madonna. Zweimal im Jahr bekam die Madonnina Junge, im Frühling und im Herbst, und wenn der Bauer die neugeborenen Katzen rechtzeitig in ihrem Versteck fand, dann ertränkte er sie. Rechtzeitig hieß: noch ehe sie die Augen offen hatten und hinter ihrer Mutter her auf den Hof getrippelt kamen. Dann nämlich brachte er es nicht mehr fertig und rief verzweifelt: „Troppi gatti! Troppi gatti!", was heißt: „Zu viele Katzen! Zu viele Katzen!" Aber er ließ sie leben, suchte ihnen Plätze auf anderen Höfen, verschenkte sie, und was dablieb, wurde mit durchgefüttert. Da gab es Paolo, einen alten schwarzgrau getigerten Kater, der kaum noch Zähne hatte; es gab den Schönen Felix, ganz in hellgrau, sehr elegant, aber als er noch jung und vorwitzig war, hatten ihm die Hühner ein Auge ausgepickt; es gab die rote Messalina und Biff und Baff, zwei verfressene Raufbolde, die den Hof ratten- und mäusefrei hielten; und alle Jahre wieder kam irgendein Junges der Madonnina dazu, und wenn es stark genug war, um sich durchzusetzen, war das in Ordnung. Chef auf dem Hof war der alte mürrische Hund. Die Hühner waren zwar dämlich, wussten sich aber – siehe Schöner Felix – durchaus Respekt zu verschaffen, wenn man sie ärgerte oder ihnen die Eier unter dem Hintern klauen wollte, und bei den Katzen hatte die kleine, zähe Madonnina das Sagen. Alles hatte seine Ordnung. Bis zu diesem Freitag, dem 17. November.

Dazu muss man wissen: Unsere Geschichte beginnt in Italien, und was bei uns in Deutschland Freitag, der 13. ist – ein gefährlicher Unglückstag, ein Tag der verlorenen Geldbörsen, versäumten Küsse und Pickel auf der Nase –, das ist in Italien Freitag, der 17. Und der November gilt als Unglücksmonat – wenn also der 17. November auf einen Freitag fällt und wenn noch dazu gerade an diesem Tag aus einem schlechtgelaunten, dunklen Himmel ein böse grollendes Wintergewitter mit Prasselregen kommt, dann bedeutet das nichts Gutes.

Und an einem solchen Tag warf die Madonnina ihre Jungen. Es waren vier, und zum allererstenmal war ein kohlpechrabenschwarzes dabei. Nein, nicht ganz schwarz: die rechte Vorderpfote war weiß. Das war aber auch alles. Es war un maschio, ein Mann, ein Knabe, ein Kater. Ein schwarzer Kater, geboren am Freitag, dem 17. November bei Donner und Blitz um 12 Uhr mittags, high noon.

O je. Sie nannten ihn Nero. Nero heißt: schwarz.

Eines Abends Anfang Dezember stellte der Bauer wie üblich den großen Blechteller mit Nudeln, Reis, Weißbrot, Milch und einem bisschen Fleisch für seine Katzen hin, da sah er die vier Kleinen zum ersten Mal. Die Madonnina brachte sie mit und eroberte ihnen Plätze am Tellerrand.

„Porco dio!" schrie der Bauer, „quattro! E un nero!" Den Fluch übersetze ich lieber nicht, aber der Rest heißt: „Vier! Und ein schwarzes!" Die beiden weißgrau Getigerten brachte er in den nächsten Wochen oben in den Bergen bei einem Freund unter, der Mäuse in der Scheune hatte und gern zwei kräftige junge Katzen aufnahm – sie würden sich ihren Lebensunterhalt mit Jagen verdienen müssen. Die kleine Rotweiße, die der Madonnina sehr ähnlich sah, er nannte sie Rosa, stellte sich beim Fressen und auch sonst so tapsig und dumm an, dass er sie noch eine Weile bei ihrer Mutter lassen wollte, dann würde man schon sehen. Außerdem hatte Rosa himmelblaue Augen, mit denen sie fürchterlich schielte – man wußte nie: sah sie zum Futterteller hin oder schaute sie den Wolken nach? So etwas Komisches hatte der Bauer noch nie gesehen. Und Nero, den kleinen Schwarzen – den bekam er einfach nicht zu fassen. Wann immer der Bauer sich nach ihm bückte, war Nero weg, schnell wie der Blitz und unauffindbar.

„Furbo!“ rief der Bauer, „Spitzbube“, und: „Diavolo nero!“, „Schwarzer Teufel!“, aber er kriegte ihn nie, und die Tiere auf dem Hof hielten die Luft an und sagten: „Wenn das mal gut geht!“

Es ging nicht gut. Nero hatte in kürzester Zeit alles und alle fest im Griff, oder besser gesagt: in seiner kleinen weißen Pfote mit den messerscharfen Krallen. Die Hühner überließen ihm jeden Tag freiwillig ein frisches Ei, nachdem er einmal vor ihnen sein kleines Maul mit den spitzen Zähnen aufgerissen und sie angefaucht hatte: „Ich kann euch nämlich auch so lange durch die Gegend scheuchen, dass ihr überhaupt keine Zeit mehr findet, ein Ei zu legen.“ Er sträubte seinen langen weißen Schnurrbart und rupfte ausgerechnet Camilla, dem mutigsten Huhn, ein paar Federn aus, sodass die dummen Hühner mächtig Angst bekamen und klaglos mitspielten: jeden Tag ein frisches Ei für Nero. An einem Stein knackte er es auf und schlürfte es dann aus. Er schmatzte und schnurrte und kniff seine kugelrunden, giftgrünen Augen zu schmalen Schlitzen zusammen. Aber es entging ihm nichts. Wenn er fast fertig war, rief er jedesmal die dumme Rosa, und sie durfte die Reste essen. Sie saß immer in einigem Abstand bewundernd in seiner Nähe und wartete demütig, bis sie dran war, und er vergaß sie nie: Es schien seine einzige gute Eigenschaft zu sein: die Sorge um die dumme Rosa. Er schützte sie, er gab ihr von seinen Beutezügen ab, er holte sie abends an den Blechteller, wenn sie mal wieder oben im Heu schlief und die Fütterung verpasste. Auch vor seiner Mutter, der Madonnina, hatte er einen gewissen Respekt – zumindest hob er nie die Pfote gegen sie.

Aber der Hund – der hatte bei Nero gar nichts zu melden. Zwei Tage lang hatte er ihn sich aus gebührender Entfernung angesehen, hatte seine Größe eingeschätzt, die Länge und Reichweite seiner Kette studiert, über seine gefletschten

Zähne nachgedacht. Am dritten Tag war er lautlos zu ihm geschlichen, der alte Hund hatte ihn nicht einmal kommen hören. Er wurde aus seinem dösigen Halbschlaf erst aufgeschreckt, als sich ihm eine kleine Pfote – die weiße! – sachte über sein linkes Auge legte.

„Ich bin's", sagte Nero, „und jetzt spar dir dein blödes Bellen. Denk mal einen Augenblick nach – merkst du was? So sieht man mit nur einem Auge." „Was soll das heißen", knurrte der alte Hund und blinzelte mit seinem freien Auge auf diesen rabenschwarzen Wicht, unsicher, denn so war noch nie eine Katze mit ihm umgesprungen. „Das soll heißen", sagte Nero sanft, „dass man mit einem Auge nicht mehr so viel sieht wie mit zweien. Wenn du dich also mir gegenüber mit deiner Bellerei, mit Zähnefletschen und ähnlichem Schnickschnack noch einmal groß aufspielst oder mich weckst, wenn ich gerade in der Sonne ein Nickerchen halte, dann würde ich einmal kurz so machen", und er schob haarscharf neben dem verdeckten Auge eine seiner Krallen in das empfindliche Gesicht des alten Hundes, der laut aufjaulte, „dann wäre das Auge möglicherweise weg und du hättest, wie gesagt, nur noch eins. Das wollte ich kurz andeuten, ich freue mich, dass wir uns verstehen, buon giorno." Und weg war er wieder.

Die anderen Tiere hielten die Luft an. Camilla, das Huhn, seufzte: „Madonnina, was hast du uns denn da bloß ausgebrütet?", aber die Madonnina putzte sich ihr kurzes, dreifarbiges Fell und sagte: „Erstens liebt eine Mutter alle ihre Kinder gleich, und zweitens: warum lasst ihr euch alles bieten? Mit mir macht er seine Mätzchen nicht."

Und dann sah sie ihm nach, wie er gerade auf die Küchenfensterbank sprang, um von einem Vanillepudding zu essen, der dort abkühlen sollte, und schnurrte: „Ach, und irgendwie finde ich ihn auch süß, den kleinen Racker." „Süß?", gackerten die Hühner empört. „Er erpresst uns und ist patzig!" Und die Schafe sagten: „Er springt uns einfach auf den Rücken, schläft in unserem Fell und lässt sich nicht abschütteln, mäh!" Der alte Esel stöhnte: „Seit der hier ist und so viel herumwirbelt, komme ich überhaupt nicht mehr zum Nachdenken. Vor zwei Wochen hatte ich einen so wichtigen Gedanken, jetzt weiß ich nicht mal mehr, was es war, ich glaube, es ging darum, was eigentlich die Welt im Innersten zusammenhält. Alles weg, ich kann mich nicht mehr konzentrieren." Messalina fauchte: „Seit der da ist, wird keiner hier mehr richtig satt, er nimmt sich immer das meiste vom Teller." Und der alte Hofhund blaffte: „Wenn ich den Satan mal erwisch, den beiß ich mitten ..." Mitten durch, wollte er sagen, aber die Bäuerin hatte einen Pantoffel nach Nero geworfen, und urplötzlich stand die fauchende, schwarze kleine Kugel vor dem Hund, der einen Hustenanfall vortäuschte, sich räusperte und seinen Satz ein bisschen anders beendete, vorsichtshalber: „Äh, mitten im Winter hab ich doch so ein Kratzen im Hals!"

Hinweise zum Text: Seite 112.

Tiger in Asien

Angelika Schultes

Der Tiger lebt nur in Asien. Aber er kommt sowohl in den heißen Gebieten Südasiens wie auch in den kalten Gebieten Nordostasiens vor. Hier lebt der Sibirische Tiger, der größte von allen, mit einer Kopf-Körper-Länge bis zu drei Metern. Alle Tiger haben die typischen Streifen auf einem glänzenden, gelbbraunen Fell; das Streifenmuster ist von Tier zu Tier sehr verschieden. Wie bei vielen gestromten Katzen ist das Fell an der Unterseite des Kopfes, um die Augen, auf der Brust, auf dem Bauch und an der Innenseite der Beine heller bis weiß; der dunkle Schwanz ist ringförmig schwarz gemustert. Im Dickicht und Dschungel bestens getarnt, sind diese Großkatzen geschickte Jäger und gute Schwimmer. Tigerjunge kommen gestreift zur Welt und sehen aus wie kleine, niedliche Hauskätzchen. Es ist erstaunlich, wie schnell sie wachsen und sich zu gefährlichen Raubtieren entwickeln.

Besonders in Südasien nahm die Bevölkerung sehr stark zu mit bösen Folgen für die Tiger. Man musste den Wald roden, um diese Flächen für Ackerbau und Viehzucht nutzen zu können. Die Tiger wurden dabei immer mehr aus ihren Lebensräumen zurückgedrängt. Ein anderer Grund für das beinahe Aussterben der Tiger in freier Wildbahn ist die Jagd. Einerseits war der Tiger selbst eine beliebte Jagdtrophäe wegen des herrlichen Fells und andererseits verschwanden die Tiere, die die Beutetiere der Tiger waren, durch die Jagd der vielen Wilderer. Selbst in den geschaffenen Reservaten wurden sie ständig gestört und so wuchs eine neue aggressivere Tigergeneration heran.

Nicht alle Menschen wollen den Tiger in seinem Bestand retten. Nur selten haben unbewaffnete indische Bauern eine Überlebenschance, wenn sie von einem Tiger angegriffen werden, der Menschenfleisch in seinen Speiseplan aufgenommen hat. Die in der Fachsprache so genannten Maneater lassen von ihren Opfern meist nur ein paar Knochen und den Kopf übrig.

So ein „Maneater“ ist auch Shere Khan aus dem „Dschungelbuch“.

Hinweise zum Text: Seite 113.

Das Dschungelbuch

Rudyard Kipling

Es war an einem heißen Sommerabend um sieben Uhr in den Seeonee-Bergen, als Vater Wolf aus seinem Tagesschlaf erwachte, sich ausgiebig kratzte, gähnte und nacheinander alle vier Läufe reckte, um das schläfrige Gefühl aus seinen Pfoten zu vertreiben. Mutter Wolf lag neben ihm, die graue Nase über ihre vier quirligen, fiependen Welpen gelegt, und der Mond schien durch den Eingang der Höhle, in der sie alle wohnten. „Oaah!", sagte Vater Wolf. „Es wird Zeit, wieder jagen zu gehen." Gerade wollte er den Berg hinabspringen, als ein kleiner Schatten mit einem buschigen Schwanz zur Höhlenöffnung hereinhuschte und winselte: „Viel Glück für dich, Häuptling der Wölfe! Und viel Glück und starke weiße Zähne auch deinen edlen Kindern! Mögen sie niemals die Hungrigen auf der Welt vergessen!" Es war der Schakal, Tabaqui der Schüssellecker, und die Wölfe Indiens verachten Tabaqui, weil er dauernd herumläuft, Unheil stiftet und Klatsch verbreitet, weil er Lumpen frisst und Lederfetzen von den Abfallhaufen der Dörfer. Aber sie fürchten ihn auch, denn Tabaqui ist anfälliger als sonst jemand im Dschungel, wahnsinnig zu werden. Und dann vergisst er, dass er sich jemals vor irgend jemandem gefürchtet hat; er rennt durch die Wälder und beißt alle, die ihm in den Weg kommen. Sogar der Tiger läuft davon und versteckt sich, wenn der kleine Tabaqui wahnsinnig wird, denn dieser Wahnsinn ist das Schändlichste, was ein freies Tier befallen kann. Wir reden von Tollwut, aber die Tiere nennen es Dewanee – den Wahnsinn –, und sie fliehen davor. „Komm herein und schau dich um", sagte Vater Wolf steif, „aber zu fressen gibt es hier nichts." „Für einen Wolf nicht", sagte Tabaqui, „aber für so ein elendes Geschöpf wie mich ist schon ein magerer Knochen ein Festmahl. Wer sind wir schon, wir Gidur-log, das Schakalvolk, dass wir wählerisch sein dürften?" Er schnüffelte im Hintergrund der Höhle und fand einen Knochen von einem Bock, an dem sogar noch ein bisschen Fleisch hing. Er kauerte sich nieder und zerknackte ihn zufrieden. „Vielen Dank für die gute Mahlzeit", sagte er dann und leckte sich die Lippen. „Wie wunderschön doch diese edlen Kinder sind! Was für große Augen sie haben! Und dabei sind sie noch so jung! Aber freilich, ich hätte gleich daran denken müssen, dass die Kinder von Königen schon von ganz klein auf ganze Männer sind!" Nur wusste Tabaqui selbstverständlich so gut wie jeder andere, dass nichts soviel Unglück bedeutet wie Schmeicheleien für Kinder in ihrer Anwesenheit, und es freute ihn zu sehen, dass Mutter und Vater Wolf davon sehr unangenehm berührt waren. Tabaqui saß ganz ruhig da, genoss das Unheil, das er angerichtet hatte, und sagte dann boshaft: „Shere Khan, der Große, hat sein Jagdgebiet verlegt. In den nächsten Monaten will er hier in den Bergen jagen, hat er mir gesagt." Shere Khan war der Tiger, der zwanzig Meilen entfernt am Waingangafluss lebte. „Dazu hat er kein Recht!", fuhr Vater Wolf auf. „Nach den Gesetzen des Dschungels darf er sein Gebiet nicht verändern, ohne es vorher anzuzeigen. Er wird alles Wild im Umkreis von zehn Meilen verscheuchen, und ich muss zurzeit Beute für zwei machen!“ „Seine Mutter hat ihn nicht umsonst Lungri, den Lahmen, genannt“, sagte Mutter Wolf ruhig. „Von Geburt an lahmt er auf einem Bein. Darum hat er ja immer nur Rinder gerissen. Deshalb sind ihm die Leute im Dorf am Wainganga böse, und nun will er die Menschen hier auch noch böse machen. Sie werden den Dschungel nach ihm durchkämmen, wenn er weit fort und in Sicherheit ist, und wir und unsere Kinder müssen fliehen, wenn sie das Gras in Brand setzen. Wir sind Shere Khan wahrhaftig sehr dankbar!“ „Soll ich ihm von eurer Dankbarkeit erzählen?“, fragte Tabaqui. „Hinaus mit dir!“, fuhr Vater Wolf ihn an. „Scher dich fort und jage mit deinem Herrn. Für einen Abend hast du schon genug Unheil angerichtet.“ „Ich gehe ja schon“, antwortete Tabaqui ruhig. „Dort hinter dem Dickicht könnt ihr Shere Khan ja schon hören. Ich hätte es mir ersparen können, euch die Nachricht zu bringen.“ Vater Wolf lauschte, und unten im Tal, das zu einem Bach hinabführte, hörte er das trockene, fauchende, wütende Klagegebrüll eines Tigers, der nichts gefangen hat und sich nicht schämt, es den ganzen Dschungel wissen zu lassen. „So ein Narr!“, sagte

Vater Wolf. „Wie kann man nur die Arbeit einer Nacht mit solch einem Lärm anfangen! Glaubt er vielleicht, unsere Böcke sind so wie seine fetten Ochsen am Wainganga?“ „Psst! Heute abend jagt er weder Ochse noch Bock“, sagte Mutter Wolf. „Er jagt Mensch!“ Das Gebrüll war jetzt in eine Art summendes Schnurren übergegangen, das aus allen Himmelsrichtungen gleichzeitig zu kommen schien. Es war jenes Geräusch, das manchmal Holzfäller, die unter freiem Himmel schlafen, so sehr den Kopf verlieren lässt, dass sie dem Tiger geradewegs in die Fänge laufen. „Mensch!“, sagte Vater Wolf und zeigte seinen weißen Zähne. „Pfui! Gibt es denn nicht genug Käfer und Frösche für ihn an den Wasserstellen, dass er Menschenfleisch fressen muss? Und das auch noch auf unserem Jagdgrund!“ Das Gesetz des Dschungels, das niemals etwas grundlos befiehlt, verbietet es jedem Tier, Menschen zu fressen, es sei denn, es wolle seinen Jungen zeigen, wie man tötet. Aber dann muss es außerhalb der Jagdgründe seines Rudels oder seines Stammes geschehen. Der Grund dafür ist einfach. Wird ein Mensch getötet, so tauchen früher oder später weiße Menschen auf Elefanten auf. Sie haben Gewehre bei sich und Hunderte von braunen Menschen mit Gongs, mir Feuerwerk und Fackeln. Dann haben alle im Dschungel zu leiden. Untereinander nennen sich die Tiere freilich einen anderen Grund: dass nämlich der Mensch das schwächste und wehrloseste von allen Lebewesen und es deshalb unsportlich ist, ihn anzurühren. Sie sagen auch – und das ist die reine Wahrheit –, dass Menschenfresser schlapp werden und ihre Zähne verlieren. Das Grollen wurde lauter und endete in einem vollkehligen Gebrüll, als der Tiger angriff. Dann folgte ein Heulen, ein ganz untigerisches Aufheulen von Shere Khan. „Er hat’s verfehlt!“, sagte Mutter Wolf. „Aber warum heult er so?“ Vater Wolf lief ein paar Schritte hinaus und hörte Shere Khan wild und laut vor sich hin schimpfen, während er im Dickicht umhertaumelte. „Der Narr hat so wenig Verstand, dass er in das Lagerfeuer eines Holzfällers gesprungen ist. Er hat sich die Pfoten verbrannt“, sagte Vater Wolf spottend. „Tabaqui ist bei ihm.“ „Irgend etwas kommt den Hügel herauf“, warnte Mutter Wolf und spitzte ein Ohr. „Halte dich bereit!“ Die Büsche im Dickicht raschelten ein wenig, und Vater Wolf duckte sich sprungbereit, die Hinterläufe unter dem Leib. Und dann hätte jeder, der es hätte beobachten können, die wunderlichste Sache der Welt erlebt: Der Wolf bremste mitten im Sprung. Er war schon losgesprungen, bevor er gesehen hatte, was er da anspringen wollte, und dann versuchte er sich zurückzuhalten. Das Ergebnis war, dass er einen guten Meter oder mehr senkrecht in die Höhe schoss und fast genau an der Stelle landete, von der er abgesprungen war. „Ein Mensch!“, sagte er. „Ein Menschenjunges! Schau!“ Genau vor ihm stand ein ein nacktes braunes Baby, das gerade laufen konnte und hielt sich an einem niedrigen Ast fest, ein so niedlicher Winzling mit hübschen Grübchen, wie noch nie einer zu dieser Höhle gekommen war. „Das ist ein Menschenjunges?“, fragte Mutter Wolf. „Ich habe noch nie eines gesehen. Bring es her!“ Ein Wolf, der daran gewöhnt ist, seine eigenen Welpen herumzutragen, kann, wenn es nötig ist, ein Ei zwischen den Zähnen tragen, ohne es zu zerbrechen. Obwohl die Kiefer des Wolfsvaters sich fest um den Rücken des Kindes pressten, ritzte kein Zahn die zarte Haut, als er es zwischen seine Welpen legte. „Wie klein er ist! Wie nackt und – wie mutig!“, sagte Mutter Wolf zärtlich. Der Säugling drängte sich zwischen den Welpen hindurch, um näher an das warme Fell zu gelangen.

„Oho! Er holt sich schon seine Mahlzeit wie die anderen! Das ist also ein Menschenjunges. Ob es wohl jemals eine Wölfin gegeben hat, die von sich sagen konnte, dass unter ihren Welpen ein Menschenjunges war?“ „Ich haben davon schon manchmal gehört, aber nie zu meinen Lebzeiten und in unserem Rudel“, sagte Vater Wolf. „Er ist ganz und gar ohne alle Haare, und ich könnte ihn mit der bloßen Pfote töten. Aber, siehst du, er guckt mich an und fürchtet sich nicht!“ Das Mondlicht, das in die Höhle fiel, wurde plötzlich verdeckt, denn Shere Khans großer, eckiger Kopf und seine Schultern füllten den Eingang aus. Hinter ihm kreischte Tabaqui: „Mein Herr, mein Herr! Es ist hier hineingelaufen!“ „Shere Khan erweist uns eine große Ehre“, sagte Vater Wolf, doch seine Augen waren voller Zorn. „Was will Shere Khan von uns?“ „Meine Beute! Ein Menschenjunges ist hier hineingelaufen!, sagte Shere Khan. „Seine Eltern sind geflohen. Gib es mir!“ Shere Khan war wirklich in das Lagerfeuer eines Holzfällers getreten, wie Vater Wolf gesagt hatte, und er war zornig wegen der Schmerzen, die ihm seine verbrannten Pranken bereiteten. Aber Vater Wolf wusste, dass die Höhlenöffnung zu eng war, um einen Tiger einzulassen. Selbst jetzt hatte Shere Khan schon nicht genug Platz, um seine Schultern und die Vorderbeine waren so verkrampft wie bei einem Menschen, der in einer Röhre steckt. „Die Wölfe sind ein freies Volk", sagte Vater Wolf. „Befehle nehmen sie vom Führer ihres Rudels an, aber nicht von irgendeinem gestreiften Rindermörder. Das Menschenjunge gehört uns, und nur wir töten es, wenn wir wollen." „Wenn ihr wollt oder wenn ihr nicht wollt! Was ist das für ein Geschwätz? Bei dem Bullen, den ich getötet habe – soll ich etwa hier bettelnd meine Nase in eure Hundehöhle stecken, um zu bekommen, was mir zusteht?" Das Gebrüll des Tigers erfüllte die Höhle mit donnerndem Lärm. Mutter Wolf schüttelte die Welpen von sich ab und sprang vorwärts. Ihre Augen standen wie zwei grüne Monde in der Dunkelheit den wutfunkelnden Augen Shere Khans gegenüber. „Und ich, Rakscha, die Dämonin, antworte dir! Das Menschenjunge gehört mir, Lungri! Ganz allein mir! Es soll nicht getötet werden. Es wird leben und mit dem Rudel laufen und jagen. Und am Ende, du Jäger kleiner, nackter Welpen, du Froschfresser, du Fischtöter, am Ende wird er dich jagen! Und jetzt verschwinde, oder – beim Sambar, den ich gerissen habe, weil ich nämlich keine verhungerten Rinder fresse – lauf zu deiner Mutter zurück, du verbranntes Dschungeltier, das noch heftiger lahmt als sonst, seitdem du auf die Welt gekommen bist! Geh!" Vater Wolf sah ganz verblüfft zu. Er hatte schon fast jene Zeit vergessen, als er Mutter Wolf in einem ehrlichen Kampf gegen fünf andere Wölfe gewonnen hatte, als sie mit dem Rudel lief und man sie die Dämonin nannte, weil man ihr ein Kompliment machen wollte. Mit Vater Wolf hätte es Shere Khan ja vielleicht aufgenommen, aber gegen Mutter Wolf konnte er nichts ausrichten, denn ihm war klar, dass sie in seiner augenblicklichen Lage alle Vorteile auf ihrer Seite hatte und dass sie bis zum Tode kämpfen würde. Also zog er sich knurrend aus der Höhlenöffnung zurück, und als er wieder frei war, rief er: „Auf seinem eigenen Hof kann jeder Hund bellen! Wir werden ja erleben, was euer Rudel dazu sagen wird, dass ihr Menschenwelpen bei euch aufnehmt! Der Welpe gehört mir, und am Ende wird er doch zwischen meinen Zähnen landen, ihr buschschwänzigen Diebe!" Mutter Wolf legte sich keuchend zwischen ihre Jungen nieder, und Vater Wolf sagte ernst zu ihr: „Es ist etwas Wahres an dem, was Shere Khan sagt. Das Menschenjunge muss dem Rudel vorgestellt werden. Willst du es immer noch behalten, Mutter?" „Ob ich es behalten will?", rief sie aus. „Klein und nackt ist er in der Nacht gekommen, und er war sehr hungrig. Aber gefürchtet hat er sich nicht! Sieh doch, einen von meinen Kleinen hat er schon beiseite geschoben. Und dieser lahme Schlächter hätte ihn getötet und wäre dann zum Waingangafluss zurückgelaufen, und die Menschen aus dem Dorf hätten hier jeden Bau durchsucht, um sich zu rächen. Ob ich ihn behalten will? Selbstverständlich behalte ich ihn! Lieg still, kleiner Frosch! Ach du, Mowgli – denn so werde ich dich nennen: Mowgli, der Frosch. Und die Zeit wird kommen, da wirst du Shere Khan jagen, wie er dich gejagt hat!"

Hinweise zum Text: Seite 113.

Tiere unterwegs

Joachim Ringelnatz: Die Ameisen
S.90

Joachim Ringelnatz, der eigentlich Hans Böttcher hieß, wurde 1883 geboren. Der fantasievolle, lebhafte Schüler hatte so viel Unsinn im Kopf, dass er vom Gymnasium flog. Ohne Wissen der Eltern ging er als Schiffsjunge zur See. Danach war er unter anderem kaufmännischer Lehrling in Hamburg, Hausmeister in London und Reisebüroangestellter in München. Ab 1908 las er seine skurril-komischen Verse in einem Schwabinger Künstlerlokal vor. Nach dem Ersten Weltkrieg trug er in Berlin seine komischen Geschichten, frechen Lieder und Gedichte auf einer Kleinkunstbühne vor. Tourneen führten ihn durch ganz Deutschland, bis er 1933 von den Nazis Auftrittsverbot erhielt. Er starb 1934 verarmt in Berlin.

1 Wie sollen diese Verse richtig betont werden?
2 Enorme Missverhältnisse machen den Humor dieses Gedichts aus. Kannst du sie nennen?
3 Überlegt, ob Ringelnatz hier nur etwas über zwei Ameisen erzählt oder ob diese Geschichte – ähnlich wie die Fabel – sich auch auf Menschen übertragen lässt.
4 Versucht Ringelnatz nachzuahmen und schreibt ein ähnliches humorvolles Gedicht über ein Tier, das sich auf große Reise begeben wollte.
5 Ringelnatz unterschätzte die Ameisen. Informiert euch über die Wanderfreudigkeit dieser Insekten und berichtet darüber.

Kurt Kusenberg: Die Fliege
S. 91

Kurt Kusenberg wurde am 24. Juni 1904 in Göteborg/Schweden als Sohn eines deutschen Ingenieurs geboren. Seine Kindheit verlebte er seit 1906 in Lissabon, 1914 kam er nach Wiesbaden, von 1917 bis 1922 lebte er in Brühl/Baden. Er studierte Kunstgeschichte in München, Berlin und Freiburg und promovierte zum Dr. phil. Von 1935 bis 1943 war er Chefredakteur der Berliner Zeitschrift „Koralle". Nach dem Krieg ging er nach München, später nach Hamburg. Er ist ein erfolgreicher Erzähler und Übersetzer. Manchmal benutzte er auch die Pseudonyme Hans Ohl oder Simplex.

1 Beschreibt mit vielen Textbeispielen die Machtverhältnisse zwischen dem Sultan und dem Sklaven Pontus.
2 Warum nennt der Autor seine Geschichte „Die Fliege"?
3 Welche Stellen findest du doch etwas ungewöhnlich in dieser Geschichte?

4 Schreibe einen Text darüber, was Pontus auf seiner Flucht erlebt. Anfangspunkt der Geschichte ist der Moment des Beginns der Flucht: Der Sultan dreht die Sanduhr um bis …
5 Schreibt in kleinen Gruppen eine Textstelle in eine Spielszene um und tretet dann damit vor der Klasse auf.

Georg Britting: Raubritter
S. 94

Am 17. Februar 1891 wurde Georg Britting in Regensburg geboren. Schwer verwundet kehrte er aus dem Ersten Weltkrieg zurück und lebte ab 1921 als freier Schriftsteller in München, wo er auch 1964 starb. Durch zahlreiche Erzählungen und Gedichte ist er sehr bekannt geworden. Oft schrieb er über das bedrohte Leben in der Natur.

1 Warum nennt der Dichter den Hecht „Raubritter"?
2 Beschreibe den Lebensraum des „Raubritters".
3 Warum bedarf auch der wehrhafte Hecht des Schutzes der Menschen?
4 Sucht den Hecht auf dem Bild und malt ihn in seinem Lebensbereich. Klebt dann alle eure Bilder zu einem großen Weiher zusammen.

Angelika Schultes: Fliegende Fische
S. 95

1 Es gibt eine Reihe anderer Tiere, die sich wie die fliegenden Fische in verschiedenen Elementen aufhalten können. Berichte darüber.
2 Warum ist es für diese Fische von Vorteil fliegen zu können?
3 Schreibt eine Sage, Fabel oder ein Gedicht, wo fliegende Fische eine wichtige Rolle spielen.

Henning Wiesner: Ist die Fledermaus eine Maus?
S. 96

Henning Wiesner ist der Direktor des Münchner Tierparks Hellabrunn. Mit Anekdoten, Information und viel Humor hat er in dem Buch „Viechereien" solche Fragen beantwortet, bei denen man Überraschendes, Kurioses und Wissenswertes lernt.

1 Beantwortet die Überschrift mit euren eigenen Worten.
2 Stellt den Zusammenhang zwischen Text und Bild her.
3 Welche Bedeutung hat der letzte Satz des Textes?
4 Schreibe Fragen auf, die du dem Fachmann stellen könntest.
5 „Blutsauger-Image". Erzähle von anderen Tieren, die auch ein besonderes Image haben.

6 Fledermäuse können fantastisch fliegen.
Dass sie nirgends anstoßen – auch im Dunkeln nicht – ist eine besondere Fähigkeit der Fledermäuse.
Schreibt mit euren gefundenen Informationen einen sachlichen Text und gestaltet ihn mit Bildern.

Angela Sommer-Bodenburg: Der Fluch des Vampirs
S. 98

Die Autorin wurde 1948 in Reinbeck bei Hamburg geboren. Nach dem Studium der Pädagogik, Psychologie und Soziologie arbeitete sie 12 Jahre lang als Grundschullehrerin in Hamburg. Sie lebt nun als freie Autorin und Malerin in Hidden Meadows, Kalifornien. Neben mehreren Gedichtbänden und Bilderbüchern veröffentlichte Angela Sommer-Bodenburg zahlreiche Kinderbücher, die in mehr als 30 Sprachen übersetzt wurden. Die erfolgreiche 18-bändige Serie „Der kleine Vampir" gibt es als Theaterstück und Musical sowie als Hörspiel und als Film.

1 Wer von euch Vampir-Bücher gelesen oder Vampir-Filme gesehen hat, weiß, wie herrlich gruselig diese Horrorgeschichten sind.
Welche Eigenschaften machen einen Vampir aus und welche davon haben auch Fledermäuse?
a) Tauscht euer Wissen darüber aus und
b) schreibt dann die „Biografie eines Vampirs".

2 Hier in diesem spannenden Buch gibt es viele Parallelen zu klassischen Vampirgeschichten. Von Anfang an verdächtigt Gregor seinen Onkel Vladi, ein Vampir zu sein. Wo liegen in diesem Textausschnitt die Anhaltspunkte dafür? Was spricht dagegen?

3 Vorurteile und Unwissenheit haben den Fledermäusen in der Vergangenheit erheblich geschadet. Man hatte Angst vor ihnen.
a) Berichtet darüber.
b) Berichtet, aus welchen Gründen sie heute vom Aussterben bedroht sind.

4 Auch anderen Tieren begegnen Menschen mit Vorurteilen, die ihnen Unrecht tun.
a) Welche Tiere sind gemeint und warum?
b) Entwerft ein Flugblatt, das über die Gefährdung der Fledermäuse aufklärt und sich gleichzeitig über ihr falsches Image lustig macht.

Heinz Erhardt:
Die polyglotte Katze
S. 100

Heinz Erhardt wurde 1909 in Riga, Lettland, geboren. Er studierte Musik in Leipzig, entdeckte dann aber seine Begabung für das Kabarett. Nach dem Zweiten Weltkrieg arbeitete er als beliebter und erfolgreicher Bühnen- und Filmkomiker in Hamburg. Dort lebte er mit seiner Frau und seinen vier Kindern bis zu seinem Tod 1979. Kennzeichnend für ihn waren seine Nonsensreime und seine unsinnigen, grotesken Wortspiele.

1 Trage das Gedicht richtig betont vor.
2 Erklärt an diesem Gedicht, worin der Wortwitz steckt, der Heinz Erhardt berühmt gemacht hat.
Was bedeutet eigentlich *polyglott*?
3 Der letze Satz ist in diesem Fall witzig, aber ohne das Gedicht wahr. Schreibe ein Gespräch zwischen drei Menschen auf, das mit diesem Satz endet.

Elke Heidenreich:
Nero Corleone
S. 101

Elke Heidenreich, geboren 1943 in Hessen, studierte Germanistik und Theaterwissenschaften in München, Hamburg und Berlin. Danach war sie in vielen Berufen tätig, u. a. als Fernseh- und Rundfunkjournalistin, als Moderatorin und als Schriftstellerin. Bekannt wurde sie auch als Kabarettistin in der Rolle der schnoddrigen Klatschbase Else Stratmann aus Wanne-Eickel. Ihre Kinderbücher erhielten (inter-)nationale Auszeichnungen. Elke Heidenreich lebt in Köln.

1 Auch ihr seid jetzt polyglott.
Welche italienische Vokabel habt ihr gelernt?
2 Erzähle die Geschichte von Nero Corleone aus der Sicht des alten Hundes.
3 Das Leben der Katzen auf dem Land und in der Stadt unterscheidet sich grundsätzlich. Schreibe einen Dialog zwischen Hund und Katze, die in einer Stadtwohnung zusammen leben.

Angelika Schultes:
Tiger in Asien
S. 105

1 Die Zahl der Tiger ist stark zurückgegangen.
Dafür gibt es eine Reihe von Gründen.
2 Findet heraus, welche Ansprüche ein Tiger an seinen Lebensraum stellt.
3 Informiert euch über Tiger in Zoos und Shows und berichtet darüber.
4 Ist heute noch Platz auf der Erde für Tiger in Freiheit?
Diskutiert darüber.
5 Fertigt eine Collage zum Thema „Tiger".
Jede und jeder aus der Klasse soll dazu ein Bild beisteuern: eigene und von Künstlern angefertigte Bilder und Fotos von Tigern.

Rudyard Kipling: Das Dschungelbuch
S. 106

Joseph Rudyard Kipling wurde 1865 als Sohn des britischen Kurators John Lockwood und dessen Frau Alice Macdonald in Bombay, Indien, geboren. Nach seinem Schulbesuch in Großbritannien lebte er für sieben Jahre als Journalist wieder in Indien. Nach seiner Rückkehr nach Großbritannien wurde er innerhalb kurzer Zeit zu einem der beliebtesten englischen Autoren. Sein großer Erfolg beruhte u. a. darauf, dass er der politischen Strömung der damaligen Zeit entgegenkam: In vielen seiner Geschichten, Balladen und Gedichte verherrlichte er das britische Weltreich. Zu seinen bedeutendsten Werken zählen neben einzelnen Kurzgeschichten die Tiergeschichten der beiden Dschungelbücher und der Abenteuerroman *Kim*. In diesen Bänden zeichnete er ein genaues und lebendiges Bild Indiens seiner Zeit. 1907 erhielt er als erster Brite den Nobelpreis für Literatur. Rudyard Kipling starb 1936 in London.

1 Welche Rolle spielt Shere Khan im Dschungel?
2 Warum nehmen die Wölfe Mowgli in ihr Rudel auf?
3 Welche Probleme sieht dabei Vater Wolf?
4 Welche andere berühmte Geschichte kennt ihr, wo eine Wölfin Menschenkinder annimmt?
5 Schreibt auf, wie die Geschichte beim nächsten Vollmond vor dem Rudelrat weitergehen könnte. Das ist auch als Dialog zwischen Mutter Wolf und dem Rudelrat möglich.

Schon gehört?

Von dem Fischer und seiner Frau

Jacob und Wilhelm Grimm

Es war einmal ein Fischer, der mit seiner Frau in einem alten Schweinestall dicht an der See lebte, und der Fischer ging alle Tage hin um zu angeln. Und er angelte und angelte. Wie er da eines Tages mit seiner Angel am Ufer saß und immer so auf das glitzernde Wasser und seine Angelschnur blickte, da wurde auf einmal die Schnur tief in das Wasser hineingezogen. Und als er sie herauszog, da holte er einen großen Fisch herauf. Der Fisch begann aber zu sprechen und sagte: „Hör mal, Fischer, ich bitt' dich, lass mich am Leben! Ich bin gar kein richtiger Fisch, ich bin ein verwunschener

Prinz. Was hast du davon, wenn du mich tötest? So recht schmecken würde ich dir doch nicht. Setz mich wieder ins Wasser und lass mich schwimmen!"

„Nun", sagte der Mann, „darum brauchst du nicht so viele Worte zu machen, einen Fisch, der reden kann, hätte ich ja doch schwimmen lassen." Damit setzte er ihn wieder in das glitzernde Wasser, und der Fisch schwamm stracks hinab zum Grunde und ließ einen langen Streifen blutrot gefärbten Wassers hinter sich. Dann stand der Fischer auf und ging heim zu seiner Frau in den alten Schweinestall.

„Ach, Mann", sagte die Frau, als er heimkam, „hast du heute nichts gefangen?" – „Nein", sagte der Mann, „nur einen Fisch habe ich gefangen, der sagte, er sei ein verwunschener Prinz, und da hab' ich ihn wieder schwimmen lassen."– „Hast du dir denn nichts gewünscht?", fragte die Frau. „Nein", erwiderte der Mann, „was sollt' ich mir denn wünschen?"–„Ach", meinte die Frau, „wir leben hier doch so elendiglich in diesem schrecklich schmutzigen, stinkigen Schweinestall: du hättest uns doch eine hübsche kleine Hütte wünschen können. Geh nur hin und ruf ihn und sag ihm, wir möchten eine kleine Hütte haben; das tut er gewiss!" – „Ach", sagte der Mann, „wozu soll ich noch einmal dahin gehen?" Aber die Frau meinte, er hätte ihn doch gefangen und wieder schwimmen lassen und der Fisch täte das gewiss, er solle nur wieder zu ihm gehen. Der Fischer wollte nicht so recht, aber er wollte auch keinen Streit mit seiner Frau haben, und so ging er wieder an die See.

Als er nun dahin kam, sah das Wasser ganz grün und gelb aus und gar nicht mehr so blank. Und so stand er nun am Ufer und rief:

Da kam der Fisch angeschwommen und sagte: „Nun, was will sie denn?"– „Ach", erwiderte der Mann, „ich hab' dich doch gefangen, und da meinte meine Frau, ich hätte mir doch etwas wünschen sollen. Sie mag nicht mehr in dem Schweinestall wohnen, sondern möchte gern eine kleine Hütte haben." –„Geh nur heim!", sagte der Fisch, „sie wohnt schon in der Hütte."

Da ging der Fischer heim, und seine Frau saß nicht mehr in dem Schweinestall, sondern vor einer hübschen kleinen Hütte auf der Bank. Als er herankam, stand sie auf, nahm ihn an die Hand und sagte: „Komm nur herein, sieh, ist das so nicht viel besser als in dem schmutzigen Schweinestall, den wir vorher bewohnten?" Da gingen sie hinein, und die Hütte hatte eine kleine Diele, eine wunderhübsche kleine Wohnstube und ein Schlafzimmer und auch eine Küche mit Speisekammer – alles aufs Beste – und einen Geräteschuppen. Drinnen war alles schön eingerichtet, Zinngeschirr und Messinggerät blitzten in der Küche, wie sich das gehört. Und hinter dem Hause befand sich sogar ein kleiner Hof mit Hühnern und Enten und ein kleiner Garten mit Gemüse und Obst. „Sieh“, sagte die Frau, „ist das nicht nett?“ –„Ja“, meinte der Mann, „so soll's bleiben! Nun wollen wir recht vergnügt leben.“ „Das wollen wir versuchen“, antwortete die Frau. Danach aßen sie erst einmal und gingen dann zu Bett.

Acht bis vierzehn Tage ging es auch ganz gut, dann sagte die Ilsebill: „Hör mal, Mann, die Hütte ist doch wirklich zu eng für uns, und der Hof und der Garten sind doch viel zu klein. Der Fisch hätt' uns auch wohl ein größeres Haus schenken können. Ich möcht' lieber in einem großen steinernen Schloss wohnen. Geh hin zum Fisch, er soll uns ein Schloss schenken.“ – „Ach, Frau“, sagte der Fischer, „die Hütte ist doch gut genug, was wollen wir denn in einem Schloss wohnen?“ –„Ach was“, meinte die Frau, „geh nur hin, der Fisch kann das ruhig machen.“ – „Nein, Frau“, erwiderte der Fischer, „der Fisch hat uns erst die Hütte geschenkt, ich mag da nun nicht schon wieder kommen, das könnte den Fisch verdrießen.“ – „Geh doch!“, forderte ihn die Frau auf, „der kann das sehr gut und tut das gern. Geh nur hin!“
Dem Manne war das Herz schwer und er wollte nicht; er sagte bei sich: „Das ist nicht recht“, ging aber dann doch. Als er an die See kam, war das Wasser ganz violett und dunkelblau und grau und düster und gar nicht mehr so grün und gelb, aber es war noch ruhig. Und er ging bis an den Rand des Wassers und rief: „Nun, was will sie denn nun?“, sagte der Fisch. „Ach“, sagte der Mann bekümmert, „sie will in einem großen steinernen Schloss wohnen.“ – „Geh nur heim, sie steht schon vor dem Tor“, sagte der Fisch.

Da gedachte der Mann, nach Hause zu gehen. Als er aber dahin kam, stand dort ein großer steinerner Palast, und seine Frau stand auf der Treppe und wollte gerade hineingehen; da nahm sie ihn an die Hand und sagte: „Komm nur herein! Ist das nicht großartig?“ Damit ging er mit ihr hinein, und in dem Schloss war eine große Halle mit marmornem Boden, und da standen so viele Bediente, die rissen die großen Türen auf, und die Wände waren ganz glatt und mit schönen Tapeten verziert, und in den Zimmern standen lauter goldene Stühle und Tische, und kristallene Kronleuchter hingen von den Decken herab, und in all den Stuben und Zimmern lagen Teppiche, und das Essen und der allerbeste Wein standen auf den Tischen, sodass sie schier brechen wollten. Hinter dem Schloss aber lag ein großer Hof mit vielen Ställen, in denen die schönsten Kutschwagen warteten. Ein großer, herrlicher Garten war da auch mit den schönsten bunten Blumen und wunderbaren Obstbäumen, und in einem Park, der wohl eine halbe Meile lang war, wimmelte es von Schafen und Ziegen und Hirschen und Rehen und Hasen und allem, was man sich nur wünschen kann. „Na“, meinte die Frau, „ist das nun nicht schön?“ – „Ach ja“, sagte der Mann, „so soll's auch bleiben, nun wollen wir auch in dem schönen Schloss wohnen und wollen zufrieden sein.“ – „Das wollen wir versuchen“, erwiderte die Frau, „und wollen erst einmal darüber schlafen.“ Und damit gingen sie zu Bett.

Am anderen Morgen, als gerade die Sonne aufging, wachte die Ilsebill als erste auf und sah von ihrem Bett aus das herrliche Land so vor sich liegen. Ihr Mann reckte und streckte sich noch, da stieß sie ihn mit dem Ellbogen an und sagte: „Mann, steh auf und sieh mal aus dem Fenster! Hör mal, könnten wir nicht König über dies ganze Land werden? Spute dich, geh hin zum Fisch, wir wollen König sein!“ – „Ach, Frau“, erwiderte der Mann, „wozu wollen wir König sein? Ich mag nicht König sein.“ – „Nun“, sagte die Frau, „willst du nicht König sein, so will ich König sein. Geh hin zum Fisch, ich will König sein!“ – „Ach, Frau“, entgegnete der Mann, „wozu willst du König sein? Das mag ich ihm nicht sagen.“ – „Warum nicht“, sagte die Frau, „geh stracks hin, ich muss König sein!“ Da ging der Mann hin und war ganz betrübt darüber, dass seine Frau König werden wollte. „Das ist nicht recht, das ist nicht recht“, dachte der Mann. Er wollte nicht hingehen, ging aber doch. Als er an die See kam, da war die See ganz schwarzgrau und dick, und das Wasser brodelte so von unten herauf und roch ganz faulig. Doch er fasste sich ein Herz und rief:

„Nun, was will sie denn?“, fragte der Fisch. „Ach“, erwiderte der Mann, „sie will König werden.“ – „Geh nur heim, sie ist es schon“, sagte der Fisch.
Da ging der Fischer heim, und als er in die Nähe des Palastes kam, da sah er, dass das Schloss viel größer geworden war und einen großen Turm mit wundervollen Verzierungen daran bekommen hatte. Drinnen aber war alles von reinem

Marmor und Gold, samtene Decken hingen an den Wänden mit großen goldenen Quasten daran. Seine Frau saß auf einem hohen Thron von Gold und Diamanten mit einer großen goldenen Krone auf dem Kopf und dem Zepter aus purem Golde und Edelsteinen in der Hand. Da blieb der Fischer stehen und sprach: „Nun, Frau, bist du jetzt König?“ – „Ja“, erwiderte die Frau, „nun bin ich König.“

Eine Zeit lang betrachtete er sie voll Verwunderung und sagte schließlich: „Ach, Frau, wie schön ist das doch, dass du König bist! Nun wollen wir uns auch nichts mehr wünschen, solange wir leben.“ – „Ich weiß nicht, ob das so geht“, erwiderte sie, „das ist eine lange Zeit. Gewiss, ich bin König, aber ich langweile mich schon dabei, ich kann das schon gar nicht mehr ertragen. Geh hin zum Fisch! König bin ich, nun will ich auch Kaiser werden.“ – „Ach, Frau“, wandte der Fischer ein, „wozu willst du Kaiser werden?“ – „Mann“, sprach sie, „geh zum Fisch, ich will Kaiser sein.“ – „Ach, Frau“, erwiderte der Fischer, „der Fisch kann doch keinen Kaiser machen, ich mag ihm das auch nicht sagen; den Kaiser gibt’s nur einmal im Land: einen Kaiser kann der Fisch bestimmt nicht machen, ganz gewiss, das kann er nicht.“ – „Wie“, sagte die Frau, „ich bin König und du bist nur mein Mann; willst du wohl gleich gehen? Wenn er mich zum König machen kann, so kann er mich auch zum Kaiser machen, ich will nun einmal Kaiser sein! Sofort gehst du!“ Da musste er ja nun gehen. Wie er aber so dahinschritt, wurde ihm ganz ängstlich zumute, und er dachte bei sich: „Das führt zu keinem guten Ende: Kaiser ist doch zu viel verlangt, der Fisch wird am Ende gar dessen müde, und dann werden wir bereuen, was wir getan haben.“
Mit solchen Gedanken kam er an die See, die war ganz schwarz und schmutzig, und ein mächtiger Wirbelwind blies über die Wogen und rollte sie heran. Dem armen Fischer wurde es gruselig, aber er nahm allen Mut zusammen, ging dicht ans Wasser und rief gegen Sturm und Wellen an:

„Nun, was will sie denn?“, fragte der Fisch. „Ach, lieber Fisch“, antwortete der Fischer betrübt, „meine Frau will gern Kaiser werden.“ – „Geh nur heim“, sagte der Fisch, „sie ist es schon.“ Da ging der Mann heim, und als er in die Nähe des Schlosses kam, sah er, dass es ganz aus poliertem Marmor war mit Alabasterfiguren und vielen, vielen goldenen Verzierungen. Vor den Toren marschierten die Soldaten, die bliesen auf ihren Trompeten und schlugen ihre Pauken und

Trommeln; aber drinnen im Schlosse, da gingen die Barone und Grafen und Herzöge grad so wie Bediente umher und öffneten ihm die Tore und Türen – die waren aus lauterem Golde. Und da saß seine Frau auf einem Thron, der aus einem Stück Gold gemacht und wohl viele, viele Meter hoch war. Auf ihrem Haupte trug sie eine große goldene Krone, besetzt mit Diamanten und Karfunkelsteinen, und die Krone war wohl an die drei Ellen hoch; in der einen Hand hielt sie das Zepter und in der anderen den Reichsapfel; zu ihren beiden Seiten standen stolz zwei Reihen Minister und Kämmerer und Wachen und Bediente, einer immer kleiner als der andere, vom allergrößten Riesen, der zwei Meilen groß war, bis zum allerkleinsten Zwerg, der so klein wie mein kleiner Finger war. Und vor ihr verbeugten sich viele, viele Fürsten und Herzöge und Grafen. Da trat der Fischer zwischen sie und sprach: „Frau, bist du nun Kaiser?“ – „Ja“, antwortete sie, „ich bin Kaiser.“ – „Ach“, sagte der Mann und starrte sie an, „wie ist das doch so schön, dass du Kaiser bist!“

„Mann“, herrschte sie ihn an, „was stehst du da so? Ich bin nun Kaiser, aber warum sollte ich es bleiben? Ich will nun aber auch Papst werden, geh hin zum Fisch!“ – „Ach, Frau“, erwiderte der Fischer, „was möchtest du nicht alles werden? Papst kannst du nicht werden, einen Papst gibt es nur einmal in der Christenheit, dazu kann er dich doch nicht machen.“ – „Mann“, entgegnete sie, „ich will Papst werden, gleich gehst du hin, ich muss heute noch Papst werden.“ – „Nein, Frau“, sagte der Mann, „das mag ich ihm nicht sagen, das nimmt kein gutes Ende, das ist doch zu viel, zum Papst kann der Fisch dich nicht machen.“ – „Ach, Unsinn, Mann“, erwiderte die Frau, „kann er mich zum Kaiser machen, so kann er mich auch zum Papst machen. Geh sofort hin, ich bin Kaiser und du bist bloß mein Mann, willst du gleich gehen?“

Da bekam er es mit der Angst und ging. Aber ihm war ganz schwach im Magen, er zitterte und bebte, und die Knie und Füße wollten ihm den Dienst versagen. Wie er so ging, kam ein Wind über dem Lande auf, die Wolken flogen nur so dahin, als es gegen Abend dunkel wurde: die Blätter wurden von den Bäumen gerissen, der Sturm peitschte die Wellen auf, die ganze See brodelte und kochte, und die Schiffe kamen in Not und schaukelten und tanzten auf den Wogen. In der Mitte war der Himmel zwar noch ein wenig blau, aber an den Seiten überall rot, als ob ein schweres Gewitter heraufzöge. Bei diesem Anblick erschrak der arme Fischer furchtbar und zitterte, dass seine Knie aneinander schlugen; aber er nahm all seinen Mut zusammen und rief, als er am Wasser stand:

„Nun, was will sie denn?“, sagte der Fisch. „Ach“, antwortete der Fischer, „sie will Papst werden.“ – „Geh nur heim, sie ist es schon“, sagte der Fisch. Da ging er heim und als er in die Nähe kam, da stand da eine große Kirche, die von vielen Palästen umgeben war.

Und er drängte sich durch das Volk. Drinnen aber war alles von tausend und aber tausend Lichtern erleuchtet, und seine Frau war in lauter Gold gekleidet und saß auf einem noch viel höheren Thron und hatte drei goldene Kronen auf dem Haupte. Um sie herum standen all die Würdenträger der Kirche und zu ihren beiden Seiten standen zwei Reihen Lichte, das größte so dick und hoch wie der höchste Turm in der Welt und das kleinste so klein wie eine Küchenkerze, und alle Kaiser und Könige lagen vor ihr auf den Knien und küssten ihr den Pantoffel. „Frau“, sprach der Fischer und sah sie so recht an, „bist du nun Papst?“ – „Ja“, antwortete sie, „ich bin Papst.“ Da blieb er stehen und betrachtete sie und es war ihm, als ob er in die helle Sonne blickte. Als er sie so eine Zeit lang angesehen hatte, sagte er: „Ach, Frau, wie ist das schön, dass du Papst bist, und nun musst du zufrieden sein; denn du kannst jetzt nichts Größeres mehr werden.“ Sie saß aber ganz steif wie ein Stock und rippelt’ und rührt’ sich nicht. „Das will ich mir überlegen“, sprach sie, und damit gingen sie zu Bett; aber sie war nicht zufrieden, und die Machtgier ließ sie nicht schlafen: sie überlegte sich immer, was sie noch werden könnte.

Der Mann schlief gut und fest; denn er hatte an dem Tag viel umherlaufen müssen, die Frau aber konnte nicht einschlafen und warf sich von einer Seite auf die andere und dachte die ganze Nacht nur, was sie nur jetzt noch werden könnte, und es wollte ihr doch nichts mehr einfallen. Darüber wollte die Sonne aufgehen, und als sie das Morgenrot sah, richtete sie sich im Bett auf und blickte dorthin. Wie sie da so vom Fenster aus die Sonne aufgehen sah, dachte sie bei sich: „Ha, könnt’ ich nicht auch die Sonne und den Mond aufgehen lassen?“ – „Mann“, sagte sie und stieß ihn mit dem Ellbogen in die Seite, „wach auf, geh hin zum Fisch, ich will wie der liebe Gott werden.“ Der Fischer war noch ganz verschlafen, aber er erschrak so, dass er aus dem Bett fiel. Er glaubte, er hätte sich verhört, rieb sich die Augen und sagte: „Ach, Frau, was sagst du da?“ – „Mann“, sprach sie, „wenn ich nicht Sonne und Mond aufgehen lassen kann und so mit ansehen muss, wie Sonne und Mond aufgehen, das kann ich nicht aushalten, da hab’ ich keine ruhige Stunde mehr, weil ich sie nicht selbst aufgehen lassen kann.“ Da sah sie ihn so richtig schauerlich an, dass es ihm kalt den Rücken hinunterlief. „Gleich gehst du hin, ich will werden wie der liebe Gott.“ – „Ach, Frau“, sprach der Mann und fiel vor ihr auf die Knie, „das kann doch der Fisch nicht. Kaiser und Papst kann er machen, ich bitt’ dich, geh in dich und bleib Papst.“ Da wurde sie wütend, die Haare flogen ihr wild um den Kopf, sie riss sich das Kleid auf und schlug nach ihm und schrie: „Ich halt’ das nicht aus, ich halt’ das nicht länger aus, willst du wohl hingehen?“

Da zog er schnell seine Kleider an und lief, von Furcht getrieben, fort. Draußen aber tobte der Sturm und brauste und sauste, dass die Bäume und Berge erzitterten und er sich kaum auf den Beinen halten konnte, und die Erde erbebte und die Häuser stürzten ein, die Felsbrocken rollten in die See, die ganz schwarz war und tobte, und der Himmel war pechschwarz, die Blitze zuckten, der Donner rollte, der Sturm peitschte das Wasser, dass die Wogen hoch wie die Kirchtürme und Berge anrollten, mit weißen Schaumkronen auf ihren Häuptern. Da kroch er zitternd bis ans Ufer und schrie in das Toben des Sturmes und des Wassers hinaus:

„Manntje, Manntje, Timpe Te,
Fischlein, Fischlein in der See,
meine Frau, die Ilsebill, will nicht so,
wie ich gern will.“

„Nun, was will sie denn?“, sprach der Fisch. „Ach“, erwiderte der Fischer, „sie will werden wie der liebe Gott.“
„Geh nur heim“, sagte der Fisch, „sie wohnt schon wieder in ihrem alten Schweinestall.“ Und da wohnen sie noch bis auf den heutigen Tag.

Hinweise zum Text: Seite 138.

Die verliebte Hexe und ihr Besen

Peter Janda

Es war einmal eine Hexe, die war stets treu und redlich ihrer Hexenpflicht nachgekommen, die da war: böse, kleine Kinder in quakende Frösche, arrogante und geschniegelte Jünglinge in kläffende Promenadenmischungen, eingebildete, junge Damen in ewig plappernde Papageien und geizige, bösartige Erwachsene in finster dreinblickende Kröten zu verwandeln. Zu diesen Hauptaufgaben kamen natürlich noch zahlreiche andere Zauberkunststücke, die sich jeweils aus puren Zufällen oder aus der schlechten Laune der Hexe ergaben.
So verwandelte sie dereinst einen einfachen, harmlosen Raben in einen Stein, weil er beinahe mit ihr zusammengestoßen wäre, als sie auf ihrem fliegenden Besen zu einem neuen Einsatzort unterwegs gewesen war. Und eben diesen Stein verwandelte sie wenig später noch einmal in einen Fisch, weil sie, gedankenverloren dahinspazierend, über ihn gestolpert war.
So kam es mit der Zeit so weit, dass ihr sämtliche Lebewesen – soweit sie es konnten – aus dem Wege gingen, weil sie immer befürchten mussten, ihr weiteres Leben als toter Gegenstand oder als hässliche Kröte verbringen zu müssen.
Dies war zunächst auch an jenem Tag nicht anders, der das Leben der Hexe vollständig verwandeln sollte.
Es war nach einem weiten Flug auf ihrem superschnellen Besen, als sie, ihr Fluggerät geschultert, missmutig durch die Gegend wanderte. Vor ihr jagten in wilder Flucht Hasen, Rehe, Igel und Mäuse, Füchse und Fasane davon. Vögel stoben wild kreischend auf und suchten flugs einen sicheren Unterschlupf. Ja, es schien sogar, als versuchten selbst die Steine ihre Größe zu verringern, Bäume schienen zu erzittern und Blumen neigten verstört ihre Blüten. Alles hatte panische Furcht vor dem schlimmen Ruf der Hexe. – Doch da passierte es!
Gerade als sie erneut einen Igel, der sich noch verschlafen in der Sonne geräkelt und somit den allgemeinen Aufbruch nicht mitbekommen hatte, in eine Wühlmaus verzaubert hatte, trat aus dem nahe gelegenen Waldrand ein wunderschön anzusehender, stattlich gekleideter Prinz mit seinem Gefolge. Wie versteinert stand da die Hexe, gebannt von der Schönheit des jungen Mannes und von der Weichheit seiner Gesichtszüge. Seine Stimme, mit der er seinem Gefolge Befehle erteilte, ließ ihr Herz vollends zerschmelzen. In ihr entbrannte der sehnliche Wunsch, diesem Prinzen als Gemahlin zur Seite zu stehen. Als jedoch der Prinz achtlos und wortlos an ihr vorüberging, wurde ihr gewahr, dass sie ja als Hexe die Hässlichkeit in Person war. Kein Mensch, der auch nur einigermaßen normal veranlagt ist, würde sie mit ihrer großen Nase und der Warze darauf, mit ihrem hervorstehenden, spitzen Kinn, mit ihrem zahnlosen Mund und ihren stechenden, bösen Augen und mit ihrer runzligen Haut als begehrenswerte Frau bezeichnen.
Da wurde der bösen Hexe plötzlich das Herz schwer. Traurig setzte sie sich an das Ufer des Bächleins und vergoss unzählige heiße Tränen über ihr schweres Schicksal. Sie weinte so lange und so stark, dass das Wasser des Baches über

die Ufer zu treten drohte. Da hatte ein Fischlein, das gerade vorüberschwamm, Mitleid mit der alten Hexe und fragte sie, was denn ihr Kummer sei. „Ach Fischlein“, antwortete die Hexe schluchzend, „ich habe mich soeben unsterblich in einen Prinzen verliebt, doch wird meine Liebe nie erwidert werden, denn wer nimmt denn schon eine alte, böse Hexe zur Frau?“

„Wenn du eine Hexe bist“, gluckste daraufhin das pfiffige Fischlein, „hast du es doch sicherlich in der Hand dich in eine wunderschöne Jungfrau zu verwandeln. Dann wird es dir sicher gelingen das Herz des Prinzen zu erobern!“

Da versiegten die Tränen der Hexe und dankbar für diesen Rat versprach sie ihrem Retter, ihm einen Wunsch zu erfüllen.

„Weißt du“, kam da die tiefe, heisere Stimme des Fischleins aus den Wellen, „ich möchte gar zu gerne wieder der stolze Rabe sein, der ich einmal war, bevor mich eine böse Hexe zunächst in einen Stein und dann auch noch in einen Fisch verwandelte. Das Fliegen fehlt mir nämlich sehr.“

„Dein Wunsch ist mir Befehl“, erwiderte die Hexe und errötete leicht unter ihrer runzligen Haut, weil sie sich an diese Geschichte noch erinnerte. Dann sagte sie ihren Zauberspruch auf: „Abrakadabra, Fischlein, Fischlein klein, du sollst wieder Vogel sein!“

Im selben Moment sprang der Fisch aus dem Wasser und flatterte als Rabe hoch in die Lüfte hinauf. Die Hexe aber schwang sich eilends auf ihren Besen und flog mit Vollgas und vergnügt vor sich hin trällernd nach Hause. Ob Baum, ob Strauch, ob Tier, alle wunderten sie sich über die gute Laune der Hexe. Noch mehr erstaunt waren sie aber, dass sie niemanden verhexte, nicht einmal den Sperling, der ihr auf Grund ihrer hohen Geschwindigkeit nicht mehr richtig ausweichen konnte. Ja, sie zauberte ihm sogar geschwind noch ein neues, prächtiges Federkleid, da sein Gefieder durch den Zusammenstoß doch arg ramponiert war.

Zu Hause angekommen, machte sie sich zugleich an die Arbeit, um einen Zaubertrank herzustellen, der sie in eine schöne Jungfrau verwandeln sollte. Wasser, Spiritus, Öl, Froschschenkel, tote Fliegen, Spinnenpulver und sämtliche Arten von Kräutern und Gewürzen vermischte sie zu einer solch übel riechenden Flüssigkeit, dass sogar sie selbst, die doch einiges gewohnt war, sich ein Tuch vor die Nase halten musste. Doch sie überwand ihre Abscheu und trank den ganzen Topf bis zur Neige aus. Dann flüsterte sie den Zauberspruch: „Hexe, Hexe, die du einst gewesen, sei von nun an ein zartes Frauenwesen!“

Ein dumpfer Donner erschütterte das Hexenhaus, und eine Rauchwolke hüllte sie ein. Als sie sich verzogen hatte, erblickte sie im Spiegel ein junges, zartes, bildhübsches Mädchen, und erst nach einiger Zeit verstand die Hexe, dass dies sie selbst sein musste, denn von dem hässlichen Wesen war nichts mehr zu sehen. Hocherfreut über ihr wohlgelungenes Werk bestieg sie ihren Besen und brauste so rasch wie sie nur konnte zum Schloss des Prinzen. Dort verlangte sie am Tor Einlass. Der Prinz, entzückt und angetan von ihrer Schönheit, war den ganzen Abend nicht von ihrer Seite wegzubringen, und schon am nächsten Tage bat er sie, seine Frau zu werden.

Überglücklich und am Ziel ihrer sehnlichsten Wünsche willigte die verwandelte Hexe ein, und tags darauf wurde die Hochzeit gefeiert. Eine schönere und prunkvollere Vermählung hatte man hier zu Lande noch nicht erlebt, und allerorten wurde nur noch vom Prinzen und seiner im wahrsten Sinne des Wortes bezaubernden jungen Frau gesprochen.

Doch schon bald sollte das Glück der Hexe durch ihre Vergangenheit gefährdet werden. Entsetzt musste sie nämlich eines Abends feststellen, dass mitten im Bett ihres gemeinsamen Schlafgemachs ihr Zauberbesen lag. Und es nützte auch nichts, dass sie ihn kurzerhand vor die Türe warf, denn kurz darauf kam er durch das geöffnete Fenster wieder hereingeflogen.

Der Prinz wunderte sich sehr über diese Vorgänge, doch er wagte es nicht, sie danach zu fragen, denn das hatte die Hexe ihm am Hochzeitstag zur Bedingung gemacht: Er sollte sie nie nach ihrer Vergangenheit fragen, denn dann müsse sie ihn für immer verlassen!

Auch am nächsten Tag verfolgte der Besen den Prinzen und seine Frau auf Schritt und Tritt. Überall wo sie auch hingingen, der Besen war hinter ihnen. Und als dann der Prinz seine geliebte Gattin zärtlich in die Arme nahm, warf sich der Besen eifersüchtig zwischen die beiden und trennte sie. Nun konnte es eigentlich nicht mehr lange dauern, bis der Prinz die verhängnisvolle Frage nach ihrer Vergangenheit stellen würde. Aber für den Augenblick wurde dies noch einmal hinausgeschoben, da er durch seine Regierungsgeschäfte, die ihn arg in Anspruch nahmen, von den seltsamen Vorgängen etwas abgelenkt wurde. Verzweifelt über die trüben Zukunftsaussichten schwang sich die Hexenprinzessin auf ihren Besen und flog hinaus in die Einsamkeit der Natur, wo sie erneut anfing, herzzerreißend und steinerweichend zu weinen.

Wie es nun der Zufall so wollte, flog gerade der Rabe vorbei, der in seinem Leben schon einmal Stein und Fisch gewesen war. Als er das weinende und klagende Häufchen Elend da unter sich sah, flog er hinzu und fragte erneut nach dem Kummer der Hexe.

„Ach, Rabe", schluchzte diese, „nun habe ich alles erreicht, war ich mir ersehnt hatte, aber nun lässt mich meine Vergangenheit nicht los. Ununterbrochen läuft mein Zauberbesen hinter mir her und wacht eifersüchtig über mich. Wenn das so weitergeht, dann muss ich wieder zurück ins Niemandsland des Zauberreiches und mein Leben wieder als böse Hexe fristen."

„Weine nicht, ich weiß auch dazu noch einen Rat", tröstete der gutmütige und schlaue Rabe. „Im Leben ist es nun einmal so, dass jedes Ding seinen Partner hat. Bisher hatte der Besen dich, und wenn dies nun nicht mehr so ist, so musst du deinem Besen eine neue Partnerin verschaffen. Welche nun aber die ideale ist, das musst du schon selbst herausfinden!"

Dankbar für diesen zweiten weisen Rat des Raben wollte ihm die Hexe auch jetzt wieder einen Wunsch erfüllen, doch der Rabe antwortete: „Ich wüsste nicht, was ich mir wünschen sollte, denn ich habe alles, was ich brauche: Wasser zu Trinken, Luft zum Atmen und Fliegen, und genug Nahrung finde ich auch. Wenn du einverstanden bist, dann versprich mir lediglich, dass du deine

Zauberkraft nie wieder gebrauchen wirst." Der ehemaligen Hexe kostete es nicht viel Überwindung, diesem Wunsch zuzustimmen, da sie ja mit der Heirat all das erreicht hatte, was sie sich erträumt hatte. Fröhlich machte sie sich auf den Heimweg und suchte im Schloss sogleich nach der geeigneten Partnerin für ihren Besen. Es dauerte nicht lange, dann hatte sie gefunden, was sie suchte. Der Besen erhielt einen Ehrenplatz in der Gerätekammer des Schlosses, und zu ihm gesellte sich die Schaufel. Verliebt schmiegten sich die beiden dort aneinander, und so kam dem Besen nie mehr in den Sinn, seine frühere Herrin an ihre Vergangenheit zu erinnern. Sie lebte glücklich und zufrieden mit ihrem Gemahl, und wenn sie nicht gestorben sind, dann lieben sie sich noch heute. Und auf diese Weise haben vor vielen, vielen Jahren also auch Schaufel und Besen zueinander gefunden, und dass sie auch heute noch zusammenleben, das zeigt euch ein kurzer Blick in eure Gerätekammer.

Hinweise zum Text: Seite 138.

Lob des Ungehorsams

Franz Fühmann

Sie waren sieben Geißlein
und durften überall reinschaun,
nur nicht in den Uhrenkasten,
das könnte die Uhr verderben,
hatte die Mutter gesagt.

Es waren sechs artige Geißlein,
die wollten überall reinschaun,
nur nicht in den Uhrenkasten,
das konnte die Uhr verderben,
hatte die Mutter gesagt.

Es war ein unfolgsames Geißlein,
das wollte überall reinschaun,
auch in den Uhrenkasten,
da hat es die Uhr verdorben,
wie es die Mutter gesagt.

Dann kam der böse Wolf.

Es waren sechs artige Geißlein,
die versteckten sich, als der Wolf kam,
unterm Tisch, unterm Bett, unterm Sessel,
und keines im Uhrenkasten,
sie alle fraß der Wolf.

Es war ein unartiges Geißlein,
das sprang in den Uhrenkasten,
es wusste, dass er hohl war,
dort hat's der Wolf nicht gefunden,
so ist es am Leben geblieben.

Da war Mutter Geiß aber froh.

Hinweise zum Text: Seite 139.

Schüttelmärchen

Karlhans Frank

Es war einmal ein König. Der hatte lange kein Kind mehr gekriegt. Da schnitt er sich in den Finger und sprach: „Blau wie Blut, schwarz wie Ebenholz." Nun kriegte er eines, das trug ein rotes Käppchen auf dem Kopfe. Da war große Freude im ganzen Reich. Auch kam die böse Fee herein. Sie sagte: „Butje Butje Timpetee, Mantje Mantje in der See." Schon brodelte das Meer ungeheuerlich, und ein Frosch mit einer Krone auf dem linken Ohr fragte: „Wer hat von meinem Tellerchen gegessen?"

Die Königstochter liebte solche Fragen nicht. Sie nahm den Frosch, warf ihn gegen die Rosentapete, und als der Frosch herunterfiel, war er ein Bär, dem es goldig durch den Pelz blitzte, wo er ihn nicht richtig zugeknöpft hatte. Zauste man den Bären zu arg, dann brummte er: „Was pumpelt in meinem Bauch herum? Ich dacht', es wären sieben Zwerge, und nun ist mir, als tanze eine Hexe auf glühenden Pantoffeln in mir." Einmal ging der Bär durch den Wald. Da sah er um ein Feuerlein ein Männlein tanzen, das sang mit zartem Stimmchen: „Heute hack ich Holz, morgen klau ich Bier, übermorgen hol' ich mir dem König sein Kind. Ach wie gut, dass ich selber nicht weiß, dass ich König Drosselbart heiß." Darauf sattelte er sein edles Ross und ritt damit durch einen Porzellanladen. Bei jedem Schritt rief das Ross: „Sieben auf einen Streich!" Dabei begab es sich, dass sich das Ross eine Scherbe in den Huf trat, und also forderte es vom Drosselbart: „Wenn du deines Glückes gewiss sein willst, so lasse mir ein paar feine Stiefel machen." Der Drosselbart kratzte sich am langen Kinn und dann sein Geld zusammen und tat also.

Das gestiefelte Ross trabte spornstreichs zum Schloss des bösen Zauberers und brach sich ein Stück Pfefferkuchen vom Dach. Dabei murmelte es: „Die guten ins Kröpfen." Plötzlich tönte es aus dem Brunnen: „Wenn das deine Mutter wüsste, das Herz tät ihr springen."

Das tapfere Ross antwortete nicht. Da tönte es wieder aus dem Brunnen: „Wer aus mir trinkt, der wird ein Mensch." Trotz seiner Furcht antwortete das Ross wieder nicht und es fraß ein Stück Zuckerwatte vom Schornstein des Schlosses. Noch einmal rief die Stimme aus dem Brunnen: „Rapunzel, Rapunzel, lass dein Haar herab." Doch das Ross tat so, als hätte es nichts gehört.

Nun öffnete sich die Tür des Schlosses und heraus trat der Bär, der ein Frosch gewesen war; denn niemand anders als der Froschbär war der böse Zauberer. Der Froschbärzauberer brummte: „Ich weiß, warum du gekommen bist. Du willst die Prinzessin erlösen, die hoch oben auf dem Glasberg sitzt, der mit Erbsen bestreut ist und von sieben Raben bewacht wird, täglich muss sie dort ihre Kopfkissen ausschütteln, damit es auf der Erde schneit. Aber nur eine reine Jungfrau kann sie erlösen, die drei Aufgaben erfüllt."

Zufällig war das gestiefelte Ross eine reine Jungfrau, und flink verlangte es nach den drei Aufgaben.

„Die erste Aufgabe lautet: Wie viel ist zwei und eins?", sagte der Zauberer.

„Das ist leicht“, antwortete das Ross. „So viel wie die Prinzessin Augen im Kopf hat.“

„Die zweite Aufgabe lautet: Wie viel ist zwei und zwei?“, sagte der Zauberer.

„Auch das ist leicht“, antwortete das Ross. „Vier, denn so viele Finger hat die Prinzessin an einer Hand.“

„Die dritte Aufgabe lautet: Wie viel ist drei mal drei?“, sagte der Zauberer.

„Zehn“, antwortete das Ross. „So viel, wie die Prinzessin Haare auf dem Kopf und Zähne im Mund hat.“

„Das hat dir der Teufel gesagt“, schrie der Zauberer, ohne erst nachzurechnen und mit einem entsetzlichen Donnerschlag verschwand er. Da war die Prinzessin erlöst und heiratete König Drosselbart.

Sie lebten glücklich zusammen. Manchmal allerdings, wenn die Prinzessin in ihrem Märchenbuch las, seufzte sie: „Ach, wenn's mich nur gruselte.“ Doch das gelang ihr nimmermehr, weil sie nie aus ihrem Märchenbuch herausguckte.

Hinweise zum Text: Seite 139.

Wie Eulenspiegel Eulen und Meerkatzen buk

Wie Till Eulenspiegel einen Metzger gleich zweimal zum Bratschenk machte

neu erzählt von Karlhans Frank

Da stand Till Eulenspiegel dann einmal auf einem Fleischmarkt, fühlte großen Hunger im Bauch, hatte aber nur wenig Kleingeld in der Hosentasche. Er schaute einem besonders verkaufstüchtigen Metzger zu, der einer alten Frau ein schlechtes Stück Braten nicht richtig auswog und zu teuer berechnete.

„Der soll für mein Mittagessen aufkommen", dachte Till.

Er stellte sich an den Stand, beschaute prüfend die Auslage, sagte zu dem Metzger: „Ich suche bestes Bratenfleisch. Was soll ich nur nehmen?"

„Oh verehrter Herr, nehmt diesen Braten", empfahl der Metzger, zeigte auf ein gutes Stück Rinderlende.

„Danke, verbindlichen Dank", sagte Till, nahm das Fleisch und ging. – „Halt!", rief der Metzger ihm nach. „Ihr müsst den Braten bezahlen!"

„Davon war keine Rede. Ihr sagtet, ich solle diesen Braten nehmen. Das habe ich getan."

Die umstehenden Kunden und die anderen Metzger lachten, und weil keiner den geschäftstüchtigen Metzger leiden konnte, gaben die dem Till Recht.

Etwa eine Woche später ging Till wieder über diesen Markt. Da stand der Metzger, der inzwischen auch wusste, dass es der berühmte Schalk Till Eulenspiegel war, der ihn betrogen hatte. Der Metzger wollte nun zeigen, dass er an Klugheit gewonnen hatte. Er rief dem Till zu: „Komm her und hol dir einen Braten!"

Als Eulenspiegel nach dem Braten greifen wollte, legte der Metzger seine breite Hand drauf und knurrte: „Aber zuerst gibst du mir den Kaufpreis."

„Gut", sagte Till. „Ich will dir mit Worten bezahlen, die dir gefallen."

„Und wenn mir deine Worte nicht gefallen?"

„Dann bleibt das Fleisch hier und bei dir. Ich nehme es nur, wenn du sagst, dass dir meine Worte gefallen."

Der Metzger dachte: „Da kannst du viel sagen, ehe ich zugeben werde, dass es mir gefällt." Laut sagte er: „Das Geschäft gilt!"

„Ich spreche nun diese Worte: Hallo, mein Geldbeutel! Öffne dich und bezahle diesem freundlichen Metzger hier den Braten von der vorigen Woche und auch den neuen. – Na? Wie gefällt dir das?"

„Gut gefällt mir das", juchzte der Metzger. „Sehr gut gefällt mir das!"

„Dann gehört auch dieser Braten mir", sagte Till zu dem Metzger, und sämtliche Zuhörer nickten dazu.

Der Metzger musste mit weit aufgerissenen Augen, von denen eines schwarz vor Trauer glühte, das andere rot vor Wut funkelte, zusehen, wie Till mit dem Braten abzog. Und zu seinem Schaden musste er noch monatelang den Spott der Marktbesucher tragen, die ihn nur noch „Bratschenk" nannten.

Hinweise zum Text: Seite 139.

Wie die sieben Schwaben das Ungetüm vom Bodensee bezwangen

Barbara Bartos-Höppner

Sicher habt ihr schon einmal von den sieben tapferen Männern gehört, die in Schwaben zahlreiche Abenteuer zu bestehen hatten. Da gab es den Knöpfleschwab mit seinen Töpfen und Pfannen, den Spiegelschwab, der ein altes Babierbecken als Harnisch am Hinterteil trug, den Blitzschwab, der immer „Potz Blitz" sagte, den Nestelschwab, dem alle Nestel, d. h. Knöpfe, an Jacke und Hose fehlten, den Gelbfüßler, der Sporen an seinen Schuhen trug, den Jockele Mogelfink, genannt Seehas, mit glänzendem Harnisch und den Allgäuer, den stärksten und größten mit einem gewaltigen Sturmhut. Als sie einmal an den Bodensee kamen, zogen sie mutig in den Kampf mit dem dort hausenden Ungeheuer. Sie packten ihren langen Spieß und der Gelbfüßler rief: „Mir nach!"

Auf dieses „Mir nach!" gingen die Sieben nun aber nicht etwa frisch drauflos, nein, sie schlichen mit eingezogenen Köpfen voraus, so als fiele das Ungeheuer augenblicklich von hinten über sie her.
„In dem Busch vorn", flüsterte der Seehas, „zwischen den beiden hohen Bäumen, dort hat der Drache sein Nest, so wahr ich Jockele Mogelfink heiße." Im nächsten Augenblick rief der Spiegelschwab': „Leutle, mir rumort's so furchtbar im Bauch, ich glaube, ich muss ... den Spieß loslassen ..."
„Bei Gott, du bleibst hier!", fuhr ihn der Allgäuer an. „Wie einer für alle, so alle für einen." – „Das mag sein, Allgäuer", erwiderte der Spiegelschwab', „aber wenn es dir so in den Därmen herumrumpelt wie mir, dann ..."
„Tu nicht apart", sagte der Allgäuer. „In so einem entscheidenden Augenblick kann keiner eine Extrawurst verlangen."
Da kam der Spiegelschwab' auf eine neue Tour. „Kannst du dir nicht denken, Allgäuer", fragte er scheinheilig, „dass ich nur spionieren will? Was meinst du, wie uns geholfen wäre, wenn wir wüssten, ob der Drache in seinem Nest ist oder nicht?"
„Ob drinnen oder draußen, du bleibst hier!", beharrte der Allgäuer auf seinem Willen. – „Maul halten!", rief der Seehas dazwischen, „haltet endlich das Maul. Merkt ihr denn nicht, dass es höchste Zeit ist zu horchen und zu beobachten?"
Je näher sie nun dem Drachennest kamen, desto weiter rissen sie die Augen auf, desto mehr spitzten sie die Ohren – und desto langsamer gingen sie. Kurz bevor sie den Busch erreichten, kam der Spieß plötzlich zum Stehen. „Seht doch, seht doch", flüsterte der Gelbfüßler, „dort, seht doch nur!"
Der Nestelschwab' und der Spiegelschwab' blinzelten jeder über den Rücken des Vordermannes. Da sahen sie alle Sieben vor sich im Gesträuch einen Hasen sitzen. Der mochte die Schwaben schon lange beobachtet haben. Er reckte den Kopf und spitzte seine Löffel steil in die Höhe. Weil die Schwaben nicht näher kamen, blieb auch er auf seinem Fleck, ließ sie aber keine Sekunde aus den Augen.

„Das Untier“, flüsterte der Gelbfüßler, „seht doch, wie es dasitzt und lauert. Gleich springt’s hoch und verschlingt den Ersten von uns. Was soll jetzt werden? Wie bringen wir uns aus der Gefahr?“ – „Potz Blitz“, sagte der Blitzschwab’, „den Spieß loslassen, umdrehen und laufen, so schnell wir können!“

„Der Blitzschwab’ hat Recht“, rief der Spiegelschwab’. Dem Nestelschwab’ war alles egal: Er ließ die Hose rutschen. Der Allgäuer aber, der als Letzter am Spieß stand und leicht reden hatte, rief: „Gelbfüßler, stoß zu!“

„In aller Namen, stoß zu“!, rief jetzt auch der Seehas und gab dem Gelbfüßler einen Stoß in den Rücken. Das mochte dem Hasen im Busch gegenüber verdächtig vorkommen. Er setzte sich auf die Hinterpfoten, reckte sich hoch, beobachtete die Sieben noch einen Augenblick, und als der Gelbfüßler zustoßen wollte, sprang der Hase in großen Sätzen davon.

„Das Ungeheuer, seht doch, seht doch!“, riefen die Schwaben durcheinander. „Wie es rennt, wie es rennt, wir haben es vertrieben vom Bodensee! Es ist fort, es ist weg und kommt so leicht nicht wieder!“

„Potz Blitz“, rief der Blitzschwab’, „so ein Untier aber auch. Das war ja groß wie ein Kalb.“

Der Nestelschwab’ musste sich mit seinem schlimmsten Fluch erleichtern. „Mit Verlaub“, rief er. „Dass dich kein Mäuslein beißt! Das Untier war groß wie ein Mastochse.“

„Wie ein Mastochse?“, rief der Knöpfleschwab’. „Ich sage, ein Elefant ist eine Katze dagegen.“

„Bei Gott“, rief der Allgäuer, „und ich sage, es ist nichts anderes als ein Hase gewesen, so wahr ich einen guten Wein von einem Rachenputzer unterscheiden kann.“

„Allgäuer“, sprach der Seehas, „nimm den Mund nicht so voll. Im Weglaufen mag das Untier wie ein Hase ausgesehen haben, in Wirklichkeit aber ist das hier ein Seehas gewesen, und ein Seehas ist allemal noch ein Ungetüm, das schwör ich beim Heiligen Römischen Reich.“

„So ist es und nicht anders“, gab ihm der Gelbfüßler Recht. „Und wenn ich mit dem Spieß nicht geruckt hätte, wär’ er auf uns zugekommen und hätte uns alle verschlungen.“

Hinweise zum Text: Seite 140.

Der weise Richter

Arabisches Volksgut

Anwar hatte nie Geld. Das Geld zerrann ihm in den Händen wie der Schnee in der Frühlingssonne. Eines Tages befand sich Anwar wieder einmal in einer sehr üblen Lage. Deshalb ging er zu Nabil, seinem Freund, und bat ihn, ihm doch etwas Geld zu leihen. Nabil war ein gutmütiger Mensch und gab ihm das Geld. Als er es aber nach einiger Zeit selbst dringend brauchte und Anwar bat, es ihm doch zurückzugeben, da sagte Anwar frech, er habe überhaupt kein Geld von ihm bekommen. So gerieten Anwar und Nabil in großen Streit. Da sie sich nicht einig werden konnten, gingen sie zu einem Richter und baten ihn, nachdem sie ihm ihren Fall vorgetragen hatten, die Wahrheit herauszufinden.

Der Richter war ein weiser Mann. Er hatte den beiden zugehört, ohne sie nur ein einziges Mal zu unterbrechen. Nachdem er sie noch eine Weile nachdenklich angesehen hatte, sagte er zu Nabil: „Wo hast du ihm denn das Geld gegeben?“

„Unter einem Baum auf einem meiner Felder, so wie wir das ausgemacht hatten“, erwiderte Nabil.

Da meinte der weise Richter: „Nun, so geh dorthin und sieh nach, ob du das Geld nicht vielleicht hast liegen lassen, aus Versehen. Wenn du es aber nicht findest, dann komm wieder zu mir zurück!“

Nabil wunderte sich sehr ob dieses seltsamen Rates, doch er machte sich sogleich auf den Weg.

Zu Anwar sagte der Richter: „Komm, setz dich zu mir. Wir wollen zusammen warten, bis dein Freund wiederkommt.“

Schweigend saßen sie eine Weile beisammen. Plötzlich fragte der weise Richter: „Glaubst du, dass dein Freund den Baum nun erreicht hat?“

„Nein“, meinte Anwar lachend. „Bestimmt noch nicht. Du musst wissen, der Baum ist sehr weit von hier!“

Der weise Richter sah Anwar lange Zeit an. Dann sagte er: „Du elender Lügner, du hast dich selbst verraten! Gib das Geld heraus, das du von ihm genommen hast auf einem seiner Felder unter jenem Baum, den nur er und du kennen kann.“

Anwar ärgerte sich sehr über seine Dummheit. Doch das half ihm wenig. Er musste das Geld herausgeben.

Hinweise zum Text: Seite 140.

Der Wolf von Agobio

Unbekannter Verfasser

Zu der Zeit, als der heilige Franziskus in der Stadt Agobio weilte, erschien im Lande ein ungeheurer Wolf, schrecklich und wild, der nicht nur die Tiere, sondern auch die Menschen fraß. Daher waren die Bürger in großer Angst; denn er näherte sich des Öfteren der Stadt; und alle gingen in Waffen, wenn sie die Stadt verließen, als zögen sie zur Schlacht. Wenn sie ihn aber trafen, konnten sie sich nicht gegen ihn wehren, und aus Angst vor diesem Wolf kam es so weit, dass sich niemand mehr traute aus den Mauern herauszugehen.

Aus diesem Grunde wollte sich der heilige Franziskus, dem die Leute des Orts Leid taten, zu diesem Wolf aufmachen, obwohl die Städter ihm abrieten. Er aber machte das Zeichen des heiligen Kreuzes und ging, sein ganzes Vertrauen auf Gott setzend, zur Stadt hinaus.

Und siehe! Im Angesicht vieler Bürger, die hinausgeeilt waren, dieses Wunder zu sehen, kam der Wolf mit offenem Rachen auf den heiligen Franziskus zu. Bei seinem Nahen machte St. Franziskus das Zeichen des Kreuzes gegen ihn, rief ihn zu sich heran und sprach zu ihm also: „Komm hierher, Bruder Wolf, ich gebiete dir im Namen Christi, dass du nichts Böses tust, weder mir noch irgendeinem." Und, o Wunder! Kaum hatte St. Franziskus das Kreuz geschlagen, als der schreckliche Wolf den Rachen schloss und in seinem Lauf anhielt. Und auf das Geheiß kam er sanftmütig wie ein Lamm heran und legte sich still zu des heiligen Franziskus Füßen. Da sprach St. Franziskus also zu ihm: „Bruder Wolf, du richtest hier viel Unheil an und hast große Missetaten verübt, indem du ohne Gottes Erlaubnis seine Kreaturen getötet hast; nicht allein, dass du Tiere umgebracht und gefressen hast, sondern du hast die Dreistigkeit gehabt, Menschen, nach Gottes Bild geschaffen, zu vernichten. Dadurch hast du wie der schändlichste Räuber und Mörder den Tod verdient. Jedermann schreit und murrt gegen dich und das ganze Land hast du zum Feind. Ich aber will, Bruder Wolf, Frieden machen zwischen dir und ihnen. Du wirst ihnen von nun an kein Leid mehr zufügen und sie werden dir nicht mehr nach dem Leben trachten."

Nach diesen Worten bezeugte der Wolf mit Bewegungen seines Leibes und des Schwanzes, mit Blicken und Neigen des Kopfes, dass er das annehme, was St. Franziskus sagte, und es halten wolle. Darauf begann St. Franziskus von neuem: „Bruder Wolf, wenn du bereit bist diesen Frieden einzugehen und zu halten, so verspreche ich, dir für immer, solange du lebst, von den Einwohnern dieses Landes deine Kost zukommen zu lassen, sodass du nicht mehr Hunger leiden wirst; denn ich weiß wohl, dass du aus Hunger Böses getan hast. Doch weil ich für dich diese Gnade erwirke, so will ich, dass du auch mir versprichst, weder Mensch noch Tier einen Schaden zu tun." Und der Wolf tat durch Neigen des Kopfes offensichtlich sein Versprechen kund. St. Franziskus aber sagte: „Bruder Wolf, ich will, dass du auf dieses Versprechen den Handschlag verpfändest, damit ich darauf vertrauen kann." Und da St. Franziskus seine Hand ausstreckte, um das Pfand entgegenzunehmen, hob der Wolf seine rechte Tatze und

legte sie artig in die Hand des heiligen Franziskus. Darauf sagte dieser: „Bruder Wolf, ich befehle dir im Namen Jesu Christi, dass du ohne Zaudern mit mir kommst. Wir wollen gehen, um diesen Frieden im Namen Gottes zu bekräftigen." Und der Wolf ging gehorsam wie ein sanftmütiges Lamm mit ihm.
Als die Bürger das sahen, waren sie höchst verwundert, und rasch wusste man die Neuigkeit in der ganzen Stadt. Sogleich zog alles Volk, Groß und Klein, Jung und Alt zum Marktplatz, um den Wolf mit St. Franziskus zu sehen. Da nun alles Volk versammelt war, begann der heilige Franziskus zu predigen und sagte unter anderem, wie Gott solche Dinge und Heimsuchungen um ihrer Sünden willen zulasse. Und wie viel entsetzlicher das Feuer der Hölle sei, das für die Verdammten ewig währe, als der Grimm des Wolfes, der nur den Leib zu töten vermöge. Wie sei da der Rachen der Hölle zu fürchten, wenn eines kleinen Tieres Rachen eine solche Menge in Angst und Zittern halte! „Bekehrt euch also zu Gott und tut gerechte Buße wegen eurer Sünden; und Gott wird euch befreien von dem Wolf in diesem und dem Feuer im künftigen Leben."
Als St. Franziskus die Predigt beendet hatte, sagte er: „Hört, meine Brüder, der Bruder Wolf, welcher vor euch steht, hat mir versprochen mit euch Frieden zu halten und euch kein Leid mehr zu tun. Versprecht ihr jetzt ihm täglich das zu geben, dessen er bedarf. Und ich stelle mich als Bürgen für ihn, dass er diesen Pakt des Friedens halten wird." Darauf versprach das ganze Volk einstimmig den Wolf regelmäßig zu verpflegen und St. Franziskus sagte vor allem Volk zum Wolf: „Und du, Bruder Wolf, versprichst du ihnen den Frieden zu halten und zukünftig weder Mensch noch Tier ein Leid zuzufügen?" Und der Wolf ließ sich auf die Knie und senkte den Kopf; und mit sanften Bewegungen des Körpers, des Schwanzes und der Ohren bezeugte er, so gut es ging, dass er sich an alles halten wolle. Darauf sprach St. Franziskus: „Bruder Wolf, wie du mir vor dem Tor ein Treupfand für dein Versprechen gabst, so will ich, dass du es auch vor dem Volk tust und dass du mich um mein Versprechen und der Bürgschaft, die ich für dich geleistet habe, nicht enttäuschst." Darauf hob der Wolf die Tatze und legte sie in die Hand des heiligen Franziskus. Hierüber und über die oben beschriebenen Begebenheiten war eine solche Fröhlichkeit und Bewunderung im ganzen Volk erwacht, dass alle begannen zum Himmel zu rufen mit Lob und Preis für Gott, dass er ihnen den heiligen Franziskus gesandt, der sie kraft seines Verdienstes von dem Rachen des wilden Untiers erlöst hatte.
Danach lebte der Wolf noch zwei Jahre in Agobio; er ging artig von Tür zu Tür, ohne jemand ein Leid zu tun und ohne von jemand ein solches zu erleiden, und wurde freundlich von den Leuten gefüttert; und wenn er so im Freien oder in den Häusern umherlief, geschah es niemals, dass ihm ein Hund nachbellte. Am Ende, nach zwei Jahren, starb Bruder Wolf vor Alter. Darüber betrübten sich die Bürger sehr; denn wenn sie ihn so sanftmütig durch die Stadt wandern sahen, erinnerten sie sich umso lebhafter der Tugend und der Heiligkeit des heiligen Franziskus.

Hinweise zum Text: Seite 141.

Legende von Sankt Georg

Jakobus de Voragine

Der Ritter Georgius kam einst in das Land Libyen, in die Stadt Silena. Nahe bei der Stadt war ein See, so groß wie ein Meer, darin wohnte ein giftiger Drache, der hatte schon das ganze Volk in die Flucht getrieben, wenn es gewappnet gegen ihn zog. Dann kam er bis unter die Mauern der Stadt und verpestete alles mit seinem Gifthauch.

Daher gaben ihm die Bürger täglich zwei Schafe, um seinen Grimm zu stillen; denn sonst kam er wieder unter die Mauern der Stadt und verpestete die Luft, dass viele daran starben. Als aber die Schafe weniger wurden und man nicht mehr genug finden konnte, kam man überein, dass man dem Wurm täglich einen Menschen und ein Schaf opfern wollte. Also warf man das Los, welchen Mann oder welche Frau man dem Drachen geben sollte, und niemand konnte dem entrinnen.

Als nun schon fast alle Söhne und Töchter der Stadt geopfert waren, geschah es, dass das Los auf des Königs einzige Tochter fiel, dass man sie dem Drachen geben sollte. Da war der König traurig und sprach: „Nehmt mein Gold und Silber und die Hälfte meines Königreiches, aber lasst mir meine Tochter, dass sie nicht so jämmerlich sterbe."

Das erzürnte das Volk und sie sprachen: „König, du hast das Gebot selber gegeben; wir mussten alle unsere Kinder verlieren und du willst deine Tochter behalten? Wenn du an ihr das Gesetz nicht erfüllst, das du gegeben hast, verbrennen wir dich und dein Haus."

Als nun der König ihren Ernst sah, begann er seine Tochter zu beklagen und sprach: „Weh mir, mein Kind, was soll ich mit dir tun, was soll ich sprechen? Ach, niemals werde ich deine Hochzeit sehen." Und zum Volk sprach er: „Ich bitte euch, lasst sie mir nur noch acht Tage, dass ich um sie klage."

Das gewährten sie ihm. Aber am achten Tag lief das Volk zusammen und schrie zornig: „Warum lässt du dein Land um deiner Tochter willen verderben? Denn wir müssen alle von dem Anhauch des Drachen sterben."

Da sah der König, dass er seine Tochter nicht retten konnte; er ließ ihr königliche Kleider anlegen, umarmte sie und sprach zu ihr in Tränen: „Oh weh, liebe Tochter, ich gedachte königliche Kinder von dir zu erziehen; nun aber wirst du von dem Drachen verschlungen. Ich dachte zu deiner Hochzeit edle Fürsten zu laden, das Schloss mit Perlen zu schmücken, Pauken und Trompeten zu hören; nun gehst du hin, dass dich der Drache fressen soll." Und er küsste sie und rief: „O Tochter, ich wäre besser vor dir gestorben, als dass ich dich so verlieren muss."

Da fiel sie zu des Vaters Füßen nieder und bat um seinen Segen. Den gab er ihr unter Tränen und sie machte sich auf zu dem See. Da kam Sankt Georg gerade dahergeritten und da er sie weinen sah, fragte er, was ihr wäre.

Sie antwortete: „Guter Jüngling, steigt schnell auf euer Ross und flieht oder ihr werdet mit mir verderben."

Da sprach Georg: „Fürchte dich nicht, liebe Tochter, sondern sage mir, worauf du hier wartest unter den Augen all des Volkes?“

Sie antwortete: „Herr, ich sehe, dass Ihr edlen Herzens seid; aber wollt Ihr mit mir sterben? Flieht eilends von hinnen.“

Georg sprach: „Ich werde nicht eher von diesem Ort reiten, bis du mir sagst, was dir sei.“

Da erzählte sie ihm alles. Er aber sprach: „Liebe Tochter, sei ohne Furcht, ich will dir helfen im Namen Christi.“

Sie sprach: „Guter Ritter, du sollst nicht mit mir sterben, es ist genug, wenn ich untergehe; denn retten kannst du mich nicht, sondern wirst mit mir verderben.“

Als sie noch sprachen, siehe, da hob der Drache sein Haupt aus dem See. Die Jungfrau zitterte vor Schrecken und rief: „Flieh, guter Herr, flieh, so schnell du kannst.“

Aber Georg sprang auf sein Ross, machte das Kreuz vor sich und ritt gegen den Drachen, der ihm entgegenkam; er schwang die Lanze mit großer Macht, befahl sich Gott und traf den Drachen so schwer, dass der zu Boden stürzte. Dann sprach er zu der Jungfrau: „Nimm deinen Gürtel und wirf ihn dem Wurm um den Hals und fürchte nichts.“

Sie tat es und der Drache folgte ihr nach wie ein zahmes Hündlein. Als sie ihn nun in die Stadt führte, erschrak das Volk und floh hinauf in die Berge und in die Höhlen und sprach: „Weh uns, nun sind wir alle verloren.“

Da winkte ihnen Sankt Georg und rief: „Fürchtet euch nicht, denn Gott der Herr hat mich zu euch gesandt, dass ich euch erlöse von diesem Drachen. Darum glaubt an Christum und empfangt allesamt die Taufe, dann will ich diesen Drachen erschlagen!“

Da ließ der König sich taufen und alles Volk mit ihm und Sankt Georg zog sein Schwert und erschlug den Drachen. Darnach gebot er, ihn aus der Stadt zu schaffen und vier Paar Ochsen zogen ihn heraus vor die Stadt auf ein großes Feld. Es wurden aber an jenem Tage 20 000 Menschen getauft, die Weiber und Kinder nicht gerechnet. Der König ließ der Jungfrau Maria und Sankt Georg zu Ehren eine schöne Kirche bauen und auf dem Altar entsprang ein lebendiger Quell. Der machte alle Kranken gesund, die daraus tranken. Sankt Georgen bot der König unermessliche Schätze an, aber der wollte sie nicht nehmen, sondern ließ sie unter die Armen verteilen. Danach gab er dem König gute Lehren und sprach, er solle vier Dinge beachten: dass er die Kirche in seine Hut nehme, die Priester ehre, fleißig die Messe höre und der Armen eingedenk sei. Danach küsste er den König und ritt hinweg.

Hinweise zum Text: Seite 141.

Schon gehört?

Seit vielen Jahrhunderten erzählen sich die Menschen Geschichten: von berühmten Persönlichkeiten oder einfachen Leuten, von wahren Begebenheiten oder unerklärlichen, wunderlichen Ereignissen, von märchenhaften und schauerlichen Dingen. In dieser Sequenz sind solche Geschichten gesammelt, die über lange Zeit nur mündlich überliefert waren, bis sie irgendwann dann doch einmal aufgeschrieben wurden. Einige der Texte entstanden aber auch erst in jüngster Vergangenheit, wie ihr sicher herausfinden werdet. Die ein oder andere Textsorte kommt euch sicherlich bekannt vor, denn ihr habt sie bereits in der 5. Klasse kennen gelernt: **Märchen** und **Schwänke**. Sie sollen einerseits als Wiederholung und Festigung des Wissens dienen, andererseits aber auch Spaß und Freude beim Lesen bereiten. Die letzten drei Texte dienen zur Hinführung einer neuen Textsorte. Den ein oder anderen Namen der handelnden Personen dürftet ihr sicher schon einmal gehört haben. Es handelt sich um **Legenden**, die eine gewisse Ähnlichkeit mit den **Sagen** haben. Beide Erzählformen haben irgendwo eine wahren, historischen Kern, doch wurde im Laufe der Zeit viel „hinzugedichtet". Während Sagen aber weltliche Helden haben, sind Legenden Geschichten, die vom Leben und von den Taten heiliger und frommer Menschen erzählen.

Jacob und Wilhelm Grimm:
Von dem Fischer und seiner Frau
S. 114

Fast jedes Kind kennt den Namen der Brüder Grimm durch die Grimmschen Märchen. Diese Märchen haben die beiden Brüder jedoch nicht selbst erfunden, sondern sie haben sich diese jahrhundertealten Geschichten von märchenkundigen Frauen erzählen lassen, sie aufgeschrieben und veröffentlicht. So entstand die umfangreichste Sammlung von deutschen Volksmärchen und Sagen. Die Brüder Grimm lebten und arbeiteten ihr ganzes Leben zusammen. Sie wurden in Hanau geboren (Jacob 1785, Wilhelm 1786), waren beide später Professoren für Sprachforschung in Göttingen und dann in Berlin, wo sie auch starben (Wilhelm 1859, Jacob 1863).

1 Stellt die Wünsche der Frau des Fischers zusammen.
2 a) Wie reagiert der Fischer auf die Wünsche seiner Frau?
b) Wie hättet ihr euch wohl an seiner Stelle verhalten?
3 Die Volksweisheit *Wie gewonnen so zerronnen* passt gut zum Schluss der Geschichte.
Warum musste das Märchen so enden?
4 Welche typischen Merkmale eines Märchens findet ihr in dem Text?

Peter Janda:
Die verliebte Hexe und ihr Besen
S. 122

1 In diesem Märchen geschieht etwas Untypisches für diese Art von Texten. Du findest es sicher heraus.
2 Lasst eurer Fantasie freien Lauf:
Erfindet selbst Zaubersprüche und Zaubertränke.
3 Schreibt selbst ein Märchen …

Zeile	1	2	3	4	5	6
1	Mädchen	Dachdecker	LKW-Fahrer	Briefträger	alte Frau	Baby
2	lila	weiß	rot	schwarz	grün	blau
3	Weg	Autobahn	Wald	Zirkus	Bahnhof	Marktplatz
4	schüchtern	fremd	einsam	genügsam	mutig	ängstlich
5	verloren	verirrt	vergessen	verwirrt	verliebt	verlassen
6	Tankstelle	Museum	Zoo	Kirchturm	Kaufhaus	Rathaus
7	Elefant	Dackel	Kamel	Zebra	Maikäfer	Ringelnatter
8	Rollschuhe	Blockflöte	Wanduhr	Mülleimer	Briefkasten	Christbaum
9	klein	riesig	geheimnisvoll	leer	staubig	heiß
10	der Fremde	die Seherin	der Greis	der Stumme	der Dunkel-häutige	die Un-bekannte

Franz Fühmann: Lob des Ungehorsams
S. 126

Franz Fühmann wurde 1922 in Rochlitz im Riesengebirge geboren und starb 1984 in Ostberlin in der ehemaligen DDR. Er arbeitete als Schriftsteller. Neben Büchern für Erwachsene schrieb er auch viele Kinder- und Jugendbücher.

1 Das gerettete Geißlein wird als unartig bezeichnet. Warum?
a) „Da war die Mutter aber froh." Worauf bezieht sich diese Aussage?
b) Wie hätte sich die Mutter wohl verhalten, wenn die Sache mit dem Wolf nicht passiert wäre?

2 Diese Geschichte bezieht sich auf das bekannte Märchen „Der Wolf und die sieben Geißlein" der Brüder Grimm. Einer oder eine von euch erzählt das Märchen, die anderen passen auf und ergänzen.

3 Eigentlich ist dieses Gedicht vom unartigen Geißlein gar kein Märchen. Begründet.

4 Der Vortrag dieses Gedichtes bedarf einer guten Betonung.Übt dies und tragt es der Klasse in einem Wettbewerb vor.

Karlhans Frank: Schüttelmärchen
S. 127

Karlhans Frank wurde 1937 in Düsseldorf geboren. Er schreibt Gedichte, Erzählungen und Romane.

1 Dieses Märchen setzt sich aus 24 verschiedenen Märchen zusammen.
Aber dem Autor sind sie wild durcheinander geraten. Lest genau, dann wird euch vieles bekannt vorkommen. Findet ihr alle 24 Märchen?

Karlhans Frank:
Wie Till Eulenspiegel ...
S. 128

Till Eulenspiegel hat tatsächlich gelebt. Er wurde als Bauernsohn um 1300 in Kneitlingen bei Braunschweig geboren. Seinen Lebensunterhalt verdiente er sich als Gelegenheitsarbeiter und kam dabei viel herum. Seine Streiche, für die er berühmt geworden ist, spielte er meistens den wohlhabenderen Leuten. Er ist 1350 in Mölln bei Lübeck vermutlich an der Pest gestorben.

1 Lest die Geschichte mit verteilten Rollen.
2 Mit welcher List gelingt es Eulenspiegel, den Metzger bloßzustellen?
3 Am Ende der Geschichte ist davon die Rede, dass der Metzger nur noch Bratschenk genannt wird. Was ist damit gemeint?
4 a) Schaut euch das Bild auf Seite 130 an und erzählt die Geschichte dazu.
b) Welche anderen Streiche von Eulenspiegel kennt ihr?

Barbara Bartos-Höppner:
Wie die sieben Schwaben das Ungetüm vom Bodensee bezwangen
S. 130

Die Jugendbuchautorin wurde 1923 in Schlesien geboren und lebt heute in Nottersdorf bei Hamburg.

1 Sind die „sieben Schwaben" tapfer? Was meint ihr?
2 Der Kampf der sieben Schwaben hat letztlich doch nur einem Hasen gegolten. Und trotzdem sprechen sie von einem Ungeheuer. Sie übertreiben am Schluss der Geschichte gewaltig. Tragt das Gespräch (ab „Potz Blitz", rief der Blitzschwab ...) mit verteilten Rollen so vor, dass man das Aufschneiden gut hören kann.
3 Wie sind die sieben Schwaben: eigenartig – einfältig – schlau – pfiffig – um keine Ausrede verlegen – dumm – prahlerisch – unbeholfen – frech – lustig – gerissen – witzig – verlogen – spaßig – einfallsreich – klug? Sprecht darüber und begründet eure Auswahl.
4 Der Kampf mit dem „Ungeheuer" ist nicht das einzige Abenteuer der Helden. Sucht andere Geschichten in der Bücherei oder im Internet und lest sie euch vor.

Arabisches Volksgut:
Der Weise Richter
S. 132

1 Worüber sind Anwar und Nabil in Streit geraten?
2 Welche Lehre soll mit dieser Beispielgeschichte wohl vermittelt werden?
3 Verlegt die Geschichte in die heutige Zeit. Was wäre wohl anders verlaufen?

Unbekannter Verfasser: Der Wolf von Agobio
S. 133

Jakobus de Voragine: Legende von Sankt Georg
S. 135

1 In der einen oder anderen Legende tauchen Merkmale von Märchen auf. Welche findest du heraus? Was kommt aber nur in Legenden vor?

2 Suche dir eine der beiden Legenden aus und überlege, was der wahre Kern daran sein könnte und was wahrscheinlich „hinzugedichtet" wurde.

3 Versuche am Beispiel einer Legende, die dir besonders gut gefallen hat, eine Lehre zu finden, die man daraus ziehen kann.

4 Viele Heilige sind Schutzpatrone. Erkundigt euch über sie (Eltern, Religionslehrer, Bücherei, Lexikon). Versucht Bilder zu bekommen und erstellt ein Plakat, das in der Pausenhalle über diese christlichen Helden informiert.

5 Die Legende vom heiligen Franziskus hat anfangs Ähnlichkeit mit der Legende von Georg und dem Drachen. Findest du sie heraus? Was ist aber dann ganz anders bei der Legende vom heiligen Franziskus?

6 Auch wenn die Geschichte vom heiligen Franz nur eine fromme Legende ist, die über das Wunder von Agobio erzählt, so hat sie durchaus eine „Botschaft", die auch ihr herausfinden könnt.

7 Viele Vornamen gehen auf Heilige zurück. Informiert euch über die Herkunft eures Vornamens.

Einfach sagenhaft

Volkssagen

Bertold und die Seejungfrau

Mi Jepsen-Föge

Die Zeiten, wo sich verzauberte Frösche, verhexte Zwerge oder gebefreudige Elfen unters Volk mischten, sind vorbei. Als es aber noch so war, wurde auch einem armen Jägerburschen geholfen. Der junge Mann hieß Bertold und hatte sich in die Tochter des Jägers verliebt, bei dem er im Dienst stand. Als nun der alte Jäger starb, wurde Bertold entlassen, und weil er keinen Verdienst mehr hatte, konnte er sich nicht um das reiche Mädchen bewerben. Traurig zog Bertold durch die Wälder. Eines Tages kam er an den Königssee. Wie er nun so traurig am Ufer saß, sah er einen Schwan herankommen, der eine Krone auf dem Kopf hatte. Direkt vor ihm tauchte der Schwan und im nächsten Augenblick stand eine Seejungfrau vor Bertold. Und da Seejungfrauen schon von Berufs wegen milde sind, fragte sie ihn nach seinem Kummer. Er erzählte ihr von seiner Armut, und dass er das Mädchen seiner Liebe nicht heiraten könne.

Da nahm die Seejungfrau ihn mit in ihr unterirdisches Reich, wo in riesigen Klüften und Höhlen das Gold der Berge lag. Bertold durfte sich davon nehmen, soviel er nur wollte. Er griff mit beiden Händen zu. Die Seejungfrau brachte ihn wieder zurück ans Ufer und als er sich bedanken wollte, war sie verschwunden. Nur ein Schwan glitt durch das Wasser. Der Jäger war überglücklich. Er heiratete sein Mädchen und alles schien gut zu sein. Aber bald wurde er übermütig; er spielte, trank und vertat das Geld und eines Tages waren sie so arm wie nie zuvor.
Verzweifelt irrte Bertold durch die Wälder. Und wieder kam er an den Königssee und wieder erschien ihm die Seejungfrau. Aber sie bot ihm kein Geld mehr, sondern sie zeigte ihm die reichen Salzlager in den Bergen. Hier sollte er als Bergmann schürfen und sich durch harte Arbeit sein Brot verdienen.
Das tat er. Aus ihm wurde ein fleißiger Mann und er erarbeitete sich bescheidenen Wohlstand. Seine Söhne nannten nach ihm den Ort, in dem sie wohnten, Bertoldsgarden. Daraus soll später Berchtesgaden geworden sein.

Hinweise zum Text: Seite 158.

Der Teufel in der Frauenkirche

Unbekannter Verfasser

Als die Kirche zu Unserer Lieben Frau in München erbaut wurde, ärgerte sich der böse Feind, der dadurch sein Reich der Hölle bedroht sah, ganz teufelsmäßig darüber. Mit all seiner bösen List konnte er den Bau nicht hintertreiben; nachdem aber endlich die Kirche vollendet dastand, beschloss er sie mit Wind und Sturm zu verderben. Als nun der Teufel in dieser Absicht durch das Hintertor in die Kirche eintrat und unter dem Musikchor stand, sah er zu seiner Verwunderung wegen der vorstehenden gewaltigen Säulen kein einziges Fenster. Darüber lachte der Teufel ganz vergnügt, denn er hielt die Kirche für einen ungeschickten und unnützen Bau, der ihm nicht viel schaden könne, weil es ja zu dunkel in derselben sei. Er ging daher wieder beruhigt fort, aber an der Stelle, wo er stand, ist sein Fuß noch sichtbar schwarz im Steine eingeprägt.
Als der Teufel nachher sah, dass dennoch die Leute fleißig in die neuerbaute Kirche zur Andacht und zum Gottesdienst gingen, er selbst aber, weil sie schon geweiht war, nicht mehr in dieselbe eintreten konnte, stürmte er außen um die Kirche herum um die Leute vom Kirchgange abzuhalten.
Daher kommt es, dass der Wind um die Frauenkirche oft so heftig geht, dass er manchen das Frauenbergl hinabtreibt, ehe er sich's versieht, oder den Leuten den Hut vom Kopf nimmt.

Hinweise zum Text: Seite 158.

Eppelein von Gailingen

nacherzählt von Carlheinz Gräter

Der Erzfeind der Nürnberger war der Eppelein von Gailingen. Im ganzen Land raunte man sich seine Stückchen auf Kosten der Pfeffersäcke zu und die Reichsstädter erboste der Spott ebenso sehr wie die Kaufmannswägen, die der Strauchritter ihnen wegfing.

Einmal ging der lose Vogel den Nürnbergern aber doch ins Garn. Einstimmig verurteilte man den Eppelein zum Tod durch den Strang. Eine Gnade wollte man aber auch ihm nicht versagen. Wie jeder andere arme Sünder durfte er einen letzten Wunsch aussprechen. Da bat der Eppelein, man solle ihn als einen fränkischen Reitersmann auf seinem guten alten Pferd zum Hochgericht reiten lassen. Die Ratsherren schüttelten erst bedenklich die Köpfe. Dann aber sagten sie sich, durch die eisernen Spieße unserer Stadtknechte kommt er nimmermehr.

Als nun in heller Früh das Armsünderglöcklein läutete, ritt der Eppelein von Gailingen hoch zu Ross langsam im Kreis noch einmal um den Richtplatz. Auf drei Seiten stand das gaffende Volk und davor starrten die Spieße der festen Soldknechte dicht gedrängt wie die jungen Bäume im Wald. Da wo die Mauer aufragte, stand keiner der Spießgesellen, denn hier fiel der Burgfelsen jäh in die Tiefe. Der Eppelein dachte sich: „Sterben musst du so oder so. Du hast schon manchen waghalsigen Ritt hinter dir", und so gab er seinem Gaul vor der Mauer plötzlich die Sporen, das Tier bäumte sich hoch und riss den Reiter über die Mauer hinab in die Tiefe. Dort aber hatten die Nürnberger eben begonnen einen Sumpf trockenzulegen und wie durch ein Wunder blieben Eppelein und sein Gaul beim Sturz unverletzt. Rasch schwang er sich wieder in den Sattel und jagte davon.

Den Bürgern und Soldaten aber, die sich in ohnmächtiger Wut oben an der Mauer drängten, rief er höhnisch zu: „Hei, die Nürnberger hängen keinen, sie hätten ihn denn zuvor!"

Hinweise zum Text: Seite 158.

Der Rattenfänger von Hameln

Heinz Ritter

Die Mühlen am Wasser zu Hameln mahlten bei Tag und bei Nacht Korn, das die Bauern auf ächzenden Wagen heranführten. Korn wurde Mehl, Mehl wurde Brot, Brot wurde Geld; und Taler um Taler häufte sich in den Taschen und Säckeln der Bürger.

Hameln war eine reiche Stadt. Wehrhaft ragten seine Mauern, stolz seine vielen Türme auf und schmuck stand das Rathaus beim großen Markt. Fleißig waren die Bürger, munter die Kinder und das Jungvolk liebte Gesang und Tanz. Aber der Wohlstand der Bürger von Hameln war nicht ohne Sorgen. In den Speichern der Mühlen hausten Mäuse und Ratten und schnell hatten sie den Weg in die Häuser der Stadt gefunden. Überall piepste es, raschelte, knisterte es, überall huschten die grauen Schatten, nagten am Brot, naschten am Speck, huschten durch die Kammern, hasteten über die Betten. Wo blieben ihre alten Feinde, die Katzen? Längst waren sie satt, des Mausens müde und es sträubte sich ihnen kein Barthaar mehr, wenn die grauen Mäuse und Ratten vor ihnen tanzten.

Gern hätte der kluge Rat von Hameln jedes Mittel versucht – aber er wusste keines. Alle Arten von Fallen hatten die Bürger gestellt, dutzendweise lieferten die Burschen die Beute ab und strichen den klingenden Lohn dafür ein; aber so viele sie auch erschlugen und fingen, so viele kamen von den Flussmühlen nach – und man konnte doch nicht die Mühlen verbrennen, aus denen der große Reichtum floss. Niemand wusste zu helfen: Nicht die Bürger und klugen Frauen, nicht der Rat der Stadt und nicht Herr Gruelhot, der Bürgermeister mit der goldenen Kette, dessen schönes Töchterlein zu Hause durch die bunte Butzenscheibe lugte.

Ein bunter Geselle mit einer Feder am Hut schritt über die Wasserbrücken von Hameln. Er war mit vielerlei Tuch bekleidet, trug eine feine, silberne Flöte und ein Schwarm von Kindern folgte ihm nach. Geradewegs ging er dem Rathaus zu, trat in den großen Saal hinein, neigte sich vor den Herren und bot seine Dienste an.

„Was für Dienste? Welche Dienste?“, fragten die Ratsherren. Und Herr Gruelhot, der Bürgermeister, fragte: „Was kannst du, Bursche?“

„Ratten und Mäuse kann ich verjagen! Braucht man die Kunst in der schönen Stadt Hameln?“

Da sprangen die Ratsherren von ihren Stühlen auf: „Bringst du das fertig, bekommst du reichlich Lohn!“

„Was verlangst du?“, fragte der Bürgermeister. „Hundert Dukaten!“ „Hundert Dukaten?“, stutzten die Ratsherren; denn das war viel! Aber schnell errechneten sie, was ihnen die Nager im halben Jahr für Schaden taten und das war mehr. Sie sahen einander an, blinzelten sich mit den Augen zu und alle waren der gleichen Meinung, als der Bürgermeister sprach: „Gut, Bursch, vertreibst du die Ratten und Mäuse, so sollst du deinen Lohn bekommen!“ Das war nicht unzweideutig gesprochen, aber vielleicht war es doch noch ehrlich gemeint.

„Wohlan, ihr Herren, ich nehm' euch beim Wort! Wer wird mir bürgen?"

„Wer wird dir bürgen? Wir alle bürgen!"

„Eure Kinder!"

„Unsere Kinder!" Und Herr Gruelhot, der Bürgermeister, lachte: „Auch meine Tochter setz' ich zum Pfand!"

Der Bunting zog durch die Gassen von Hameln und blies auf seiner silbernen Flöte. Er blies in scharfen, zirpenden Tönen, schnell hintereinander, immer neunmal. Da lugten die Mäuse aus ihren Löchern hervor, sammelten sich zu Haufen und zogen der zirpenden Flöte nach. Gasse um Gasse schritt der Pfeifer hindurch und die grauen Scharen umwimmelten ihn. Als er aber zum Wesertor

kam in die Nähe der Mühlen, da brodelte es auf den Böden und Speichern, drängte und wälzte sich übereinander den verlockenden Tönen zu. Der Bunting schritt voraus das Ufer entlang, schürzte seinen vielfarbigen Rock und stieg langsam, immerfort pfeifend, tiefer und tiefer in das Wasser hinein. Hinter ihm schob sich wild und trunken der riesige Haufen der Ratten und Mäuse, verschwand im Wasser und kam nicht wieder hervor.

Vor den Ratsherren stand der bunte Pfeifer und neigte sich: „Meine Arbeit, ihr Herren, ist getan. Nun gebt mir meinen Lohn!“

Aber die Ratsherrn blickten finster und der Bürgermeister sprach: „Das war leichte Arbeit! Hier sind zehn Dukaten! Nimm sie und mach dich damit fort!“ „Hundert Dukaten waren bedungen!“

„Willst du noch fordern, unholder Geselle? Durch Zauber hast du das getan, durch verbotene Kunst! Hüte dich, Bunting, der Richter ist über dir!“

„Mög’ euch das nicht gereuen, ihr Herren!“

Unruhig schauten die Ratsherren ihm nach.

Als am Tage Johannis und Pauli alle Gläubigen in der Kirche versammelt waren, klang durch die Gassen ein lockendes Flöten. Da war er wieder, der bunte Geselle! Rot wippte die Feder vom grünen Hut. Und Mädchen und Burschen lauschten den Tönen, schauten hervor, kamen gelaufen, sammelten sich in Scharen um den bunten Pfeifer herum. Auch Herrn Gruelhots schönes Töchterlein lauschte, lugte, machte leise die Türe auf, sprang über die Straße und schritt immer dem Pfeifer zur Seite. Die Flöte spielte, das Jungvolk tanzte, das schöne Töchterlein immer voran. So zogen sie durch die Gassen hindurch, zum Ostertore hinaus, und verschwanden „hinter den Köppen“.

Als die Glocken das Ende der Andacht läuteten, kamen sie feierlich hervor, Ratsherren und Ritterschaft, Handwerker und Bauern, Damen und Bürgerfrauen. Aber die Stadt war leer, in den Gassen schallte kein Rufen, in den Häusern kein Lachen mehr. Unheil ahnten Ratsherren und Bürgermeister. Mütter jammerten, Väter schalten. Reitende Boten suchten auf allen Straßen, aber sie brachten keine Kunde zurück. Hamelns Kinder blieben „hinter den Köppen“ verloren. Ein Mädchen nur und ein Knabe kamen zurück; aber das eine war blind, der andere stumm und sie konnten den Weg nicht zeigen.

In Hameln aber blieb die Trauer zurück. Und nie mehr durften, wo die Kinder einst zogen, die Trommel und die Flöte erklingen.

Hinweise zum Text: Seite 159.

Klassische Sagen

Curt Stenvert, Europa und der Stier, 1987.

Als Europa, eine wunderschöne Königstochter aus dem Land Phönizien, gerade mit ihren Gefährtinnen den Tag am Strand lachend und tanzend verbrachte, näherte sich ihr, friedlich und voll Sanftmut, der Göttervater Zeus in der Gestalt eines herrlichen Stieres, der sich unter die Herde ihres Vaters gemischt hatte. Voll Bewunderung umstanden die jungen Frauen das edle Tier und Europa reichte ihm einen Strauß voll duftiger Blumen. Als der getarnte Gott sich zu ihren Füßen niederkniete, wollte sie auf seinem Rücken ein wenig reiten. Doch sofort setzte sich der Stier in Bewegung, lief immer schneller werdend davon und entführte sie durch das Mittelmeer schwimmend auf die Insel Kreta.

Hinweise zum Text: Seite 160.

Herakles

Griechische Sage

Herakles, den die Römer Herkules nannten, war der Sohn des Zeus, doch einem irdischen Weibe, der schönen Alkmene in Theben, in die Wiege gelegt, so wie die Unsterblichen in alten Zeiten auch den Menschen Kinder göttlicher Herkunft schenkten. Der Olympier selber hatte den Göttern Großes über Herakles' Zukunft vorausgesagt.

Am thebanischen Königshofe wuchs er als Stiefsohn Amphitryons auf, der einst König von Tiryns gewesen war und nun das Gastrecht König Kreons genoss. Schon als Neugeborener gab der Göttersohn eine Probe der überirdischen Heldenkraft, mit der er begabt war. Hera nämlich, die Gemahlin des Zeus, war eifersüchtig und schickte zwei furchtbare Schlangen aus, das Neugeborene in der Wiege zu töten. Ohne dass die Wärterinnen, die im Schlafgemach wachten, oder die schlummernde Mutter selbst es bemerkten, ringelten sich die Untiere an der Wiege empor und legten sich um des Knaben Hals, ihn zu erwürgen. Herakles schrie auf und griff nach ihnen. Dabei zeigte er die ungeheure Körperkraft, die seine göttliche Abstammung ihm verliehen hatte: mit jeder seiner kleinen Hände ergriff er eine Schlange und drückte beiden zugleich so mächtig den Hals zusammen, dass sie ersticken mussten.

Er verließ in jener Zeit die Gefährten und die Herden, um mit sich allein zu sein und nachzudenken, was für ein Leben er künftig führen wolle. Als er so tief in Gedanken versunken dasaß, sah er plötzlich zwei Frauen auf sich zukommen. Sie waren beide von hoher Gestalt – doch verschieden in ihrer Haltung! Die eine zeigte in ihrem ganzen Ausdruck Anstand und sittsames Wesen; ihr Blick war bescheiden, ihr Gewand schlicht und rein. Die andere war von hoffärtiger Haltung, voll und wohlgenährt; künstliche Schminke bedeckte ihre Wangen, und ihre Kleidung war bunt und auffällig.

Als die beiden näherkamen, drängte sich die zweite plötzlich ungebührlich vor und sprach hastig auf den Jüngling ein. „Ich sehe, Herakles, dass du dich noch nicht entschieden hast, welchen Lebensweg du wählen sollst. Willst du mich zu deiner Gefährtin und Führerin nehmen, so verspreche ich dir das angenehmste und schönste Leben. Keine Lust soll dir versagt bleiben, alles Widrige wird dich meiden. Nicht Not noch Kampf soll dich kümmern – nein, du darfst dich an den köstlichsten Speisen und Getränken laben, auf weichem Lager ruhen und dir jeglichen Genuss ohne alle Mühe verschaffen."

Verwundert blickte der Jüngling auf die Frau, die ihm solch verführerische Versprechen machte, und fragte sie nach ihrem Namen. „Wer mich liebt, nennt mich die Glückseligkeit!", rief sie selbstbewusst aus. „Meine Feinde aber", sie wendete den Blick beiseite, „die mich herabsetzen und schmähen wollen, sie heißen mich Laster und Liederlichkeit."

Nun wandte sich die andere Frau an den jungen Helden. „Auch ich, Herakles, bitte dich um Gehör", begann sie sanft. „Ich kenne deine Herkunft und deine Erziehung, und ich habe deshalb die Hoffnung, du werdest mir folgen, dich in allem Guten und Edlen zu vervollkommnen. Ich will dir deshalb nicht falschen Genuss und Wohlleben vorgaukeln, sondern dir alles so darstellen, wie es gottgewollt erscheint. Der Mensch muss wissen, dass die Götter ihm nichts ohne Mühe und Schweiß gewähren. Wer von den Göttern geliebt werden will, muss sich diese Liebe durch Frömmigkeit und Verehrung verdienen; wer Freundesliebe will, muss seinen Freunden nützen; wer im Staate geehrt sein will, muss im Gemeinwesen mitarbeiten. Ja, Herakles, wer ernten will, der muss auch säen. Wer seinen Körper in der Gewalt haben will, der muss ihn zuvor hart machen durch Schweiß und Übung."

Mit höhnischem Blick war die andere den Worten gefolgt. „Wenn du die beiden Wege, den langen, mühseligen, mit meinem kurzen und bequemen vergleichst, so wird dir die Entscheidung nicht schwer fallen!" rief sie in frechem Tone dazwischen. „Ja", entgegnete hart die andere, die die Ehrbarkeit und Tugend war, „wer dort nehmen will, wo er nicht gearbeitet hat, wer den besten Teil des Tages verschläft und in der Jugend nicht sparsam fürs Alter sorgen will, der mag so denken. Vergiss doch nicht zu sagen, dass du von den Göttern verstoßen und von den ehrbaren Menschen verachtet bist! Was das Auge des guten Menschen mehr als alles andere erfreut, eine eigene Guttat, das hast du niemals erlebt! – Ich hingegen bin bei allen Göttern geachtet und hochangesehen bei allen guten Menschen. Mich liebt der Vater im Hause, mir folgt das Gesinde in Treue, ohne mich gibt es keine Freundschaft. Wenn du, Herakles, dich entschließt, mir zu folgen, so erwarten dich Mühe und Last, aber das seligste Himmelslos wird dein Erdenleben krönen."

Nach diesen Worten der Tugend waren beide Gestalten plötzlich verschwunden. Herakles aber war entschlossen, die Tugend und Ehrbarkeit zur Führerin zu wählen und ihrem Pfade zu folgen.

Vor der Geburt des Herakles hatte Zeus einst im Rate der Götter erklärt, der erstgeborene Perseusenkel solle Beherrscher der übrigen Nachkommen des Perseus sein; er hatte diese Ehre seinem eigenen Sohne, den Alkmene ihm schenken würde, zugedacht. Doch Hera gönnte dem Sohne ihrer Nebenbuhlerin solches Glück nicht und kam ihm zuvor; sie ließ Eurystheus, der später hätte geboren werden müssen, vor Herakles zur Welt kommen. So wurde Eurystheus König zu Mykene, und Herakles, der später Geborene, ihm untertan.

Eurystheus bestand auf seinen Herrscherrechten und forderte von seinen Untertanen schwere Dienstleistungen, auch von Herakles. Das Orakel in Delphi selbst erklärte dem Helden, er müsse zwölf Arbeiten, die der König ihm auferlege, vollbringen; wenn er diese mutig und geduldig auf sich nehme, so würden die Götter ihm mit ihrer Hilfe zur Seite stehen, und Unsterblichkeit in ihrem Kreise werde ihm beschieden sein.

Als erste Arbeit befahl ihm der König, das Fell des nemeischen Löwen herbeizubringen, der in den Wäldern des Peloponnes hauste. Man sagte dem Untier nach, es sei menschlichen Waffen gegenüber unverwundbar. Herakles suchte es in den Waldgebirgen auf und stellte es zum Kampf. Doch die Pfeile, die er gegen den Löwen richtete, fielen kraftlos zu Boden; es war, als schösse er gegen eine steinerne Wand. Da wickelte der mächtige Held den Mantel um den linken Arm, schwang seine gewaltige Keule gegen das Tier und traf es im Sprunge, dass es zu Boden stürzte. Ehe es sich erheben konnte, war der Starke über dem Löwen, packte ihn von hinten und drückte ihm mit seinen gewaltigen Fäusten die Kehle zu und erwürgte ihn.

Lange mühte sich der siegreiche Heid vergeblich, das Fell des besiegten Tieres abzuziehen, bis er schließlich auf den Gedanken kam, es mit den scharfen Klauen selbst aufzuschneiden und abzuweiden. Das herrliche Fell trug er von nun an als Mantel. Den Rachen setzte er sich wie einen Helm aufs Haupt.

Als der hinterhältige Eurystheus, der nicht mit Herakles' Rückkehr gerechnet hatte, ihn, mit der Löwenhaut angetan, siegreich heimkommen sah, packte ihn eine solche Angst vor der Götterkraft des Helden, dass er sich in den hintersten Winkel seines Palastes verkroch.

Hinweise zum Text: Seite 160.

Francisco de Zubarán, Herakles kämpft mit dem nemeischen Löwen, um 1634

Pompeo Girolamo Batoni, Diana zerbricht Cupidos Bogen, 1761

Orpheus

Griechische Sage

Orpheus, des Apollon und einer Muse wunderbarer Sohn, war ein großer Sänger und Dichter aus dem Lande Thrakien. Sein Gesang war so bezwingend, dass er damit die wilden Tiere zähmte und dass die Bäume, ja ganze Wälder bezaubert hinter ihm herzogen. Als seine Gattin Eurydike, die er über alles in der Welt liebte, an einem Schlangenbiss starb, bewegte er mit seinen Klageliedern sogar die Steine; Gefühl und Mitleid ergriffen die Brust der unerbittlichen Göttin Persephone, und sie erlaubte dem Dichter, Eurydike aus dem Schattenreich zurückzuholen. Freilich unter einer Bedingung: dass er sich auf dem Weg von den Toten zu den Lebenden nicht nach ihr umschaue. Doch verführt von dem leidenschaftlichen Wunsch, die geliebte Frau wiederzusehen, wandte sich Orpheus nach ihr um, und Eurydike, vom Seelenführer Hermes geleitet, musste in den Hades zurückkehren. Klagend durchirrte nun Orpheus Thrakien. Und weil er nach dem Verlust der Eurydike alle anderen Frauen hasste, wurde er schließlich von einer Schar wilder Thrakerinnen zerrissen, die sein Haupt und seine Leier ins Meer warfen: klingend und singend schwammen sie über die Wellen zur Insel Lesbos hinüber, wo später ein Orakelheiligtum des Orpheus stand.

Hinweise zum Text: Seite 160.

Die Gänse auf dem Kapitol

Römische Sage

Bei einem römischen Fest huldigte man einem eigenartigen Brauch: In einer Prozession wurden gekreuzigte Hunde mitgeführt und Gänse, die in Gold und Purpur gekleidet, stolz auf Stroh saßen. Zur Erklärung dafür griff man auf eine Geschichte aus der Zeit des Galliereinfalls zurück.

Als das römische Heer am Ufer der Allia, eines Flusses im Norden Roms, in die Flucht geschlagen worden war, konnte kein Heer den eindringenden Galliern mehr den Weg nach Rom versperren. Sie kamen bis vor die Stadtmauern und sahen nirgends Verteidiger, wagten aber trotzdem nicht, gleich in die Stadt einzudringen, da sie eine Falle fürchteten. Aber alle Einwohner hatten sich auf das Kapitol in den Schutz der Mauern geflüchtet. Die Gallier, die unterdessen die Unterstadt besetzt hatten, fingen an zu plündern und zu zerstören all das, was sie nicht mitnehmen konnten. Schließlich gingen sie zum Angriff gegen den Hügel über, aber die Verteidiger unter dem Befehl des Manlius Capitolinus hatten gut aufgepasst und schlugen sie jedesmal zurück. Da ersannen die Gallier eine List. In der Nacht schlichen sie heimlich zwischen Felsen und Dornengestrüpp zu einer Stelle, von der sie glaubten, dass die Verteidiger sie im Vertrauen auf das unwegsame Gelände weniger gut bewachten. Einige Gallier sollen sogar durch Abflussgräben gekrochen sein. All diese heimlichen Angriffe waren gut geplant und aufeinander abgestimmt. Nirgends waren Wachposten zu sehen. Aber in dem Augenblick, in dem die Gallier ins Innere der Festung eindringen wollten, setzte plötzlich ein schrilles Gänsegeschnatter ein. Manlius sprang bei diesem Lärm sofort auf. Die Wachen folgten ihm und entdeckten verdächtige Schatten. Die wenigen Gallier, die bereits auf dem Hügel angekommen waren, wurden niedergemacht, die anderen wurden am Weiterklettern gehindert oder flohen von selbst.

So hatten die Gänse, die jemand der Göttin Juno geweiht hatte, den Hügel gerettet. Der Tempel der Göttin stand auf dem Kapitol und sie wurde dort unter dem prophetischen Namen „Juno Moneta“ (Juno die Mahnerin) verehrt. Das Verdienst der Gänse für Rom war der Anlass für diese gleichzeitig grausige und derb-spaßige Prozession, die jedes Jahr erneut die Zuschauer in Erstaunen versetzte.

Hinweise zum Text: Seite 160.

Wie Thor seinen Hammer wieder holte

Germanische Sage

Das besondere Kennzeichen des Gottes Thor oder Donar ist sein großer schwerer Hammer, der jedes Ziel trifft, nach dem er geworfen wird, und immer von selbst in die Hand des Besitzers zurückkehrt. Eines Morgens, als Thor erwachte, vermisste er seinen Hammer. Er ließ ganz Asgard durchsuchen, aber seine geliebte Waffe war nirgends zu finden. Thor geriet außer sich vor Zorn. Wild schüttelte er sein Haar und raufte sich den Bart.

Loki, der listenreiche und verschlagene Gott, aber sprach: „Wenn er in Asgard nicht aufzufinden ist, dann haben die Riesen ihn gestohlen. Ich will einmal bei ihnen nachsehen." Loki lieh sich von Frigg ihr schimmerndes Federgewand und erhob sich rauschend in die Lüfte. Es dauerte nicht lange, so war er im Land der Riesen.

Thrym, der König der Riesen, saß auf einem Hügel, legte seinen Hunden goldene Halsbänder an und kämmte seinen Pferden die Mähnen glatt. „Was gibt's bei den Asen? Was führt dich ins Riesenland?", fragte er Loki.

Dieser antwortete: „Schlimm geht's den Asen."

„Das glaub' ich", erwiderte der Riese, „ich hab' nämlich den Hammer Thors und halte ihn verborgen acht Meilen unter der Erde. Und dass ihr es nur wisst: ihr bekommt ihn niemals wieder, es sei denn, ihr gebt mir Frigg zur Frau."

Loki flog nach Asgard zurück und meldete den Göttern Thryms Botschaft. Gemeinsam schritten sie zur schönen Frigg. Als die aber von Thryms Verlangen hörte, schrie sie vor Scham und Zorn so laut, dass ihre kostbare Halskette in lauter Stücke zersprang.

Danach versammelten sich alle Götter und Göttinnen auf dem Thingplatz und berieten, wie sie den Hammer wiederbekämen. Heimdall schlug vor: „Wir wollen Thor als Braut verkleiden, wir umhüllen ihn mit dem Brautschleier, wir legen ihm Friggs Schmuck an und auch das Haar türmen wir ihm nach Friggs Art."

Da brauste aber Thor, der trotzig-starke, zornig auf: „Was?", schrie er, „ich soll mich putzen lassen wie ein Weib? Ich lasse mich nicht zum Gespött in Asgard machen!"

„Wie du willst", antwortete Loki, „aber wenn du den Hammer nicht wiederbekommst, werden die Riesen bald in Asgard herrschen!" Darauf fügte sich Thor. Loki verkleidete sich als Dienerin und begleitete Thor ins Land der Riesen …

Thrym war außer sich vor Freude, als ihm die Ankunft der Braut gemeldet wurde. Er ließ die Halle festlich schmücken, die fettesten Ochsen schlachten und Kannen mit schäumendem Met auftragen. Das Fest begann. Thrym saß überglücklich an der Seite der vermeintlichen Braut. Diese aß allein einen ganzen Ochsen, acht Lachse, sämtliches Backwerk, das die Riesinnen auftrugen, und dazu trank sie drei Tonnen Met. Da machte Thrym große Augen.

Die vermeintliche Magd aber erklärte Thrym: „Acht Tage lang hat Frigg nicht gegessen, so sehr sehnte sie sich nach dir."

Das hörte Thrym gerne und nun wollte er den Schleier ein wenig lüften, um das Gesicht der geliebten Braut zu sehen, doch entsetzt prallte er zurück. „Furchtbar sind Friggs Augen: Wie Feuer flammt es aus ihrem Blick“, rief er. Wieder sprach Loki: „Acht Nächte lang schloss Frigg kein Auge, so heiß war ihr Verlangen nach dir.“

Da freute sich Thrym und befahl: „Bringt den Hammer und legt ihn meiner Braut in den Schoß und weiht unseren Bund.“

Da lachte Thor das Herz im Leibe, als er den Hammer wiedersah. Er schleuderte ihn gegen Thrym und zerschmetterte ihm das Haupt. Danach erschlug er sämtliche Riesen, deren er habhaft werden konnte. So holte Thor seinen Hammer zurück.

Hinweise zum Text: Seite 160.

Francisco de Goya, Der Koloss, 1808–1812

Beowulf

Nordische Sage

Arnold Böcklin, Drachen in eine

Das angelsächsische Lied von Beowulf erzählt: Rodgar, Halfdans Sohn aus dem Geschlecht der Schildinge, König der Dänen, hatte eine herrliche Halle erbaut, deren First mit einem Hirschgeweih geschmückt war und die darum Halle Hirsch hieß. Dort zechte und sang der alte Fürst alle Tage mit seinen Kriegern und gedachte der großen Taten seines Lebens.

Da kam eines Nachts, als die Dänen schliefen, ein grausames und gewaltiges Moorgespenst, der abscheuliche Brendel, in die Halle Hirsch geschlichen, raffte in der Dunkelheit dreißig der besten Helden in seinen klauenbewehrten Arm, schleppte sie in den Sumpf und sog ihnen das Blut aus. Das gleiche tat er in der folgenden Nacht. So kam schweres Unglück über Rodgar und sein Volk, und da die Dänen dem Unhold nicht zu wehren wussten, blieb die herrliche Königshalle zwölf Jahre hindurch verödet. Davon hörte der Held Beowulf, der Schwestersohn König Hygelaks von Jütland, und er machte sich auf, um das befreundete Volk von diesem Unglück zu befreien. Rodgar freute sich nicht wenig, als ihm Beowulf eröffnete, warum er gekommen war, und führte ihn und die Seinen in die Halle Hirsch, wo der Held Brendel erwarten wollte. Und wirklich, kaum schliefen die Jütländer, erschien das Moorgespenst. Schon hatte es einem Ritter das Blut aus dem Leibe gesogen und wollte nun Beowulf selbst ans Leben gehen, da streckte der Gewaltige das Ungeheuer, seine Gefährten eilten mit gezogenen Schwertern zu Hilfe, ein furchtbarer Kampf begann. Keine Waffe konnte Brendel verwunden, denn ein Zauber schützte ihn. Doch Beowulf zerdrückte ihn schließlich in seinen Armen, sodass die Knochen knackten und die Sehnen rissen: Todwund floh das Scheusal ins Moor. Eine seiner krallenbewehrten Pratzen blieb in Beowulfs Hand.

Als nun Rodgar am nächste Morgen diese Kralle als ein Siegeszeichen an der Decke der Halle Hirsch hängen sah, freute er sich herzlich der Befreiung aus solcher Not. Aber schon in der folgenden Nacht zeigte sich, dass dem Brendel eine Rächerin lebte: seine Mutter. Auch sie kam im Dunkeln, ergriff einen von Rodgars Rittern, und ehe seine Gefährten ihn befreien konnten, verschwand die Unholdin mit ihm im Moor. Beowulf selbst hatte in jener Nacht nicht in der Halle Hirsch geschlafen und erfuhr erst am Tage darauf, was geschehen war. Darum machte er sich auf, das Gespenst im Moor aufzusuchen und zu bezwingen. Kühn sprang er in das düstere Moorwasser. Lange dauerte es, bis er Grund fasste. Da packte ihn auch schon Brendels Mutter und schleppte den Helden in

Felsenschlucht, 1870

ihren Saal. Vergeblich focht er mit ihr, sein Schwert zerbrach an ihrer Schuppenhaut; vergeblich versuchte er, sie niederzuringen: Ihre Kraft war gewaltig. Nun sah er an der Wand der Halle ein riesenhaftes Schwert, das einst Brendel geschwungen hatte. Mit dieser Waffe, die kein anderer als Beowulf hätte handhaben können, tötete er endlich das Moorweib. Dann schnitt er der Leiche Brendels den Kopf ab und kehrte mit diesem Siegeszeichen zu Rodgar zurück. Doch von Brendels Schwert behielt er, als er die Moorhalle verließ, nur den Griff in Händen, denn die Klinge ward zerfressen vom giftigen Blut der beiden Sumpfgespenster; auf dem goldenen Griff aber las man in uralten Runen von Asen und Riesen. Zum Dank für seine Tat beschenkte Rodgar den Beowulf reichlich; dann kehrte der Held mit den Seinen nach Jütland zu König Hygelak zurück, der ihn mit Freuden empfing und zu einem großen Fürsten in seinem Reiche machte.
Wenige Jahre danach fiel Hygelak im Kampf. Da regierte Beowulf Jütland für Hygelaks Sohn Hardred, der noch unmündig war. Doch als der Knabe zum Jüngling herangewachsen war und in seinen ersten Kampf zog, fiel er auf dem Schlachtfeld. Nun wurde Beowulf König und herrschte viele Jahre hindurch gerecht über sein Volk.
Es geschah aber einmal, dass ein Sklave an Beowulfs Hof, der eines schweren Verbrechens wegen verurteilt worden war, in den Wald floh und an eine entlegene Stelle im Felsgebirge kam, die nie eines Menschen Fuß betreten hatte. Dort sah er einen Drachen, der schlafend auf einem herrlichen Goldhort lag. Der Sklave schlich sich heran, raubte einen kostbaren goldenen Becher aus diesem Schatz und kehrte damit zu Beowulf zurück, denn er hoffte, mit diesem Kleinod und der Kunde von dem Goldhort Straffreiheit zu gewinnen. Und so geschah es auch. Aber als der Drache erwachte und merkte, dass er beraubt worden, suchte er Jütland mit glühendem Feueratem heim: Höfe und Ernten verbrannten und ein großes Unglück kam über Beowulfs Untertanen. Da zog der alte Held zum Drachenkampfe aus. Wenige Ritter begleiteten ihn und auch sie flohen, als sie des Drachens ansichtig wurden. Nur einer von ihnen, Wiglaf mit Namen, eilte Beowulf zu Hilfe. In furchtbarem Kampfe überwanden Beowulf und Wiglaf das Untier, doch der Zahn des Drachen verwundete den König: Tödliches Gift drang dem Helden ins Blut. Seine brechenden Augen sahen noch den gewaltigen Schatz, den er durch diesen letzten Streit gewonnen, dann starb er. Auf Wiglafs Befehl aber wurde der Drachenhort dem toten König ins Grab gelegt.

Hinweise zum Text: Seite 161.

Einfach sagenhaft

Wie Märchen sind auch Sagen Geschichten mit wunderbaren oder magischen Begebenheiten. Anders als Märchen beziehen sie sich jedoch fast immer auf ganz bestimmte, namentlich genannte Ereignisse, Orte oder Personen. Viele Sagen haben einen „wahren Kern", z. B. ein geschichtliches Ereignis, das wirklich stattgefunden hat, eine berühmte Person, die einmal gelebt hat, oder ein auffälliges Bauwerk, das es gegeben hat oder noch gibt. Dieser wahre Kern ist dann mit fantastischen Elementen ausgeschmückt worden. Sagen sind auch entstanden, weil die Menschen für Erscheinungen – z. B. aus der Natur –, die sie nicht verstanden, eine Erklärung suchten. Die verschiedenen Sagen lassen sich einteilen in so genannte Erlebnissagen (in denen dämonische oder magische Wesen auftreten), Ereignissagen (die von bestimmten geschichtlichen Ereignissen berichten) und Erklärungssagen (in denen eine seltsame Naturerscheinung, ein auffälliges Bauwerk oder Ähnliches erklärt wird).
Neben den Volkssagen kennen wir die klassischen Sagen des Altertums und die germanischen Sagen.

Mi Jepsen-Föge:
Bertold und
die Seejungfrau
S. 142

Angaben zur Autorin waren nicht zu ermitteln.

1 Die Sage ist in mehrere Abschnitte untergliedert. Notiert euch zum Inhalt eines jeden Abschnitts Stichwörter und erzählt die Sage anhand dieser Stichwörter mit eigenen Worten.
2 Wieso ist das Salzlager in den Bergen ein wertvolleres Geschenk als das Gold?
3 Was könnte in dieser Sage der wahre Kern sein, was zur sagenhaften Ausschmückung gehören?
4 Welche anderen Sagen kennt ihr noch, in denen Wasserwesen (Seejungfrauen, Wassermänner u. ä.) vorkommen?
Es können auch Sagen aus anderen Ländern sein, z. B. türkische, griechische oder italienische.
Fragt auch eure Eltern und Großeltern und erzählt die Sagen in der Klasse.

Unbekannter Verfasser:
Der Teufel
in der Frauenkirche
S. 143

1 Was will diese Sage erklären?
2 Wie wird der Teufel in dieser Geschichte dargestellt?
3 Welche anderen Sagen kennt ihr, in denen der Teufel auftritt? Wie wird er dort beschrieben?

Carlheinz Gräter: Eppelein von Gailingen
S. 144

Angaben zum Autor waren nicht zu ermitteln.

Eppelein von Gailingen war ein Raubritter, der einen erbitterten Kampf gegen die reichen Kaufleute der Städte, von den Raubrittern verächtlich als „Pfeffersäcke" bezeichnet, führte. Vor allem die Nürnberger schädigte er immer wieder sowohl in ihrer Stadt als auch auf ihren Kaufmannszügen. Lange konnte der Eppelein seinen Verfolgern immer wieder entkommen, bis er schließlich von den Nürnbergern gefangen und 1381 in Neumarkt als Straßenräuber hingerichtet wurde. Nach Meinung der Geschichtsschreiber hat der Sprung des Ritters in den Burggraben niemals stattgefunden. Diese Sage soll erst über hundert Jahre später aus folgendem Anlass entstanden sein: Im Winter 1487 bereitete sich ein Knecht des Kaisers Friedrich III. auf der Nürnberger Burg auf ein Turnier vor. Er kam dabei mit seinem Pferd zu nah an den Graben, sodass dieses scheute und mit ihm in die Tiefe sprang. Während der Reiter unversehrt davonkam, brach sich das Tier ein Bein und verendete am nächsten Tag. Die Kunde von diesem wunderbaren Vorfall verbreitete sich sehr rasch und wurde später mit der Gestalt des Eppelein verbunden.

1 Wie wird der Eppelein von Gailingen in der Sage dargestellt?
2 Was soll wohl mit dem Ausspruch am Ende der Geschichte ausgedrückt werden?
3 Erzähle von dem Sprung des Eppelein über den Graben so, als hättest du ihn als Augenzeuge (z. B. als Soldknecht, der ihn bewachte) miterlebt.
Schreibe deine Geschichte auf.
4 Vergleicht die Sage mit der geschichtlichen Darstellung. Warum wohl wurde der Sprung in den Graben mit dem Eppelein in Verbindung gebracht?

Heinz Ritter: Der Rattenfänger von Hameln
S. 145

Angaben zum Autor waren nicht zu ermitteln.

1 Die Sage gliedert sich in zwei Teile. Erzähle die einzelnen Teile voneinander getrennt in eigenen Worten.
2 Betrachte das Verhalten des Bürgermeisters.
Wieso verspricht er zunächst den hohen Lohn und verweigert ihn dann?
3 Die Kinder „bürgen" für die Einhaltung der Vereinbarung. Was bedeutet „für jemanden bürgen"?
4 Welche Lehre kannst du aus dieser Sage ziehen?
5 Es gibt auch moderne Rattenfänger. Überlegt einmal.

Europa und der Stier
S. 148

1 Der Kontinent, auf dem wir leben, ist nach der jungen Königstochter aus Phönizien benannt.
Erkundige dich, in welchem Erdteil ihr Heimatland liegt und wo die Insel Kreta.
2 Findet heraus, wie diese Sage weitergeht, denn Europa bekam mit Zeus einen Sohn namens Minos und der hatte in seinem Palast in Knossos ein Labyrinth und in dem hauste ein …

Griechische Sage: Herakles
S. 149

1 Welche Lebensdaten des Helden kannst du dem Text entnehmen?
2 In dem Text wird über das Verhalten der Götter berichtet.
a) Welche Eigenschaften werden herausgestellt?
b) Wie verhalten sie sich untereinander?
3 Was versprechen die beiden Frauengestalten dem Herakles? Wenn die beiden dich vor diese Wahl stellen würden, wie würdest du dich entscheiden?
4 Welches sind die anderen Taten des Herakles?
5 Stelle dir vor, Herakles würde heute leben.
Welche Aufgaben würdest du ihm stellen?

Griechische Sage: Orpheus
S. 152

1 Findet heraus, wie die „alten" Griechen sich die Unterwelt, den Hades, vorgestellt haben.
2 Male den Augenblick, als Orpheus sich umdreht und Eurydike sieht.
3 Versucht diese Sage pantomimisch darzustellen – in Nebenrollen könnten weitere Personen mitspielen.
4 Wenn du in die Unterwelt hinabsteigen könntest, wovor hättest du Angst?

Römische Sage: Die Gänse auf dem Kapitol
S. 153

1 Suche im Geschichtsbuch Abbildungen des Kapitols.
2 Was war das „Kapitol" in Rom?
3 Was trägt die Bezeichnung „Kapitol" heute?
4 Kannst du dir erklären, warum die Gänse wachsamer sind als Hunde? Eure Biologielehrerin oder euer Biologielehrer kann euch sicher helfen.
5 Tiere spüren Naturkatastrophen häufig im Voraus.
Kennt ihr Beispiele?

Germanische Sage: Wie Thor seinen Hammer wieder holte
S. 154

1 Trage die Eigenschaften, die auf Thor, Loki und Thyrm zutreffen, in eine Liste ein und vergleiche somit die drei Personen.
2 Thor hat Angst, dass er zum „Gespött in Asgard" wird. Ist seine Furcht begründet?
3 Stelle dir vor, wie Thor ausgesehen haben mag – male ein Bild von ihm.

Nordische Sage: Beowulf
S. 156

Die Figur des Beowulf gehört zu den in Nordeuropa, vor allem in Dänemark, bekanntesten Sagengestalten. Er wird als mutiger, unerschrockener Kämpfer dargestellt.

1 Wieso wirkt diese Sage so bedrückend und grausam?
2 Aus welchen Gründen kämpft Beowulf gegen Brendel?
3 Wenn du diese Sage mit der Sage von Thor vergleichst, findest du sicher eine ganze Reihe von wesentlichen Gemeinsamkeiten, aber auch von Unterschieden.

Einfach fabelhaft

Der Löwe und die Maus

Äsop

Als der Löwe schlief, lief ihm eine Maus über den Körper. Aufwachend packte er sie und war drauf und dran sie aufzufressen. Da bat sie ihn, er solle sie doch freilassen: „Wenn du mir das Leben schenkst, werde ich mich dankbar erweisen." Lachend ließ er sie laufen. Es geschah aber, dass bald darauf die dankbare Maus dem Löwen das Leben rettete. Denn als er von Jägern gefangen und mit einem Seil an einen Baum gebunden wurde, hörte ihn die Maus stöhnen. Sie lief zu ihm, und indem sie das Seil rundherum benagte, befreite sie ihn. „Damals", sagte sie, „hast du gelacht über mich und nicht erwartet, dass ich es dir vergelten könne, jetzt weißt du, dass auch Mäuse dankbar sein können!"
Die Lehre der Fabel: In schlechten Zeiten haben auch sehr Mächtige die Schwächeren nötig.

Hinweise zum Text: Seite 171.

Der Wolf und der Hund

Phädrus

Ein Hund und ein Wolf trafen einstmals in einem Wald zusammen, und der Wolf sprach zu dem Hund: „Bruder, wie kommt es, dass du so wohlgenährt bist und ein so blankes, glänzendes Fell hast?“ Antwortete der Hund: „Das kommt daher, weil ich der Hüter des Hauses bin. Weder Dieb noch Mörder getrauen sich, auch nur einen einzigen Schritt ins Haus zu tun. Und sobald ich einen Dieb melde, gibt man mir Brot genug und der Herr reicht mir einen großen Fleischknochen und die andern machen es ebenso. Das Hausgesinde hat mich lieb und wirft mir alles vor, was auf dem Tisch übrig bleibt oder was einer von ihnen nicht aufessen mag. So wird mir der Bauch gefüllt und das Fell glänzend gemacht. Ich liege geschützt unter der Haustür, nie mangelt es mir an Wasser und doch habe ich für alle die Annehmlichkeiten nur wenig Arbeit.“ Da sprach der Wolf: „O Bruder, was für ein angenehmes Leben hast du! Ginge es mir doch ebenso gut! Könnte ich doch auch durch Müßiggehen gesättigt werden und Schutz finden unter sicherem Obdach und fröhlich leben!“ Der Hund entgegnete: „Willst du es auch so gut haben, so komm mit mir. Du brauchst dich zeitlebens um nichts mehr zu sorgen.“ Der Wolf stimmte freudig zu und sie wanderten zusammen weiter.

Als sie so nebeneinander dahinliefen, entdeckte der Wolf, dass das Fell des Hundes rund um den Hals abgeschabt war. Er blieb stehen und sprach: „Bruder, wovon ist das Fell an deinem Hals so abgeschabt und die Haut so wundgerieben?“ Der Hund antwortete: „Das kommt daher, weil ich so wild bin. Darum legt man mich während des Tages an die Kette. Des Nachts aber bin ich frei und laufe überall in dem Haus herum, wie es mir gefällt, und schlafe, wo es mir passt.“ Da sprach der Wolf: „Mein Herz steht mir nicht mehr danach, das zu erlangen, was du an Annehmlichkeiten besitzt. In Freiheit will ich über die Felder wandern, wann es mir gefällt; keine Kette soll mich fesseln. Auf einsamen Höhen werde ich meine Freiheit preisen und mich nicht um morgen sorgen. Bin doch ich der wahre Herr über die Herden, denn ich kann alle Hunde mit List betrügen. Drum führe du dein Leben weiter wie bisher, ich will dasselbe tun.“ Und sie schieden in Freundschaft voneinander. Der Hund kehrte zu seinem Herrn zurück und der Wolf in die Wildnis.

Hinweise zum Text: Seite 171.

Der Wolf und der Storch

Jean de La Fontaine

Es schlingt der Wolf mit Gier.
Als einst ein solches Tier
Gelage hielt, geschah's, zu seinem Todesschrecken,
Dass ihm ein Knochen blieb in seiner Kehle stecken.
Er meinte schon, er müsse alsobald verrecken,
Da kommt zum Glück für unsern Mann,
Der nicht mehr schrein noch sprechen kann,
Ein Storch vorbei. Dem macht er Zeichen,
Und seiner stummen Sprache schenkt der Storch Gehör:
Er lässt sich mitleidvoll erweisen,
Zu dienen als Operateur.
Er packt den Knochen, zieht mit Kraft
Und hat ihn bald herausgeschafft.
Und nun verlangt er für sein Retterwerk den Lohn.
„Was? Deinen Lohn?", entgegnet ihm der Wolf voll Hohn;
„Mein Freund, du spaßest jedenfalls.
Ist das nicht schon genug, dass heil du deinen Hals
Aus meinem Maul herausgebracht?
O Undank! Lauf und nimm
dich ja vor mir in Acht!"

Hinweise zum Text: Seite 172.

Der Rabe und der Fuchs

Gotthold Ephraim Lessing

Ein Rabe trug ein Stück vergiftetes Fleisch, das der erzürnte Gärtner für die Katzen seines Nachbars hingeworfen hatte, in seinen Klauen fort. Und eben wollte er es auf einer alten Eiche verzehren, als sich ein Fuchs herbeischlich und ihm zurief: „Sei mir gesegnet, Vogel des Jupiter!“

„Für wen siehst du mich an?“, fragte der Rabe.

„Für wen ich dich ansehe?“, erwiderte der Fuchs. „Bist du nicht der rüstige Adler, der täglich von der Rechten des Zeus auf dieser Eiche herabkommt, mich Armen zu speisen? Warum verstellst du dich? Sehe ich denn nicht in der sieg-reichen Klaue die verfehlte Gabe, die mir dein Gott durch dich zu schicken noch fortfährt?“

Der Rabe erstaunte und freute sich innig, für einen Adler gehalten zu werden. „Ich muss“, dachte er, „den Fuchs aus diesem Irrtume nicht bringen.“ Großmütig dumm ließ er ihm also seinen Raub herabfallen und flog stolz davon.

Der Fuchs fing das Fleisch lachend auf und fraß es mit boshafter Freude. Doch bald verkehrte sich die Freude in ein schmerzhaftes Gefühl; das Gift fing an zu wirken und er verreckte.

Möchtet ihr euch nie etwas anderes als Gift erloben, verdammte Schmeichler!

Die Eiche und das Schwein

Gotthold Ephraim Lessing

Ein gefräßiges Schwein mästete sich unter einer hohen Eiche mit der herabgefallenen Frucht. Indem es die eine Eichel zerbiss, verschluckte es bereits eine andere mit dem Auge.

„Undankbares Vieh!“, rief endlich der Eichbaum herab. „Du nährest dich von meinen Früchten, ohne einen einzigen Blick auf mich in die Höhe zu richten.“

Das Schwein hielt einen Augenblick inne und grunzte zur Antwort: „Meine dankbaren Blicke sollten nicht außenbleiben, wenn ich nur wüsste, dass du deine Eicheln meinetwegen hättest fallen lassen.“

Hinweise zu den Texten: Seite 172.

Die Schildkröte und der Hase

Äsop

Der Hase verspottete einst die Schildkröte wegen ihrer Langsamkeit. „Du magst ein Schnellläufer sein“, entgegnete diese, „aber ich werde dich trotzdem im Wettlauf besiegen.“ – „Mit dem Maul bist du vornedran“, antwortete der Hase, „aber probier’s mal im Ernst, dann wirst du was erleben!“ Der Wettlauf wurde vereinbart. Der Fuchs steckte die Bahn ab und sollte den Sieger verkünden. Unbekümmert um den Spott des Hasen machte sich die Schildkröte sogleich auf den Weg; der Hase aber, dem die Sache zu langweilig wurde, gedachte erst einmal ein Schläfchen zu halten. Dabei verschlief er gründlich und hatte es nun sehr eilig, ans Ziel zu kommen. Wie überrascht war er aber, die geschmähte Schildkröte dort vom Fuchs bereits als Siegerin ausgerufen zu finden!

Hinweise zum Text: Seite 172.

Die Schildkröte und der Hase

James Thurber

Es war einmal eine weise junge Schildkröte, die las in einem alten Buch von einer Schildkröte, die einen Hasen im Wettlauf besiegt hatte. Sie las daraufhin alle Bücher, die sie nur finden konnte, aber in keinem wurde ein Hase erwähnt, dem es gelungen war, eine Schildkröte zu besiegen. Die weise junge Schildkröte kam zu dem natürlichen Schluss, dass sie schneller laufen könne als ein Hase, und so machte sie sich auf, einen zu suchen.

Unterwegs traf sie viele Tiere, die bereit waren einen Wettlauf mit ihr zu wagen: Wiesel, Frettchen, Dackel, Waschbären, Maulwürfe und Eichhörnchen. Die Schildkröte fragte jeden, der sich als Gegner anbot, ob er schneller laufen könne als ein Hase, und die Antwort war immer ein Nein. (Nur ein Dackel namens Freddy sagte ja, aber den beachtete niemand.) „Na“, meinte die Schildkröte, „dann brauche ich ja meine Zeit nicht an euch zu verschwenden, denn ich laufe schneller als ein Hase.“

Und sie suchte weiter.

Nach vielen Tagen begegnete die Schildkröte endlich einem Hasen und forderte ihn zu einem Wettlauf heraus.

„Was willst du denn als Beine benutzen?“, fragte der Hase.

„Das lass nur meine Sorge sein“, erwiderte die Schildkröte. „Hier, lies das!“ Und sie zeigte ihm die Geschichte in dem alten Buch, die mit der Moral schloss, dass die Schnellen nicht immer als Erste durchs Ziel gehen.

„Unsinn“, sagte der Hase, „du könntest in anderthalb Stunden keine fünfzig Fuß zurücklegen, während ich fünfzig Fuß in ein und einer fünftel Sekunde schaffe.“

„Pah!“, rief die Schildkröte. „Höchstwahrscheinlich wirst du nicht einmal Zweiter!“
„Das werden wir ja sehen“, versetzte der Hase.
So wurde also eine Strecke von fünfzig Fuß abgesteckt. Alle anderen Tiere eilten herbei um zuzuschauen. Ein Ochsenfrosch überwachte den Start, ein Vorstehhund gab den Startschuss ab und auf ging es.
Als der Hase das Zielband zerriss, hatte die Schildkröte schätzungsweise achtdreiviertel Zoll zurückgelegt.
Moral: Neue Besen kehren gut, aber verlass dich niemals auf eine alte Säge.

Hinweise zum Text: Seite 173.

Der Hase und die Schildkröte

Tony Ross

Eines Abends saßen Hase und Schildkröte friedlich bei einem Glas zusammen und das Gespräch drehte sich wie gewöhnlich um den Sport. Der Hase, auch wie gewöhnlich, prahlte mit seinen Fähigkeiten im Kricket, im Billard, im Pfeilewerfen … eben in allem. Dabei klopfte er mit seinem Finger unablässig auf den Panzer der Schildkröte, bis es der Schildkröte reichte.
„Bei diesen Spielereien magst du ja ganz leidlich sein“, blaffte sie, „aber der bessere Sportler von uns beiden bin ich.“
In der Bar wurde es totenstill. Die Schildkröte wünschte, sie hätte ihren Mund gehalten. Der Hase wollte seinen langen Ohren nicht trauen. „Du meinst rennen, ja?“, vergewisserte er sich.

„Rennen!“ Die Schildkröte schluckte. „Du verstehst vielleicht was von angeschnittenen Bällen, aber ich kann schneller laufen als du!“

Prompt wurde für den nächsten Tag ein Wettrennen angesetzt. Die Schildkröte begab sich heimwärts und fragte sich, als sie zu Bett ging, wie es ihr einfallen konnte derart lächerliche Behauptungen aufzustellen.

Anderntags übernahm es der Maulwurf, der eine Startpistole besaß, eine 1500-Meter-Strecke abzustecken. Hase und Schildkröte legten die Trainingsanzüge ab und gingen zum Start. Der Maulwurf hielt seine Pistole in die Luft und drückte ab. Wie von der Tarantel gestochen schoss der Hase davon. Als er in die erste Kurve ging, kämpfte die Schildkröte noch immer mit den Startblöcken. Nach den ersten tausend Metern blieb der Hase stehen und drehte sich um. Von der Schildkröte war nichts zu sehen. „So macht das keinen Spaß“, murrte er. „Die Schildkröte soll sehen, wie ich gewinne! Ich warte hier, bis sie aufgeholt hat.“

Mit diesen Worten setzte er sich unter einen Baum und ließ sich von der Sonne einschläfern.

Zwanzig Minuten später kam die Schildkröte herangeschnauft. Der Hase richtete sich auf und winkte ihr zu, als sie vorüberkroch. „Dann woll’n wir mal“, sagte er und sprang auf.

Was er nicht bemerkt hatte, war der Ast, der sich direkt über ihm befand. Er knallte mit seinem dummen Kopf dagegen und fiel um.

Die Schildkröte schleppte sich weiter in Richtung Ziel. Der Hase, als er wieder bei sich war, nahm die Verfolgung auf, doch er kam zu spät. Die Schildkröte hatte die Ziellinie bereits überquert, sie war Trägerin der Blattgoldmedaille geworden und lockerte sich mit ein paar Liegestützen.

Als der Hase, verschwitzt und wütend, unter dem Jubel der Menge die Ziellinie passierte, hob die Schildkröte den Kopf. „Wie bist du im Hochsprung?“, fragte sie fröhlich.

Hinweise zum Text: Seite 173.

Fink und Frosch

Wilhelm Busch

Im Apfelbaume pfeift der Fink
sein: pinkepink.
Ein Laubfrosch klettert mühsam nach
bis auf des Baumes Blätterdach
und bläht sich auf und quakt: „Ja, ja!
Herr Nachbar, ick bin och noch da!"

Und wie der Vogel frisch und süß
sein Frühlingslied erklingen ließ,
gleich muss der Frosch in rauen Tönen
den Schusterbass dazwischen dröhnen.

„Juchheija, heija!", spricht der Fink.
„Fort flieg ich flink!"
Und schwingt sich in die Lüfte hoch.

„Wat!", ruft der Frosch. „Dat kann ick och!",
macht einen ungeschickten Satz,
fällt auf den harten Gartenplatz,
ist platt, wie man die Kuchen backt,
und hat für ewig ausgequackt.

Wenn einer, der mit Mühe kaum
Geklettert ist auf einen Baum,
Schon meint, dass er ein Vogel wär,
So irrt sich der.

Hinweise zum Text: Seite 173.

Der Affe als Schiedsrichter

Volksgut aus Korea

Ein Hund und ein Fuchs erblickten gleichzeitig eine schöne große Wurst, die jemand verloren hatte, und nachdem sie eine Weile unentschieden darum gekämpft hatten, kamen sie überein mit der Beute zum klugen Affen zu gehen. Dessen Schiedsspruch sollte gültig sein.

Der Affe hörte die beiden Streitenden aufmerksam an. Dann fällte er mit gerunzelter Stirn das Urteil:

„Die Sachlage ist klar. Jedem von euch gehört genau die halbe Wurst!“ Damit zerbrach der Affe die Wurst und legte die beiden Teile auf eine Waage. Das eine Stück war schwerer. Also biss er hier einen guten Happen ab. Nun wog er die Stücke von neuem. Da senkte sich die andere Schale; happ-schnapp, kürzte er auch diesen Teil. Wiederum prüfte er sie auf Gleichgewicht und nun musste wieder die erste Hälfte ihr Opfer bringen. So mühte der Affe sich weiterhin jedem sein Recht zu schaffen. Die Enden wurden immer kleiner und die Augen von Hund und Fuchs immer größer. Schließlich, rutsch-futsch!! war der Rest hier und dort verschlungen.

Mit eingeklemmten Ruten schlichen Hund und Fuchs in verbissener Wut davon. In gehöriger Entfernung fielen sie übereinander her und zerzausten sich.

Hüte das Deine, lass jedem das Seine!

Hinweise zum Text: Seite 173.

Einfach fabelhaft

Seit jeher erzählt man sich gerne Geschichten, die von Menschen und Tieren in ungewöhnlichen Situationen handeln. Viele dieser Erzählungen sind zum Schmunzeln, dennoch verbirgt sich oft dahinter ein ernst zu nehmender Kern, eine Lebensweisheit oder Lehre. Geschichten dieser Art werden in vielen Ländern erzählt. In diesen **Fabeln** treten meistens Tiere auf, die wie Menschen handeln und sich gegenseitig überlisten wollen. Am Schluss steht oft eine Lehre, die man aus der Geschichte ziehen kann.

Äsop:
Der Löwe und die Maus
S. 162

Einer der ältesten und bekanntesten Fabeldichter heißt Äsop. Er lebte im 6. Jahrhundert vor Christus in Griechenland und soll ein Sklave gewesen sein. Seinem Herrn, einem Gelehrten, diente er als guter und kluger Berater. Aus diesem Grund schenkte ihm sein Herr nach jahrelangem Sklavendienst die Freiheit. Äsop zog als Ratgeber durch das Land und erzählte den Menschen viele Fabeln, in denen er die Mächtigen im Lande kritisierte. Da er seine Kritik in Geschichten versteckte, konnte er nicht bestraft werden.

1 In welcher Lage befinden sich Löwe und Maus am Anfang und am Ende der Fabel?
2 Welche Eigenschaften charakterisieren den Löwen, welche die Maus?
3 Spielt die Fabel. Findet dazu für den Löwen einen passenden Sprechtext.
4 Habt ihr schon einmal eine Situation erlebt, auf die die Lehre dieser Fabel passen würde?

Phädrus:
Der Wolf und der Hund
S. 163

Phädrus lebte im 1. Jahrhundert vor Christus in Makedonien. Er war – ebenso wie Äsop – zunächst Sklave, wurde jedoch von Kaiser Augustus freigelassen. Er erfand viele eigene Fabeln. Außerdem übersetzte er einen Großteil der Fabeln von Äsop. Phädrus schrieb einmal über Äsop:

Jetzt sei, weshalb die Fabel man erfand,
Noch kurz berichtet. Der bedrängte Sklave,
Der, was er mochte, nicht zu sagen wagte,
Barg seines Herzens Meinung in die Fabel
Und wich dem Vorwurf aus in droll'ger Maske.

1 Hund und Wolf unterhalten sich über ihre Lebensweise. Warum will der Wolf zunächst auch so leben wie der Hund?
2 Später ändert der Wolf seine Meinung. Sucht die entsprechende Textstelle, die dafür eine Erklärung bietet.
3 Versetzt euch selbst in die Lage der beiden. Stellt in einem Pro- und Kontra-Gespräch die Vor- bzw. Nachteile der jeweiligen Lebensform heraus.

Jean de La Fontaine: Der Wolf und der Storch
S. 164

La Fontaine, ein Dichter des 17. Jahrhunderts in Frankreich, schrieb insgesamt 237 Fabeln, die in viele Sprachen übersetzt wurden. Er gestaltete viele bekannte Fabeln, z. B. von Äsop, um und brachte sie in Reimform. La Fontaine schrieb neben Fabeln auch Erzählungen und Theaterstücke. La Fontaine wollte in vielen seiner Fabeln das ausschweifende Leben der Adeligen am Königshof in Frankreich in verdeckter Form kritisieren.

1 Der Storch rettet den Wolf vor dem Ersticken. Wie stellt er das an?
2 Welche Eigenschaften werden dem Storch und welche dem Wolf zugeschrieben?
3 Welches Sprichwort verbirgt sich in dieser Fabel?
4 Sucht andere Sprichwörter und erfindet eine Geschichte darum herum.

Gotthold Ephraim Lessing: Der Rabe und der Fuchs
S. 165

G. E. Lessing wurde 1729 in Kamenz/Sachsen geboren. Er verfasste nach dem Vorbild antiker Dichter Lustspiele, Erzählungen und Fabeln. Gefürchtet waren seine unbestechlichen und intelligenten Theaterkritiken. Auch schrieb er selbst Dramen, von denen *Minna von Barnhelm*, *Emilia Galotti* und vor allen Dingen *Nathan der Weise* die bedeutendsten sind. Die letzten Jahre seines Lebens wirkte er als Leiter der berühmten Herzog August Bibliothek in Wolfenbüttel. 1781 starb er nach einem Besuch bei Freunden in Braunschweig.

1 Welche menschlichen Eigenschaften und Verhaltensweisen übernehmen hier der Rabe und der Fuchs?
2 Überlegt, warum Lessing das Verhalten des Fuchses für verachtungswürdiger hält.
3 Für diese Lehre könnt ihr Redensarten und Sprichwörter finden, die auf die Aussage zutreffen.

Gotthold Ephraim Lessing: Die Eiche und das Schwein
S. 165

1 Welche Verhaltensweisen sind hier der Eiche und dem Schwein zugeordnet?
2 Welche der beiden Verhaltensweisen sieht der Dichter wohl als die schlechtere an?
3 Ihr kennt weitere Fabeltiere und die ihnen zugeordneten Eigenschaften. Tragt sie zusammen.
4 Versucht es selbst:
a) Sucht euch einige lehrhafte Redensarten und Sprichwörter, die euch gefallen.
b) Stellt Eigenschaften, die euch passend erscheinen, für folgende Tiere und Dinge zusammen, die zugegebenermaßen nicht so oft in einer Fabel auftauchen:

Hahn, Henne, Kuckuck, Meise, Sperling, Biene, Wespe, Hummel, Rosenstrauch, Gänseblümchen, Marder …
c) Sucht euch eine Redensart und zwei Tiere oder Dinge aus und schreibt selbst eine kurze Fabel.

Äsop/James Thurber: Die Schildkröte und der Hase
S. 166

Über Äsop könnt ihr einiges auf Seite 171 erfahren. James Thurber war ein amerikanischer Schriftsteller, Journalist und Fabeldichter. Er starb 1961 im Alter von 67 Jahren.

Tony Ross: Der Hase und die Schildkröte
S. 167

Tony Ross, ein bekannter englischer Grafiker und Fabelerzähler, versteht es, bekannte Fabeln auf moderne Art umzuschreiben und zu illustrieren.

1 a) Lest die drei Fabeln und vergleicht sie. Welche Fabel gefällt euch besonders gut? Begründet.
b) Welche Unterschiede im Inhalt und in der Sprache könnt ihr feststellen?
c) Wie lautet die jeweils enthaltene Lehre?
2 Wie würdet ihr die Geschichte enden lassen? Schreibt eure eigene Fabel und stellt besonders gelungene Entwürfe im Klassenzimmer aus.
3 Sucht in Fabelbüchern ähnliche Texte, die sich gut vergleichen lassen! Bei Äsop, La Fontaine oder Lessing werdet ihr schnell fündig.

Wilhelm Busch: Fink und Frosch
S. 169

Angaben zu Wilhelm Busch findet ihr auf S. 22.

1 a) Wie verhalten sich Fink und Frosch in dem Gedicht?
b) Welche Folgen hat das für den Frosch?
2 Woran merkt ihr, dass es sich um eine Fabel in Gedichtform handelt?
3 Versucht die Lehre dieser Fabel mit eigenen Worten zu formulieren.
4 Überlege dir eine Handlung, in der der Fink das tun möchte, was der Frosch kann.

Volksgut aus Korea: Der Affe als Schiedsrichter
S. 170

1 Warum wenden sich der Hund und der Fuchs an den Affen?
2 Welche List wendet der Affe an, der als Schiedsrichter die Wurst gerecht aufteilen müsste?
3 Wieso raufen am Ende Hund und Fuchs miteinander?
4 Was ist wohl mit dem letzten Satz gemeint?
5 Kennt ihr noch andere Lehren oder Sprichwörter, die zu dieser Fabel passen würden?

Die Welt ist schön

Joan Miró, Der Singende

Palmström

Christian Morgenstern

Palmström steht an einem Teiche
und entfaltet groß ein rotes Taschentuch:
Auf dem Tuch ist eine Eiche
dargestellt sowie ein Mensch mit einem Buch.

Palmström wagt nicht, sich hineinzuschnäuzen.
Er gehört zu jenen Käuzen,
die oft unvermittelt-nackt
Ehrfurcht vor dem Schönen packt.

Zärtlich faltet er zusammen,
was er eben erst entbreitet.
Und kein Fühlender wird ihn verdammen,
weil er ungeschnäuzt entschreitet.
Mittag

Die Welt

Peter Janda

Schön
unsere Welt.
Sie gibt Leben,
sie lehrt uns Wissen.
Wir müssen sie uns erhalten.
Unbedingt!

Hinweise zu den Texten: Seite 188.

Der Trichter

Christian Morgenstern

Zwei Trichter wandeln durch die Nacht.
Durch ihres Rumpfs verengten Schacht
fließt weißes Mondlicht
still und heiter
auf ihren
Waldweg
u. s.
w.

Septembermorgen

Eduard Mörike

Im Nebel ruhet noch die Welt,
Noch träumen Wald und Wiesen:
Bald siehst du, wenn der Schleier fällt,
Den blauen Himmel unverstellt,
Herbstkräftig die gedämpfte Welt
In warmem Golde fließen.

Mittag

Theodor Fontane

Am Waldessaume träumt die Föhre,
Am Himmel weiße Wölkchen nur;
Es ist so still, dass ich sie höre,
Die tiefe Stille der Natur.

Rings Sonnenschein auf Wies´ und Wegen,
Die Wipfel stumm, kein Lüftchen wach,
Und doch, es klingt, als ström ein Regen
Leis tönend auf das Blätterdach.

Abends am Fenster

Hans Werner Ohms

Abends, wenn die Polterstadt
langsam leiser wird
und die gelbe Straßenbahn
nur noch selten klirrt.

Abends mag ich gern allein
noch am Fenster stehen.
Unten schläft die Straße ein,
doch ich kann nur sehen:

Lichter, Lichter! Tausendmal
gelbe Fenstersterne.
Autoblitze, lang und schmal,
nah und in der Ferne.

Funkelschlange Eisenbahn
seh ich drüben ziehn,
manchmal auch ein Flugzeug nahn,
immer Rot und Grün.

Wo am hohen Rundfunkmast
rot die Kugel wacht,
glaubt ich an den Vollmond fast,
doch ich hab gelacht:

Denn ich sah ihn hinterm Park
aus den Bäumen schweben,
groß und rund und viel zu stark,
um am Mast zu kleben.

Blaue Worte gehen an,
auch ein Bild darüber;
schöner, als man träumen kann.
Nein – ich träume lieber.

*Hinweise zu den Texten:
Seite 188/189.*

Abendlied

Matthias Claudius

Der Mond ist aufgegangen,
Die goldnen Sternlein prangen
Am Himmel hell und klar.
Der Wald steht schwarz und schweiget,
Und aus den Wiesen steiget
Der weiße Nebel wunderbar.

Wie ist die Welt so stille
Und in der Dämmrung Hülle
So traulich und so hold!
Als eine stille Kammer,
Wo ihr des Tages Jammer
Verschlafen und vergessen sollt.

Seht ihr den Mond dort stehen? –
Er ist nur halb zu sehen
Und ist doch rund und schön!
So sind wohl manche Sachen,
Die wir getrost belachen,
Weil unsre Augen sie nicht sehn.

Wir stolze Menschenkinder
Sind eitel arme Sünder
Und wissen gar nicht viel.
Wir spinnen Luftgespinste
Und suchen viele Künste
Und kommen weiter von dem Ziel.

Gott, lass uns dein Heil schauen,
Auf nichts Vergänglichs trauen,
Nicht Eitelkeit uns freun!
Lass uns einfältig werden
Und vor dir hier auf Erden
Wie Kinder fromm und fröhlich sein!

Wollst endlich sonder Grämen
Aus dieser Welt uns nehmen
Durch einen sanften Tod!
Und wenn du uns genommen,
Lass uns in Himmel kommen,
Du unser Herr und unser Gott!

So legt euch denn, ihr Brüder,
In Gottes Namen nieder;
Kalt ist der Abendhauch.
Verschon uns, Gott! mit Strafen,
und lass uns ruhig schlafen!
Und unsern kranken Nachbarn auch.

Hinweise zum Text: Seite 190.

Henri Rousseau, Ein Karnevalsabend, 1886

Er ist's

Eduard Mörike

Frühling lässt sein blaues Band
Wieder flattern durch die Lüfte;
Süße, wohl bekannte Düfte
Streifen ahnungsvoll das Land.
Veilchen träumen schon,
Wollen balde kommen.
– Horch, von fern
ein leiser Harfenton!
Frühling, ja du bist's!
Dich hab' ich vernommen!

Frühlingsglaube

Ludwig Uhland

Die linden Lüfte sind erwacht,
Sie säuseln und wehen Tag und Nacht,
Sie schaffen an allen Enden.
O frischer Duft, o neuer Klang!
Nun, armes Herze, sei nicht bang!
Nun muss sich alles, alles wenden.

Die Welt wird schöner mit jedem Tag,
Man weiß nicht, was noch werden mag,
Das Blühen will nicht enden.
Es blüht das fernste, tiefste Tal:
Nun, armes Herz, vergiss der Qual!
Nun muss sich alles, alles wenden.

Gustav Klimt, Mohnwiese, 1907

Juni

Marie Luise Kaschnitz

Schön wie niemals sah ich jüngst die Erde.
Einer Insel gleich trieb sie im Winde.
Prangend trug sie durch den reinen Himmel
Ihrer Jugend wunderbaren Glanz.

Funkelnd lagen ihre blauen Seen,
Ihre Ströme zwischen Wiesenufern.
Rauschen ging durch ihre lichten Wälder,
Große Vögel folgten ihrem Flug.

Voll von jungen Tieren war die Erde.
Fohlen jagten auf den grellen Weiden,
Vögel reckten schreiend sich im Neste,
Gurrend rührte sich im Schilf die Brut.

Bei den roten Häusern im Holunder
Trieben Kinder lärmend ihre Kreisel.
Singend flochten sie auf gelben Wiesen
Ketten sich aus Halm und Löwenzahn.

Unaufhörlich neigten sich die grünen
Jungen Felder in des Windes Atem,
Drehten sich der Mühlen schwere Flügel,
Neigten sich die Segel auf dem Haff.

Unaufhörlich trieb die junge Erde
Durch das siebenfache Licht des Himmels.
Flüchtig nur wie einer Wolke Schatten
Lag auf ihrem Angesicht die Nacht.

Hinweise zu den Texten: Seite 190/191.

Der September

Erich Kästner

Das ist ein Abschied mit Standarten
aus Pflaumenblau und Apfelgrün.
Goldlack und Astern flaggt der Garten,
und tausend Königskerzen glühn.

Das ist ein Abschied mit Posaunen,
mit Erntedank und Bauernball.
Kuhglockenläutend ziehn die braunen
und bunten Herden in den Stall.

Das ist ein Abschied mit Gerüchen
aus einer fast vergessenen Welt.
Mus und Gelee kocht in den Küchen.
Kartoffelfeuer qualmt im Feld.

Das ist ein Abschied mit Getümmel,
mit Huhn am Spieß und Bier im Krug.
Luftschaukeln möchten in den Himmel.
Doch sind sie wohl nicht fromm genug.

Die Stare gehen auf die Reise.
Altweibersommer weht im Wind.
Das ist ein Abschied laut und leise.
Die Karussells drehn sich im Kreise.
Und was vorüber schien, beginnt.

Friedrich Kallmorgen, Erntezeit, 1891

Winter

Gustav Falke

Ein weißes Feld, ein stilles Feld.
Aus veilchenblauer Wolkenwand
Hob hinten, fern am Horizont,
Sich sacht des Mondes roter Rand.

Und hob sich ganz heraus und stand
Bald eine runde Scheibe da,
In düstrer Glut. Und durch das Feld
Klang einer Krähe heisres Krah.

Gespenstig durch die Winternacht
Der große dunkle Vogel glitt,
Und unten huschte durch den Schnee
Sein schwarzer Schatten lautlos mit.

Hinweise zu den Texten: Seite 191/192.

Wilhelm von Kobell, Fernblick auf München, 1838

Ein Morgen, an dem frischer Schnee fällt

Walter Helmut Fritz

Die Straßenbahnen
sind sehr gelb
und fahren
leiser
als gewöhnlich.

Der Zeitungsstand
blüht
in der Dämmerung.
Viele Menschen
sind unterwegs,
die denken,
das Dasein ist schön.

Wie weich
die Umrisse
der Autos sind.

Der spröde Duft.
Man sollte jetzt
weit gehen können,
denn man geht
über der Erde.

Man sieht
nur eine Ruflänge weit.
Aber seltsam,
dass sich die Jahre
zwischen den Alleebäumen
öffnen.

Die Laternen
brennen
wie hinter der Welt.
Die Radfahrer
haben Mühe
vorwärts zu kommen:

Ein Morgen,
an dem frischer Schnee
fällt.

Georges Seurat, Ein Sonntagnachmittag auf der Ile de la grande Jatte, 1885

So im Schatten liegen möcht ich

Erwin Moser

So im Schatten liegen möcht ich
und den Vögeln zusehen,
wie sie mit dem Wind ihre
Pfeilspiele treiben.
In die weißen Wolken schaun
und sie bei ihren
Verwandlungskünsten ertappen.

So im Schatten liegen möcht ich
und eine Raupe bei ihrem
Mittagessen betrachten
und ihre Borsten zählen.
Die zitternden Grashalme ansehn
und beobachten,
wie sie ihre Samen fallen lassen.

So im Schatten liegen möcht ich
und spüren,
wie mir die Sonne
an den Beinen hochklettert.
Zusehn,
wie sich die Katze
gründlich wäscht,
und versuchen,
ob ich aus ihrer Sicht
die Welt betrachten kann.

Hinweise zu den Texten: Seite 192/193.

Die Schritte

Albrecht Goes

Klein ist, mein Kind, dein erster Schritt,
Klein wird dein letzter sein.
Den ersten gehn Vater und Mutter mit,
Den letzten gehst du allein.

Sei's um ein Jahr, dann gehst du, Kind,
Viel Schritte unbewacht,
Wer weiß, was das dann für Schritte sind
Im Licht und in der Nacht?

Geh kühnen Schritt, tu tapfren Tritt,
Groß ist die Welt und dein.
Wir werden, mein Kind, nach dem letzten Schritt
Wieder beisammen sein.

Trost

Eugen Roth

Du weißt, dass hinter den Wäldern blau
die großen Berge sind.
Und heute nur ist der Himmel grau
und die Erde blind.

Du weißt, dass über den Wolken schwer
die schönen Sterne stehn.
Und heute ist aus dem goldenen Heer
kein einziger zu sehn.

Und warum glaubst du dann nicht auch,
dass uns die Wolke Welt
nur heute als ein flüchtiger Hauch
die Ewigkeit verstellt?

Ich habe dich so lieb

Joachim Ringelnatz

Ich habe dich so lieb!
Ich würde dir ohne Bedenken
Eine Kachel aus meinem Ofen
Schenken.

Ich habe dir nichts getan.
Nun ist mir traurig zu Mut.
An den Hängen der Eisenbahn
Leuchtet der Ginster so gut.

Vorbei – verjährt –
Doch nimmer vergessen.
Ich reise.
Alles, was lange währt,
Ist leise.

Die Zeit entstellt
Alle Lebewesen.
Ein Hund bellt.
Er kann nicht lesen.
Er kann nicht schreiben.
Wir können nicht bleiben.

Ich lache.
Die Löcher sind die Hauptsache
An einem Sieb.

Ich habe dich so lieb.

Hinweise zu den Texten: Seite 193.

Die Welt ist schön

Christian Morgenstern: Palmström
S. 175

Christian Morgenstern wurde 1871 in München geboren. Mit 23 Jahren erkrankte er unheilbar an Tuberkulose. Er ging nach Berlin, wo er als Schriftsteller, Journalist und Kabarettist arbeitete. Im Humor sah Morgenstern „die größte Freiheit des Geistes", und so schrieb er vor allem humoristisch-groteske Gedichte, mit denen er die „Welt einmal auf den Kopf stellen" wollte. Am berühmtesten wurden seine beiden Gedichtsammlungen *Galgenlieder* und *Palmström*. Er starb mit 41 Jahren in Meran.

1 In dem Gedicht erfährst du nur, dass Palmström die „Ehrfurcht vor dem Schönen packt". Was jedoch so schön ist, das nennt der Dichter nicht. Lasse deine Fantasie spielen und beschreibe, was Palmström so schön findet.
2 „Palmström steht an einem Teiche". Dieses Bild kannst du malen. Zeichne aber auch noch das ein, was Palmström deiner Meinung nach so schön findet.
3 So kurz das Gedicht auch ist, es hat doch eine Handlung. Spielt es pantomimisch der Klasse vor, während ein anderer das Gedicht schön betont dazu vorträgt.
4 Im Gegensatz zu vielen modernen Gedichten reimt sich dieses hier. Es sind *Kreuzreime* und *Paarreime* vorhanden. Wenn du genau überlegst, wirst du die Begriffe erklären und (den Text genau betrachten) die Reimformen auch zuordnen können.
5 Was stellst du dir unter einem *umarmenden Reim* vor, der hier aber nicht vorkommt?

Peter Janda: Die Welt
S. 175

1 Unsere Welt hat nicht immer nur gute Seiten. Greife dir eine heraus und schreibe dann das Gedicht um.
2 Warum ist unsere Welt für dich erhaltenswert?

Christian Morgenstern: Der Trichter
S. 176

1 Dieses Gedicht gehört zur *Konkreten Poesie*, wobei durch die Form des Textes eine bestimmte Bedeutung zum Ausdruck gebracht wird. Du kannst nun erklären, warum das Gedicht so seltsam geschrieben ist.
2 Erstelle selbst einen Text – er muss sich nicht reimen – mit dem Titel *Die Sanduhr* und schreibe ihn so, dass man sagen kann: „Das ist Konkrete Poesie".
3 Du kannst das mit anderen Gegenständen ebenfalls machen, z. B. mit *Mond, Löffel, Birne, Tannenbaum* …

Eduard Mörike: Septembermorgen
S. 176

Eduard Mörike, 1804 in Ludwigsburg (Württemberg) geboren, wurde mit 30 Jahren Pfarrer in einem schwäbischen Dorf. Er überließ aber das Predigen gern seinem Vikar und streifte lieber durch die Natur und schrieb Gedichte. Mörike war gesundheitlich anfällig und schied deshalb bereits mit 40 Jahren aus dem Pfarramt aus. Mit einem bescheidenen Ruhegeld lebte er ab 1851 als Literaturlehrer in Stuttgart, wo er 1875 starb. Mörike hat nicht viel geschrieben, doch haben ihn vor allem seine Gedichte berühmt gemacht.

1 Beschreibt die Stimmung des Herbstmorgens, die in dem Gedicht eingefangen ist. Wie sieht er aus?
2 Mörike beschreibt hier, wie er einen Herbstmorgen erlebt hat. Erzählt, wie ihr selbst einen Frühlings-, Sommer- oder Wintermorgen erlebt habt.

Theodor Fontane: Mittag
S. 176

Theodor Fontane wurde 1819 in Neuruppin geboren. Seine Eltern waren französischer Abstammung und führten in dem Ort eine Apotheke. Nach der Schule arbeitete er als Apothekenhelfer in Leipzig und veröffentlichte erste Gedichte. 1848 wurde er freier Schriftsteller, musste aber auch journalistische Arbeiten annehmen, um sich zu finanzieren. Erst mit 60 Jahren begann sein großes Schaffen. Neben Romanen sind Tausende von Briefen erhalten. Zu seinen bekanntesten Werken zählen die Romane *Effi Briest* und *Der Stechlin*. 1898 stirbt Fontane im Alter von 79 Jahren.

1 Du kannst Gedanken und Stimmung dieses Gedichts auch anders ausdrücken. Suche aus und schreibe ein Elfchen oder einen Sechzehnender (vgl. Seite 19).
2 Kann man Stille hören? Was meint ihr dazu?
3 Beschreibe selbst einen Mittag in einer Stadt.

Hans Werner Ohms: Abends am Fenster
S. 177

Ohms ist 1910 in Schwerin (Mecklenburg) geboren. Er war Volks- und Realschullehrer und fing erst spät an, Gedichte – vor allem für Kinder – zu veröffentlichen.

1 Hört euch das Gedicht an. Merkt ihr, wie in eurem Inneren eine Art Farbfilm abläuft?
2 a) Wo wohnt wohl die Person, die hier abends am Fenster steht?
b) Wenn du im Dunkeln abends am Fenster stehst, was siehst (und hörst) du?
3 Besorgt euch Bilder aus Zeitschriften, Kalendern und Zeitungen und gestaltet eine Collage mit dem Titel *Abend in der Großstadt*. Ihr könnt an manchen Stellen auch selbst mit Malstiften Hand anlegen.

Matthias Claudius: Abendlied
S. 178

Ursprünglich wollte der 1740 bei Lübeck geborene Matthias Claudius wie sein Vater Pfarrer werden, doch dann wurde er Schriftsteller und Redakteur. Mit 30 Jahren zog er in einen Ort bei Hamburg, wo er Herausgeber des Wandsbecker Boten wurde. Die kleine Landzeitung wurde zwar recht berühmt, brachte aber Claudius nicht genügend Geld ein, um seine große Familie zu ernähren. Trotzdem führte Claudius ein äußerst glückliches Familienleben, unterrichtete seine neun Kinder selbst und verlor nie die Zuversicht, dass es schon irgendwie weitergehen werde – womit er meistens Recht behielt. Er starb 1815 in Hamburg.
Dieses Gedicht wurde 1779 veröffentlicht und mehrfach vertont. Am bekanntesten ist die Melodie von J. A. P. Schulz.

1 Viele von euch kennen dieses Gedicht als Lied, zumindest die ersten Strophen. Singt es zusammen.
2 Wie beschreibt Claudius die nächtliche Natur? Wie sieht er die Welt? Was sagt er über die Menschen?
3 Nach dem Blick auf die Natur, die Welt und den Menschen richtet sich der Blick des Dichters auf Gott. Für welche Strophen gilt das?
4 Dieses Gedicht ist wie das vorangehende Gedicht ein Abendgedicht. Worin liegen die Unterschiede?
5 Welche Gedanken, Gefühle verbindest du mit „Mond"?
a) Nimm ein leeres Blatt, schreibe in die Mitte das Wort *Mond* und kreise es ein. Schreibe um dieses Kernwort herum alles auf, was dir zu *Mond* einfällt.
b) Aus dieser „Materialsammlung" kannst du ein eigenes Mondgedicht schreiben.
Du kannst mit der Zeile beginnen: *Der Mond ist aufgegangen*. Reimen brauchst du das Gedicht nicht.

Eduard Mörike: Er ist's
S. 180

Hinweise zu Eduard Mörike findest du auf Seite 189.

1 In diesem Gedicht sind manche Bilder nicht eindeutig zu verstehen, weil sie nicht wörtlich zu nehmen sind. Was stellst du dir z. B. unter dem blauen Band, das flattert, vor? Was bedeutet der leise Harfenton?
2 Welche Stimmungen löst der Frühling bei dir aus?

Ludwig Uhland: Frühlingsglaube
S. 180

Uhland wurde 1787 in Tübingen geboren, wo er später Rechtsanwalt wurde. Seine eigentliche Liebe aber galt der Literatur und der Politik. Als Abgeordneter im württembergischen Landtag und in der deutschen Nationalversammlung kämpfte er schon im 19. Jahrhundert für einen demokratischen deutschen Staat. Er starb 1862 in Tübingen. Von seinen Gedichten und Balladen wurden viele vertont.

1 Wie erlebt der Dichter hier den herannahenden Frühling, welche Stimmung löst dieser bei ihm aus?
2 Wieso heißt das Gedicht wohl *Frühlingsglaube*?
3 Beschreibe den Frühling so, wie du ihn siehst, in einem Elfchen oder Sechzehnender (vgl. Seite 19).

Marie Luise Kaschnitz: Juni
S. 181

Marie Luise Kaschnitz, 1901 in Karlsruhe geboren, entstammt einem elsässischen Adelsgeschlecht. Sie wuchs in Berlin und Potsdam auf, machte eine Buchhändlerlehre, heiratete den Archäologen Guido von Kaschnitz und ging mit ihm nach Rom. Später lebte sie abwechselnd in Frankfurt am Main und in Rom, wo sie 1974 starb. Sie schrieb vor allem Gedichte, Hörspiele und Kurzgeschichten und wurde 1955 mit dem Georg-Büchner-Preis, dem bedeutendsten deutschen Literaturpreis, ausgezeichnet.

1 Was alles sah die Dichterin jüngst im Juni? Sprecht Strophe für Strophe durch. Klärt dabei die schwierigen Bilder und Vergleiche in der ersten und letzten Strophe .
2 Was ist in deiner Umgebung im Juni zu beobachten?
3 Die Verse reimen sich nicht. Wieso ist dieser Text trotzdem ein Gedicht?
4 Sucht Juni-Bilder (in Kalendern, Zeitschriften, Büchern) oder malt selbst ein passendes Bild. Erstellt aus diesen Bildern ein Plakat mit dem Titel *Juni*.

Erich Kästner: Der September
S. 182

Kästner wurde 1899 in Dresden geboren. Er veröffentlichte Gedichte, Hörspiele und Romane und wurde ein angesehener Schriftsteller für Erwachsene ebenso wie für Kinder. Die Nationalsozialisten verbrannten seine Bücher und erteilten ihm Schreibverbot. Nach dem Zweiten Weltkrieg zog er nach München, dort schrieb er nur noch für Kinder. Er starb 1974. Seine bekanntesten Kinder- und Jugendromane sind *Emil und die Detektive*, *Pünktchen und Anton* und *Das fliegende Klassenzimmer*, die alle auch verfilmt wurden.

1 Warum ist der September ein Abschiedsmonat?
2 Welche dieser September-Erfahrungen kennt ihr, welche sind euch fremd?
3 Gestaltet eine Collage zum Thema *September*.

Gustav Falke: Winter
S. 183

Gustav Falke wurde 1853 in Lübeck geboren und starb 1916 in Hamburg. Bevor er sich als Lyriker und Erzähler einen Namen machte, war er Buchhändler und Klavierlehrer in Hamburg. Falke schrieb schlichte, innige, am Volkslied geschulte Gedichte und idyllisch-heitere Erzählungen.

1 Gustav Falke „zeichnet" hier ein Bild mit Worten. Du kannst es leicht in ein wirkliches Bild verwandeln.
2 Warum empfindet der Dichter die Szene gespenstisch?
3 Viele Gedichte über den Winter drücken eine gedämpfte, düstere Stimmung aus. Kannst du dir das erklären?
4 Doch diese Jahreszeit bereitet sicher auch vielen Freude. Schreibt um das Wort *Winter* all das herum, was ihr an ihm schön findet. Aus dieser Sammlung könnt ihr nun ein freundliches Wintergedicht schreiben. Es muss sich nicht reimen, und ihr könnt auch wieder auf den Sechzehnender zurückgreifen.

Walter Helmut Fritz: Ein Morgen, an dem frischer Schnee fällt
S. 184

Fritz wurde 1929 in Karlsruhe geboren, wo er noch heute lebt. Mit 35 Jahren gab er seinen Lehrerberuf auf und wurde freier Schriftsteller. Neben Erzählungen, Romanen und Hörspielen veröffentlichte er vor allem Gedichte, für die er zahlreiche Literaturpreise erhielt.

1 Wie verändert der Neuschnee die Stadt?
2 Manche Wörter und Wendungen in dem Gedicht sind schwer zu verstehen. Sie haben eine übertragene Bedeutung (z. B. *Der Zeitungsstand blüht*). Suche diese Stellen heraus: Was wird damit ausgedrückt?
3 Welche Vorstellungen und Bilder verbindest du mit dem Titel?
4 Versucht, dieses Gedicht so vorzutragen, dass die Stimmung, die es beschreibt, spürbar wird. Probiert aus, ob der Text laut oder leise, schnell oder langsam, ruhig oder aufgeregt gelesen werden muss.

Erwin Moser: So im Schatten liegen möcht ich
S. 185

Erwin Moser, 1954 in Wien geboren, wuchs in einem Weinbauerndorf im österreichischen Burgenland auf. Er erlernte den Beruf eines Schriftsetzers, merkte aber bald, dass er viel lieber als Schriftsteller und Maler arbeiten wollte und daneben als Weinbauer, wie seine Eltern und Großeltern. Deshalb lebt er abwechselnd in Wien und im Burgenland. Er hat viele Kinder- und Bilderbücher veröffentlicht, für die er schon mehrere internationale Auszeichnungen erhielt.

1 Was alles möchte der Dichter erleben und machen, während er im Schatten liegt?
2 Schließ deine Augen und stell dir vor, du liegst im Sommer irgendwo im Schatten.
a) Wo liegst du? Was siehst du? Was hörst du? Was erlebst du? Öffne die Augen wieder und notiere rasch deine Eindrücke.

b) Mache aus deinen Notizen ein Gedicht, das ebenfalls beginnt mit *So im Schatten liegen möcht ich*.

3 Wie sieht die Welt aus der Sicht einer Katze wohl aus? Schreibe eine kleine Katzengeschichte in Ich-Form.

Albrecht Goes:
Die Schritte
S. 186

Albrecht Goes, 1908 bei Öhringen geboren, stammt aus einer schwäbischen Pastorenfamilie. Er selbst war auch Pfarrer, bis er mit 45 Jahren von der Kirche freigestellt wurde und nur noch einmal im Monat predigen musste, damit er sich ganz seinen schriftstellerischen Tätigkeiten widmen konnte. Er hat zahlreiche Gedichtbände, Laienspiele und Erzählungen veröffentlicht.

1 Wie versteht ihr „dein erster Schritt"?
2 „Wer weiß, was das dann für Schritte sind im Licht und in der Nacht?" Was soll damit ausgedrückt sein? Welche Beispiele aus dem Alltag fallen euch dazu ein?
3 Was werden deine nächsten „Schritte" sein?

Eugen Roth:
Trost
S. 186

Eugen Roth wurde 1895 in München geboren und lebte dort bis zu seinem Tod im Jahr 1976. Er wurde vor allem bekannt durch seine Gedichte über seine Mitmenschen (Ein Mensch...), in denen er deren Verhaltensweisen und Schwächen mit hintergründigem Witz darstellte.

1 Welche Situationen kennt ihr, in denen ihr selbst Trost braucht, in denen andere Menschen Trost brauchen?
2 Welchen Trost nennt Roth in seinem Gedicht? Wie begründet er ihn?
3 Eigentlich ist dies ein eher trauriges Gedicht, aber es enthält auch etwas Schönes. Begründe deine Aussagen.

Joachim Ringelnatz:
Ich habe dich so lieb
S. 187

Hinweise zu Joachim Ringelnatz findest du auf Seite 110.

1 Joachim Ringelnatz reiht hier eine Vielzahl von Nebensächlichkeiten aneinander. Welche sind das?
2 Was stellt er aber als wirklich Wesentliches heraus?
3 Schreibe selbst, an wen du auch immer willst, ein „Ich-habe-dich-lieb-Gedicht", wobei du dich keinesfalls an das Schema des vorliegenden Gedichtes halten musst.

Wald ist Leben

Die Wälder schweigen

Erich Kästner

Die Jahreszeiten wandern durch die Wälder.
Man sieht es nicht. Man liest es nur im Blatt.
Die Jahreszeiten strolchen durch die Felder.
Man zählt die Tage. Und man zählt die Gelder.
Man sehnt sich fort aus dem Geschrei der Stadt.

Das Dächermeer schlägt ziegelrote Wellen.
Die Luft ist dick und wie aus grauem Tuch.
Man träumt von Äckern und von Pferdeställen.
Man träumt von grünen Teichen und Forellen.
Und möchte in die Stille zu Besuch.

Die Seele wird vom Pflastertreten krumm.
Mit Bäumen kann man wie mit Brüdern reden
und tauscht bei ihnen seine Seele um.
Die Wälder schweigen. Doch sie sind nicht stumm.
Und wer auch kommen mag, sie trösten jeden.

Man flieht aus den Büros und den Fabriken.
Wohin, ist gleich! Die Erde ist ja rund!
Dort, wo die Gräser wie Bekannte nicken
und wo die Spinnen seidne Strümpfe stricken,
wird man gesund.

1 Erich Kästner beschreibt in seinem Gedicht die typische Situation vieler Menschen in der heutigen Zeit. Drücke dies mit eigenen Worten aus.

2 Wonach sehnen sich diese Menschen?

3 *Die Wälder schweigen* lautet der Titel des Gedichts. Dennoch sind die Wälder nicht stumm. Wie erklärst du dir diesen Widerspruch?

4 Welche Bedeutung des Waldes wird hier angesprochen?

Der Wald ist eine wichtige Lebensgrundlage für Menschen und Tiere.
Seine Erscheinungsformen sind sehr vielfältig. Die folgenden Texte vermitteln davon einen Eindruck. In den einzelnen Texten sind viele Informationen enthalten, sodass es gar nicht so leicht ist, sich einen Überblick zu verschaffen.
Deshalb findest du zu jedem Text Arbeitstechniken. Sie helfen dir, schnell und sicher die wichtigsten Informationen zu entnehmen.

Sachtexte lesen und verstehen

1 Wovon handelt der folgende Text?
a) Die Überschrift gibt dir einen ersten Hinweis.
Versuche die Überschrift als Frage zu formulieren: Was …
b) Auch Bilder können etwas über den Inhalt verraten.
c) Du hast jetzt schon eine Vorstellung, wovon der Text handelt.
Bevor du liest, überlege: Was fällt dir zu diesem Thema ein?
d) Wenn du den Text gelesen hast, kannst du den wichtigen Begriff *Fotosynthese* erklären.

Die Entstehung der ersten Bäume

Angelika Schultes

Die Abkühlung der Erdoberfläche führte dazu, dass Leben auf der Erde entstehen konnte. Bei der Bildung der Gesteine wurde Wasserdampf frei und kondensierte zu Wasser, das sich in den Meeren sammelte. Erst eine Milliarde Jahre nach der Entstehung der Erde konnte in den Urmeeren Leben entstehen. Wie Wasserdampf wurden bei der Entstehung der Erde auch andere Gase freigesetzt, vor allem Stickstoff und Kohlendioxid, die damals die Atmosphäre der Erde bildeten. Es fehlte also der Sauerstoff und so waren die ersten Lebewesen keine Tiere, sondern Pflanzen. Die Pflanzen – anfangs Algen – produzierten durch ihren Stoffwechsel Sauerstoff, der in die Atmosphäre gelangte und zur Abnahme des Kohlendioxid führte. Dadurch wiederum erkaltete die Erdoberfläche weiter , so dass auch pflanzliches Leben auf der Erde möglich war.

Für den „ersten Schritt“ an Land war es günstig, dass durch Brandung immer wieder einzelne Pflanzen ans Land gespült wurden. Die meisten verendeten sofort, da ihnen nun kein Wasser mehr für ihren Stoffwechsel, die Fotosynthese, zur Verfügung stand. Im späten Silur siedelten sich die ersten Algen an den Rändern der Flachmeere an. Dabei bildeten sich die Merkmale der Landpflanzen aus: Wurzeln, ein stabiler Schaft, feste Zellwände, die vor Austrocknung schützten und ein Gefäßsystem für den Transport von Wasser und Nährstoffen. Blätter fingen jetzt das Tageslicht ein.
Vor ca. 400 Millionen Jahren gab es die ersten Landpflanzen. Es waren krautige Gewächse, in denen es schon Lignin gab, den Stoff, aus dem Holz aufgebaut ist. Hier erst beginnt die eigentliche Geschichte der Bäume und Wälder. Diese Pflanzen breiten sich über die Erde aus und fangen mit der Bodenbildung an. Im Boden konnten jetzt Wasser und Nährstoffe gespeichert werden, was zum großen Vorteil der Landpflanzen wurde. Sie entwickelten sich schnell und bedeckten bald die ganze Erdoberfläche, was zum Konkurrenzkampf zwischen den Pflanzen führte. Da die größten am besten ans Sonnenlicht kamen, entwickelten sich die ersten baumförmigen Farne. Auch die Blätter wurden größer, da sie so besser Fotosynthese betreiben konnten.
Zur Zeit des Karbon waren die Wälder gewaltig. Wie sie aussahen, kann man noch heute in den Fossilien der Steinkohle erkennen. Besonders häufig waren baumförmige Schachtelhalme und Bärlappgewächse. Die größte Vielfalt gab es unter den Farnen. Bis zum Ende der Karbonzeit starben viele Farne, Schachtelhalme und Bärlappe aus, da ihnen die neu entstandenen Samenpflanzen überlegen waren. Sie entwickelten sich zu unseren heutigen Nadel- und Laubbäumen, bis weite Gebiete der Erde davon bedeckt waren.
Vor 5000 Jahren begann der Mensch diese ausgedehnten Wälder zu roden.

Was ist ein Wald?

Georg Meister

Wald, das ist Baum an Baum. Das ist Versteck, Ziel erster Entdeckungen. Später ist Wald Inbegriff von Natur, von naturnaher Erholung. Ganz selbstverständlich ist er da, irgendwo in unserer Nähe. Und plötzlich soll er sterben. Weil wir, wir alle, ihn schlecht behandelt haben?

Was ist ein Wald wirklich – ganz nüchtern und ohne Emotion?

Wald ist eine eng verwobene Gemeinschaft zahlreicher Pflanzen und Tiere. Die Bäume des Waldes brauchen wie die anderen Pflanzen vier Dinge zum Leben: Sonnenlicht, Wasser, Nährstoffe und **Kohlendioxid**. Der Wald hat eigene Strategien entwickelt, wie er diese Grundbaustoffe des Lebens bestmöglich nutzen kann.

Er stülpt sich ein fast geschlossenes **„Kronendach“** aus Blättern über. In ihm wird der allergrößte Teil der Sonnenenergie wie in einer Falle gefangen. Durch die hohen Baumstämme schiebt er diese „Energiefalle“ bis 50 Meter über den Boden hinauf. Der Wald kann damit die Sonnenenergie besser als andere **Lebensgemeinschaften** nutzen.

Der Wald entwickelt auch ein weitverzweigtes, tief hinabreichendes Wurzelwerk. Milliarden feinster Haarwurzeln dringen in kleinste Bodenporen ein. Sie saugen das Wasser mit den darin gelösten Nährstoffen heraus. Der Wald kann so das Angebot an Wasser und Nährstoffen besonders gut nutzen.

In den Blättern findet die Fotosynthese statt. Aus Kohlendioxid und Wasser wird mit Hilfe der Sonnenenergie Zucker erzeugt, ein Grundbaustoff für viele andere pflanzliche Stoffe.

Die allermeisten Waldböden enthalten Nährstoffe nur in kleinen Mengen. Um auf Dauer überleben zu können, muss sie der Wald immer wieder verwenden. Jedes herabfallende Blatt, jedes tote Tier wird von einer Heerschar von „Zersetzern“ wie Regenwürmern, Insekten, Milben, Tausenfüßlern und Bakterien wieder in seine Ausgangsstoffe abgebaut. Diese nehmen die Waldpflanzen dann als Nährstoffe rasch wieder auf. Der Wald verfügt so über ein geniales Recycling-System.

In jedem Wald lebt eine große Anzahl an Pflanzen- und Tierarten, die sich alle in irgendeiner Form gegenseitig beeinflussen. Man nennt das ein **„vernetztes System“**. Je vielfältiger seine einzelnen „Fäden“ miteinander verbunden sind, desto stabiler ist das ganze System.

Ein Beispiel soll das zeigen: Wenn in einem Buchenwald die Buchen Früchte tragen, fallen im Herbst viele Bucheckern auf den Boden. Die Mäuse haben im Winter und im Frühjahr viel zu fressen, sie können sich stark vermehren. Es besteht die Gefahr, dass sie alle Bucheckern auffressen. Viele Mäuse bedeuten aber auch mehr Nahrung für Wiesel, Füchse, Eulen und Bussarde. Diese können jetzt viele Junge aufziehen. Mehr Feinde fressen letztlich mehr Mäuse. So bleiben genügend Bucheckern übrig, die zu kleinen Buchen heranwachsen kön-

nen. Nach zwei bis drei Jahren ist das alte Gleichgewicht wiederhergestellt. In der Fachsprache wird dies als „Fließ-Gleichgewicht“ bezeichnet.
Am Boden eines geschlossenen alten Waldes ist es dämmrig. Jungen Bäumen fehlt dort das Licht zum Aufwachsen. Wie entstand trotzdem immer wieder ein neuer Wald, bevor der Mensch eingriff? Die Baumsämlinge sind vielen Gefahren ausgesetzt: „Fressfeinden“ (z. B. Mäusen), Frost, Hitze und konkurrierenden Pflanzen (z. B. hohem Gras). Seinen tierischen Nutznießern bietet der Wald riesige Mengen an Samen. So erzeugen Fichten etwa 20 Millionen, Buchen fünf Millionen und Eicheln bis zu zwei Millionen Samenkörner je Hektar (100 x 100 m).
In einer ausgeglichenen Lebensgemeinschaft können Fressfeinde in einem Samenjahr viele Baumsamen fressen. Dann vermehren sich aber auch die Feinde der Nutznießer (z. B. Eulen). So bleiben immer genügend Sämlinge übrig. Im Naturwald stehen deshalb oft durch Jahrhunderte ständig zehn bis fünfzig Bäumchen auf dem Quadratmeter. Sie alle müssen nach wenigen Jahren sterben, solange es im Wald zu schattig ist. Das ändert sich erst, wenn einzelne der großen Altbäume absterben. Der Waldboden ist dann nicht mehr ständig beschattet, die Bäumchen können aufwachsen. Mit ihrem Halbschatten bieten ihnen die benachbarten alten Bäume Schutz vor Frost und Hitze. Für konkurrierende Gräser und Kräuter ist es im Halbschatten noch zu dunkel. So verjüngte sich unser Wald in den allermeisten Fällen immer wieder aus eigener Kraft.

2 Manchmal ist ein Text schwer zu verstehen, weil er viele Fachbegriffe und Fremdwörter enthält, die wir nicht kennen. Auch in diesem Text kommen gehäuft unbekannte Begriffe vor. Notiere dir alle Begriffe, die du nicht verstehst. Die folgenden Tipps helfen dir die Wörter verstehen zu lernen:

- **Das Wort „verrät“ sich selbst,**
  z. B. *Lebensgemeinschaft*.
- **Im Text steht die Erklärung,**
  z. B. *vernetztes System*.
- **Die Bilder zeigen dir die Bedeutung des Wortes,**
  z. B. *Kronendach*.
- **Im Lexikon kannst du die genaue Erklärung nachschlagen,**
  z. B. *Kohlendioxid*.

Wozu brauchen wir den Wald?

Georg Meister

Verschaffe dir einen Überblick. Den Text in Abschnitte einteilen

Über diese Frage hat früher kaum jemand nachgedacht. Der Wald war einfach da, irgendwo in unserer Nähe. Erst das drohende Waldsterben entfachte eine öffentliche Diskussion. Was ist denn tatsächlich gefährdet, wenn der Wald stark geschädigt wird? Oder anders ausgedrückt, wozu brauchen wir den Wald tatsächlich? Wir brauchen ihn
- für unsere Wirtschaft,
- für unser Wohlergehen.

Die Waldbesitzer brauchen Erlöse aus dem Holzverkauf. In der Bundesrepublik gibt es etwa 500 000 Privatwaldbesitzer. Aber nur etwa 100 000 haben einen Waldbesitz von mehr als fünf Hektar, der einen bescheidenen wirtschaftlichen Ertrag abwerfen könnte. Für einen Teil von ihnen ist der Holzertrag ein entscheidender Faktor ihrer gesamten Einnahmen. Insgesamt sind in der Forstwirtschaft knapp 100 000 Arbeiter, Angestellte und Beamte beschäftigt.

Der Rohstoff Holz wird in unserer Wirtschaft weiterverarbeitet. Schon heute führen wir knapp die Hälfte unseres Holzbedarfes aus dem Ausland ein. Es wäre möglich, den Anteil des eingeführten schwächeren Nadelholzes weiter zu steigern.

Die Waldbesitzer erhalten auch den Erlös aus der Verpachtung ihrer Waldflächen für die Jagd. Die Erlöse stiegen in den letzten Jahrzehnten sehr stark an. Insgesamt brauchen etwa zwei Prozent unserer Bevölkerung einen Wald aus wirtschaftlichen Gründen.

Den allermeisten Menschen verhilft der Wald nicht zu wirtschaftlichem Einkommen, er dient ihrem Wohlergehen. Man spricht von „Wohlfahrtswirkungen“ des Waldes. Fünf von ihnen sind ganz wichtig:

Sauberes Wasser ist jetzt schon wertvoll, es wird künftig immer wertvoller. Ein humusreicher Waldboden saugt viel Wasser auf und gibt es langsam an Bäche und ins Grundwasser ab. Im Wald wird Wasser kaum verschmutzt. Für diese „Schwamm- und Filterfunktion“ sollte der Wald einen hohen Anteil an Laubbäumen aufweisen. Außerdem braucht er dazu eine Strauch- und Krautschicht mit leicht zersetzlichem Laub. Dann durchwühlen viele Regenwürmer den Waldboden und erzeugen eine ideale „Schwammstruktur“.

Der Wald filtert mit seinen vielen Blättern und Nadeln Staub und Schadstoffe aus der Luft. Er reinigt so die Luft bis zu einem gewissen Grad. In manchen Gegenden bezahlt er diese Leistung mit seinem Leben.

Im Wald ist es im Sommer kühler als unter freiem Himmel, im Winter dagegen wärmer. Deshalb liegen Luftkurorte in Waldgebieten; Ärzte bezeichnen das ausgeglichene Waldklima als „Heilklima“. Ein naturnaher Wald hat einen aromatischen Geruch, das Auge kann sich an den ruhigen Farben erholen. Im Wald wird der Lärm gedämpft, die Luftfeuchtigkeit ist hoch. Je naturferner die Wohn-

und Arbeitswelt des Menschen wird, desto mehr braucht er zu seinem Wohlergehen den Ausgleich in einem naturnahen Wald.

Viele Wälder stehen an Hängen, dort sind sie ausgesprochene Schutzwälder. Mit ihrem weitverzweigten Wurzelwerk halten sie den Boden fest und verhindern so den Bodenabtrag (Erosion). Bei starkem Regen oder bei der Schneeschmelze lassen sie das Wasser verzögert abfließen. Die gefürchteten Hochwasserspitzen bleiben dann aus.

In naturnahen Wäldern konnten noch viele selten gewordene Pflanzen- und Tierarten überleben. Wir müssen ihnen dort eine letzte Zuflucht, eine „Arche Noah" gewähren.

Kann wirklich jeder Wald alle diese Aufgaben erfüllen? Zeitweise glaubte man dies. Man meinte, jeder Wirtschaftswald könne gleichzeitig auch allen anderen Aufgaben gerecht werden. Inzwischen weiß man, dass das ein Irrtum war. Seit etwa fünfzehn Jahren werden alle Wälder unseres Landes von Forstfachleuten nach ihren „Waldfunktionen" eingeordnet. Das Ergebnis für die ganze Bundesrepublik liegt noch nicht vor. In Bayern haben nach dem Ergebnis dieser „Waldfunktionsplanung" 57 Prozent aller Wälder vorrangig „Wohlfahrtswirkungen" zu erfüllen. Man kann annehmen, dass das Ergebnis für die ganze Bundesrepublik ähnlich ausfallen wird. Ist die Bevölkerung derselben Meinung? (...) Auf die Frage „Wofür ist Ihrer Meinung nach der Wald eigentlich wichtig" wurden nur von 17 Prozent der Befragten vorrangig wirtschaftliche Gründe genannt. Die meisten unserer Mitbürger brauchen den Wald aus anderen als wirtschaftlichen Gründen.

Du hast erarbeitet, wie man einen Text schrittweise lesen
und so den Inhalt genau kennen lernen kann.

3 Probiere dies noch einmal an diesem Text aus.
Du kannst dich dabei an der folgenden Übersicht orientieren.

So kannst du vorgehen:

Wovon handelt der Text? (Hilfen: Überschriften, Bilder …) **Was weißt du schon?**	Warum
Hast du alle Wörter verstanden? **Begriffe klären**	
Verschaffe dir einen Überblick. **Den Text in Abschnitte einteilen.**	1. Abschnitt: bis „wichtig"

Die Schwarzen Berge

Die „Schwarzen Berge“ sind wie die gesamte Mittelgebirgslandschaft der Rhön durch den Vulkanismus im Jungtertiär entstanden und geformt worden. Drei Gesteinsarten, Basalt, Muschelkalk und Buntsandstein, bilden den geologischen Untergrund. Auf ihm haben sich ganz unterschiedliche Böden entwickelt.

Diese werden heute je nach Standort als Wiese, Weide, Wald oder Acker genutzt. Die ursprünglich dichten Buchenwälder der Rhön („Buchonien“) wurden im Zuge der menschlichen Besiedlung über Jahrhunderte gerodet und urbar gemacht. Es entstand eine vielgestaltige, offene Kulturlandschaft mit Lesesteinwällen, Hecken, Feldgehölzen und Einzelbäumen, die der Landschaft einen parkartigen Charakter verleihen.

Zahlreiche heute gefährdete Pflanzen- und Tierarten finden hier ihren Lebensraum. Umfangreiche Aufforstungen, vor allem mit Nadelbäumen, leiteten nach dem 2. Weltkrieg den drastischen Rückgang des großflächigen und artenreichen Grünlandes ein.

Die allmähliche Veränderung des „Landes der offenen Fernen“ führte gleichzeitig zum Verlust von Lebensräumen für Trollblume, Orchidee, Wachtelkönig, Bekassine, Kreuzotter, Schwarzer Apollo und andere Arten. In intensiven Besprechungen zwischen Bewirtschaftern und Grundstückseigentümern sowie Verbänden und Behörden konnte ein gemeinsames Ziel – die Bewahrung einer für Bayern bedeutsamen und einzigartigen Kulturlandschaft – erreicht werden. Am 25. 3. 1993 wurden die „Schwarzen Berge“ als Naturschutzgebiet ausgewiesen. Seit 1996 sind sie einer der Knotenpunkte im europäischen Schutzgebietsnetz NATURA 2000.

Bunte abwechslungsreiche Blumenwiesen sind das Markenzeichen der „Schwarzen Berge“. Der Vegetationskundler nennt sie „Storchschnabel-Goldhaferwiesen“. Ihre Entstehung haben sie den geringen Düngegaben und der relativ späten Mahd durch die Bewirtschafter zu verdanken. Auch die Borstgrasrasen, Feuchtwiesen mit Trollblumen und Kleinseggensümpfe auf Niedermoosstandorten und Wacholderheiden sind Zeugen geringer Nährstoffversorgung durch die Landwirtschaft.

Schutz, Pflege und Entwicklung dieser Landschaft können auf Dauer nicht allein durch eine Verordnung mit Verboten gesichert werden. Unsere Gesellschaft muss sich einsetzen für:

- Die Nutzung der Grundstücke unter Berücksichtigung der Lebensraumansprüche von gefährdeten Tier- und Pflanzenarten.
- Die finanzielle Honorierung der landeskulturellen Leistungen der Land- und Forstwirte.
- Die Gewährung marktgerechter Preise für landwirtschaftliche Erzeugnisse.
- Den Erwerb regionaler Produkte: Aus der Region für die Region!

Die „Schwarzen Berge“ sind ein beliebtes Ziel für Erholungssuchende im Sommer und im Winter. Steigende Besucherzahlen belegen den Reiz und das Interesse an dieser einzigartigen Landschaft. Das Verkehrsaufkommen führt häufig zu konfliktträchtigen Situationen. Zu beachten sind die Informationstafeln zur Besucher- und Verkehrslenkung sowie auch folgende Ge- und Verbote:

- Stellen Sie Ihr Auto nur auf markierten Parkflächen ab.
- Fahren Sie nicht auf gesperrten Straßen.
- Wandern Sie nur auf markierten Wegen.
- Benutzen Sie als Skifahrer die ausgewiesenen Loipen.
- Reiten Sie nicht auf Forstwegen, die dafür gesperrt sind.
- Führen Sie Ihren Hund an der Leine.
- Das Betreiben von Luftsport ist nicht erlaubt.
- Nehmen Sie Ihren Abfall wieder mit nach Hause.
- Pflanzen dürfen nicht gepflückt, beschädigt oder ausgegraben werden.

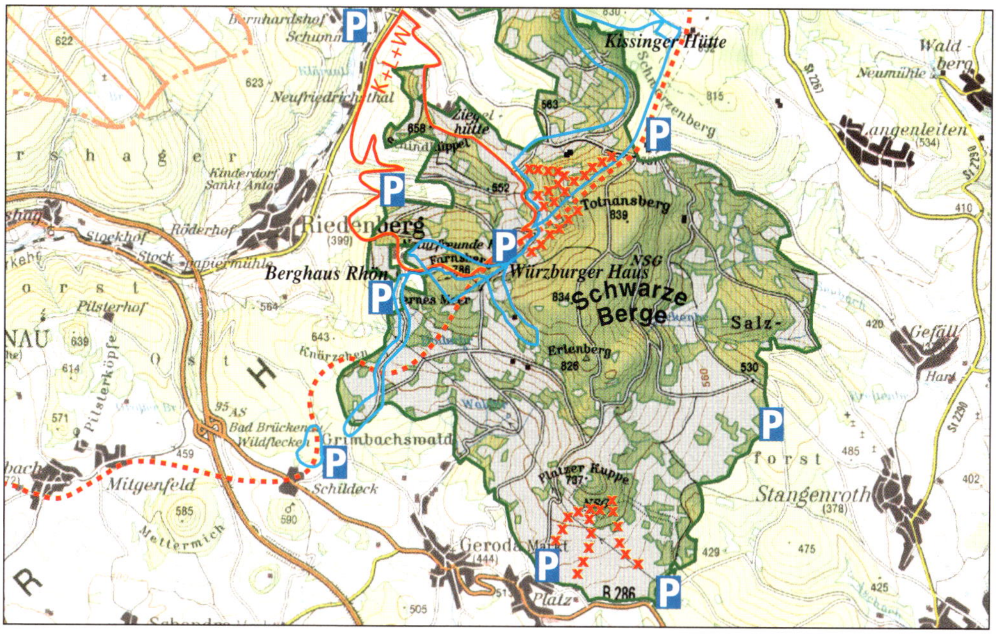

4 Du hast den Text aufmerksam gelesen und dir dabei einen ersten Überblick über den Inhalt verschafft.
Was ist auf den ersten Blick besonders interessant, merkwürdig, auffällig …?

5 Was ist die wichtigste Information?

Das Wichtigste eines Textes kannst du aus den **Schlüsselstellen** entnehmen.
Die Schlüsselstellen sind die Textstellen, die für den Inhalt besonders markant sind und damit wesentliche Aussagen enthalten.
Schlüsselstellen können aus einem oder mehreren Wörten bestehen.

6 Welche Einzelheiten sind wichtig?
Mit **Stichpunkten** kannst du wichtige Einzelheiten in kurzer Form festhalten und damit zu den Schlüsselstellen zusätzliche Informationen aufschreiben.

	Schlüsselstellen und dazugehörige Stichpunkte:
Die „Schwarzen Berge" sind wie die gesamte Mittelgebirgslandschaft der Rhön durch den Vulkanismus im Jungtertiär entstanden und geformt worden. Drei Gesteinsarten, Basalt, Muschelkalk und Buntsandstein, bilden den geologischen Untergrund. Auf ihm haben sich ganz unterschiedliche Böden entwickelt.	Entstehung: - Vulkanismus - Jungtertiär - geologischer Untergrund - unterschiedliche Böden
Diese werden heute je nach Standort als Wiese, Weide, Wald oder Acker genutzt. Die ursprünglich dichten Buchenwälder der Rhön („Buchonien") wurden im Zuge der menschlichen Besiedlung über Jahrhunderte gerodet und urbar gemacht. Es entstand eine vielgestaltige, offene Kulturlandschaft mit Lesesteinwällen, Hecken, Feldgehölzen und Einzelbäumen, die der Landschaft einen parkartigen Charakter verleihen. Zahlreiche heute gefährdete Pflanzen- und Tierarten finden hier ihren Lebensraum.	Kulturlandschaft: - Wiese - ... - gerodet - ...

7 Trage die weiteren Stichpunkte zum Schlüsselwort *Kulturlandschaft* zusammen.

8 Suche in den anderen Textabschnitten weitere Schlüsselstellen. Manchmal ist es nicht ganz eindeutig, welches die Schlüsselstellen eines Abschnittes sind. Deshalb könnt ihr auch zu unterschiedlichen Ergebnissen kommen. Das hängt davon ab, was euch am Text interessiert.

9 Versuche anschließend zu den gefundenen Schlüsselstellen des Textes wichtige Einzelheiten in Stichpunkten festzuhalten.

Was du zum Thema gestalten kannst

Das Böse

Eugen Roth

Ein Mensch pflückt, denn man merkt es kaum,
ein Blütenreis von einem Baum.
Ein andrer Mensch, nach altem Brauch,
denkt sich, was der tut, tu ich auch.
Ein dritter, weil's schon gleich ist, fasst
jetzt ohne Scham den vollen Ast,
und sieh, nun folgt ein Heer von Sündern,
den armen Baum ganz leer zu plündern.
Von den Verbrechern war der erste,
wie wenig er auch tat, der schwerste.
Er nämlich übersprang die Hürde
der unantastbar reinen Würde.

Der Text *Die Schwarzen Berge* endet mit dem Verbot, dass Pflanzen nicht gepflückt, beschädigt oder ausgegraben werden dürfen (vgl. Seite 203).
Eugen Roth zeigt in seinem Gedicht, wohin eine solche Missachtung führt.

1 Bei Eugen Roth geht es „nur" um *einen* Baum. Heutzutage jedoch wird der Wald als Gesamtes einer immer stärkeren Bedrohung und Zerstörung ausgesetzt. Du kannst dafür eine Vielzahl an Beispielen anführen.

2 Suche Bilder, die diese Zerstörung von Wäldern dokumentieren und erstelle damit eine Collage, in deren Mitte du das Gedicht von Eugen Roth schreibst.

Bildschirm-Alltag

Sempé, Kleine Abwechslung

Weihnachtsfest des Fernsehkindes

Peter Lambertz

Ach du meine Güte, schon fast Zwei! Gleich fängt doch der Zeichentrickfilm an! Der war gerade erst im Kino – muss ich sehen. Und ich sitz hier 'rum und warte auf den Nachtisch. O. K., die neue Uhr ist echt cool: Sternchen an den Ziffern und kleine Figuren an den Zeigern. Und dazu programmierbar. Aber der Schlafsack von Tante Edith!? „Für die Klassenfahrt", hat Mama gesagt. Stand doch gar nicht auf meinem Wunschzettel! Ahhh, da kommt ja endlich die Eistorte! „Holst du die Servietten, Anja?" Jetzt aber Beeilung, sonst verpasse ich den Anfang …

Tja, letztes Jahr gab's von Tante Edith für mich den Fernseher. Ist schon stark, das Teil. Besonders seit wir Kabel haben. Und jetzt ein Schlafsack! Ein Paar Wollsocken wären noch besser gewesen. Hmmm, schmeckt nicht schlecht! Was der Armin sich wieder für 'ne Portion draufgeschaufelt hat! Um Fünf kommt heute James Dean. Hab ich schon gesehen, aber ist jedesmal wieder super. Der Typ gefällt mir! Wahrscheinlich krieg ich wieder Krach, wenn heute Abend alle zusammen in die Kirche gehen. Dann verpasse ich nämlich den Schluss von James Dean.

Aber vielleicht gibt's vorher schon Ärger, wenn der Besuch kommt. „Du kannst dich auch mal dazu setzen. Die Familie ist selten genug zusammen!" Ich hör's schon! Das ist vielleicht ein Jammer. An solchen Tagen wie Weihnachten kannst du glatt von einem Hit zum nächsten zappen! Und dann immer diese blöden Unterbrechungen. In der Kirche passiert doch nichts Neues. Immer wieder dieselbe Story, und die Songs kommen auch nicht gerade in die Charts. Und der Pfarrer könnte ruhig mal ein bisschen mehr Schwung in den Laden bringen. Ich darf gar nicht daran denken! RTL bringt heute Abend drei Filme nacheinander, einer besser als der andere. Und ich? Ich muss Weihnachten feiern! Aber morgen, da stört mich keiner. So, das hat geschmeckt, aber jetzt nichts wie raus …

1 Erzähle mit eigenen Worten, was sich an dem geschilderten Weihnachtstag ereignet.

2 Welche Bedeutung hat das Fernsehen für Anja?
Mit welchen sprachlichen Mitteln wird dies im Text dargestellt?

3 Versuche es doch selbst einmal: Verfasse einen ähnlichen Text, der die Gedanken und Gefühle eines „Medienkindes" noch deutlicher macht.

4 Schreibe Anja einen Brief, in dem du ihr mitteilst, wie du dir ein gelungenes Weihnachtsfest vorstellst!

Fernsehabend

Loriot

Ein Ehepaar sitzt vor dem Fernsehgerät. Obwohl die Bildröhre ausgefallen ist und die Mattscheibe dunkel bleibt, starrt das Ehepaar zur gewohnten Stunde in die gewohnte Richtung.

SIE: Wieso geht der Fernseher denn gerade heute kaputt?

ER: Die bauen die Geräte absichtlich so, dass sie schnell kaputtgehen … *(Pause)*

SIE: Ich muss nicht unbedingt fernsehen …

ER: Ich auch nicht … nicht nur, weil heute der Apparat kaputt ist … ich meine sowieso … ich sehe sowieso nicht gern Fernsehen …

SIE: Es ist ja auch wirklich nichts im Fernsehen, was man gern sehen möchte … *(Pause)*

ER: Heute brauchen wir Gott sei Dank überhaupt nicht erst in den blöden Kasten zu gucken …

SIE: Nee … *(Pause)* …. Es sieht aber so aus, als ob du hinguckst …

ER: Ich?

SIE: Ja …

ER: Nein … ich sehe nur ganz allgemein in diese Richtung … aber du guckst hin … Du guckst da immer hin?

SIE: Ich? Ich gucke da hin? Wie kommst du denn darauf?

ER: Es sieht so aus …

SIE: Das *kann* gar nicht so aussehen … ich gucke nämlich vorbei … ich gucke *absichtlich* vorbei … und wenn du ein kleines Bisschen mehr auf mich achten würdest, hättest du bemerken können, dass ich absichtlich vorbeigucke, aber du interessierst dich ja überhaupt nicht für mich …

ER: *(fällt ihr ins Wort)* Jaaa … jaaa … jaaa … jaaa …

SIE: Wir können doch einfach mal ganz woandershin gucken …

ER: Woanders? … Wohin denn?

SIE: Zur Seite … oder nach hinten …

ER: Nach hinten? Ich soll nach hinten sehen? … Nur weil der Fernseher kaputt ist, soll ich nach hinten sehen? Ich lass mir doch von einem Fernsehgerät nicht vorschreiben, wo ich hinsehen soll! *(Pause)*

SIE: Was wäre denn heute für ein Programm gewesen?

ER: Eine Unterhaltungssendung …

SIE: Ach …

ER: Es ist schon eine Unverschämtheit, was einem so Abend für Abend im Fernsehen geboten wird! Ich weiß gar nicht, warum man sich das überhaupt noch ansieht! … Lesen könnte man stattdessen. Karten spielen oder ins Kino gehen … oder ins Theater … stattdessen sitzt man da und glotzt auf dieses blöde Fernsehprogramm!

SIE: Heute ist der Apparat ja nu kaputt …
ER: Gott sei Dank!
SIE: Ja …
ER: Da kann man sich wenigstens mal unterhalten …
SIE: Oder früh ins Bett gehen …
ER: Ich gehe nach den Spätnachrichten der Tagesschau ins Bett …
SIE: Aber der Fernseher ist doch kaputt!
ER: (*energisch*) Ich lasse mir von einem kaputten Fernseher nicht vorschreiben, wann ich ins Bett zu gehen habe!

5 Loriot beschreibt ein Ehepaar, das vor einem defekten Fernseher sitzt. Immer wieder behaupten beide, dass sie auf das Fernsehen gar nicht angewiesen sind und auch ohne das Programm auskommen. Stimmt das wirklich? Finde typische Äußerungen heraus.

6 Beobachte dein eigenes Fernsehverhalten:
a) Wie viele Stunden am Tag sitzt du vor dem Fernseher?
b) Welche Sendungen bevorzugst du?
c) Wählst du dein Programm bewusst aus oder „zappst" du durch die Kanäle?

7 Dieses Stück eignet sich auch dazu, es zu spielen. Lest den Text mit verteilten Rollen.

8 Stell dir vor, dass auch bei dir zu Hause alle Fernseher ausgefallen sind. Wie könnte so ein Tag in deiner Familie ablaufen? Wie würden deine Familienmitglieder auf diese ungewohnte Situation reagieren?
a) Erzählt diese Situation.
b) Schreibt eure eigenen Rollentexte dazu.

Fernsehabend

Verfasser unbekannt

„Vater, Mutter, hallo!“
„Psssst!“
„Ich bin ...“
„Später!“
„Also ich wollte nur ...“
„Ruhe!“
„Dann geh ich ...“
„Momentchen. Gleich haben sie den Mörder.
So, was wolltest du sagen, mein Kind? – Jetzt ist er wieder weg.
Nie kann man in Ruhe reden mit ihm.“

9 Erkläre, was bei diesem Fernsehabend anders ist, als bei Loriots Fernsehabend.

10 Was wollte das Kind wohl zu Hause erzählen?

11 Nach diesem „Gespräch" mit den Eltern gehen dem Kind Gedanken durch den Kopf. Versetze dich in seine Lage und verfasse einen möglichen Tagebucheintrag.

Flimmerchips

Schülertext

Heute ist Freitag, und gleich geht's wieder los, das Küchentischfernsehtheater! Ich nenn' es so, weil die Uraufführung auf dem Küchentisch stattfand. So blieb es auch: jeden Freitag wird gespielt. Eigentlich wurde. Ich muss nämlich sagen, dass es längst nicht mehr so turbulent zugeht. Was war das für eine Premiere, als Miriam, die älteste, eines Tages so 'ne Fernsehzeitschrift mitbrachte. Vom Taschengeld gekauft, sagte sie und blickte mich sicherheitshalber mal gleich scharf an. Und jetzt machen wir mal einen Fernsehplan für die kommende Woche, meinte sie, während das bunte Heft auf den Tisch flatterte. Schriftlich, fügte sie hinzu und das betonte sie besonders, und es kam mir so vor, als blickte sie wieder mich dabei an. Schriftlich, wiederholte sie mit Nachdruck. Der wird dann hier hergehängt, hier an die Türe, damit ihn jeder sehen kann, und der Nachsatz klang wohl eher wie: damit das jeder kontrollieren kann!
Das ist ja was ganz Neues, erwiderte ich und blickte, Unterstützung suchend, Ulrike, meine Frau, an, die ausgerechnet in diesem Augenblick aus der Küche musste, um irgendetwas zu erledigen. Und so ließ sie mich mit dem „Au-ja-super-prima-Idee-Geschrei“ unserer vier Blondschöpfe allein. In der Schule hätten sie darüber gesprochen, meinte Miriam. Petra, ihre vielgeliebte Freundin,

habe berichtet, dass das bei ihnen zuhause auch so liefe. Und während Eva und Hanna die Zeitschrift schon in Einzelteile zu zerlegen drohten, als gelte jede erkämpfte Seite als Gutschein für einen Platz in der ersten Reihe, suchte Barbara dies zu verhindern, indem sie sich todesmutig mit ihrem ganzen Körper über die bunte Bilderflut auf den Tisch warf: auf dem Tisch kniend schwenkte Miriam den Plan hin und her, wie eine Siegesfahne, und skandierte: Wir machen einen Fernsehplan! Wir machen ...

In diesen Vorschlag stimmten alle ein, erst Barbara, dann die beiden anderen und das „Wir-machen-einen-Fernsehplan!" steigerte sich, langsam aber sicher, unterstützt durch auf den Tisch trommelnde Hände, in ein staccato fortissimo. Wir ... machen ... einen ... Fernsehplan! ... Wir ... machen ... einen ... Die Reste der Zeitschrift versammelten sich in der Mitte des Tisches, und der Sturm der lieben Kleinen legte sich erst, als ich mein Kopfschütteln über so viel ungewohnte Einigkeit einstellte, was als Zustimmung interpretiert und mit einem Applaus vier sich schlagender Händepaare quittiert wurde.

Aber, wie gesagt, mittlerweile findet dieses Vorspiel nicht mehr statt. Miriam kauft jede Woche die Programmzeitschrift – jetzt von meinem Geld –, Eva und Hanna zeichnen den Plan, tragen auch schon die festen Sendungen ein: Nachrichten und die Sportschau – für mich; das war meine Bedingung –, und Barbara sortiert die Fernsehchips: 200 kleine, runde, vielgeliebte und bestgehütete Beilagscheibchen für jede, mit einem Loch zum Auffädeln, grüne für Miriam, rote für Hanna, blaue für Eva und schwarze für sie selbst.

Das Anmalen war mein Beitrag zum Fernsehfrieden. Herr Bierbaum vom Handwerkermarkt musste die Beilagscheiben extra aus dem Lager holen. „Wozu braucht man so viele?", fragte er und schüttelte den Kopf. „Für jede Minute eine!", murmelte ich und war ganz froh, dass er mich nicht verstanden hatte.

So hatte jeder was zu tun, Ulrike kassierte: Charly Brown kostete 10 Chips, die Sesamstraße meistens 28; der Disney-Club schon mal 85 und Hit-Woche neulich satte 180 – fast die ganze Wochenration. Und als Hanna kürzlich alle ihre Chips schon Mittwoch verglotzt hatte, da ging sie zu Barbara, welche leihen. „Nur mit Zinsen, klar!", meinte sie geschäftstüchtig und zeigte stolz ihr buntes Guthaben: rote, blaue, grüne und schwarze Flimmerscheiben, farbig gemischt trug sie ihren Schatz wie eine Kette um den Hals.

„Irgendwie fehlen gelbe", meinte sie zu mir und als sie vorschlug, dass ich doch für mich gelbe machen könnte, hatte ich wirklich etwas ganz Wichtiges zu tun. Welch eine Vorstellung: 200 Chips! Die Woche! Keine zwei Tage reichte das ...

12 Wie hat diese Familie ihren Fernsehstreit gelöst?

13 Was hältst du davon, den Fernsehkonsum mit Hilfe von Flimmerchips zu regeln? Wie würde deine Familie auf diesen Vorschlag wohl reagieren?

14 Mal ehrlich: Wie viele Chips würdest du in jeder Woche brauchen?

Die gar traurige Geschichte mit dem Video-Film

Franz S. Slenitzka

Paulinchen war allein zu Haus,
die Eltern waren beide aus.
Als sie nun durch das Zimmer sprang
mit leichtem Mut und Sing und Sang,
da sah sie plötzlich vor sich stehn
den Videoturm, nett anzusehn.
„Ei", sprach sie, „ei, wie schön und fein
ich leg mir jetzt ein Filmchen ein.
Ich stelle mir die Kiste an,
wie's oft der Vater hat getan."

Und Minz und Maunz, die Katzen,
erheben ihre Tatzen.
Sie drohen mit den Pfoten:
„Der Vater hat's verboten!
Mio! Miau! Mio! Miau!
'S ist nicht erlaubt! Du weißt's genau!"

Paulinchen hört die Katzen nicht.
Die Röhre flimmert hell und licht.
Das Bild ist scharf, der Ton ist laut,
grad wie ihr's auf der Zeichnung schaut.
Das Mädchen aber freut sich sehr
und sprang im Zimmer hin und her.

Doch Minz und Maunz, die Katzen,
erheben ihre Tatzen.
Sie drohen mit den Pfoten:
„Die Mutter hat's verboten!
Miau! Mio! Miau! Mio!
Rühr es nicht an, das Video!"

Pauline holt sich ein Glas Brause
und denkt sich, morgen in der Pause,
da werden alle um mich stehn.
Da wird sich alles um mich drehn!
Die schlimmsten Horror-Schock-Geschichten
weiß ich am Schulhof zu berichten …
Doch wie sie auf den Bildschirm schaut,
bekommt sie eine Gänsehaut.
Paulinchen fürchterlich erschrickt:

Entsetzlich ist, was sie erblickt.
Da wird gehenkt, da wird erschlagen.
Dem Mädchen dreht sich um der Magen.
Da wird gemetzelt und geschossen
und eimerweise Blut vergossen.
Da wird gefesselt und geknebelt,
erdolcht, erdrosselt und gesäbelt!

Paulinchens Nas' wird käsebleich,
und ihre Knie sind butterweich.
Das Mädchen zittert, ja es schreit
vor lauter Angst, man hört sie weit.
Es bebt die Hand, sträubt sich das Haar,
es bebt das ganze Kind sogar.

Und Minz und Maunz, die schreien
gar jämmerlich zu zweien:
„Herbei! Herbei! Wer hilft geschwind?
Zu Tode fürchtet sich das Kind!
Miau! Mio! Miau! Mio!
Was für ein Horror-Video!!"

Dann hat das Grausen doch ein End',
Paulinchen heult, Paulinchen flennt,
und zitternd läuft, vor lauter Schrecken
davon sie, um sich zu verstecken.
„Nein, dieser Film war gar nicht nett!"
Sie wirft sich heulend auf ihr Bett,
vergräbt den Kopf unter dem Kissen,
um nie mehr Zombies sehn zu müssen.

Und Minz und Maunz, die beiden,
die sitzen da und leiden.
Sie schütteln ihr Köpfe.
„Die Eltern, diese Tröpfe!
Wo sind sie hin? Wo sind sie? Wo?
Miau! Mio! Miau! Mio!"

15 Warum schaut Paulinchen sich ein Video an?
a) Wie wirkt das Video auf das Mädchen? Nenne Beispiele aus dem Text.
b) Nenne weitere Auswirkungen bzw. Wirkungen solcher Filme.

16 Würdest du Paulinchen als feige bezeichnen? Begründe deine Meinung.
Und wie beurteilst du das Verhalten der Eltern?

17 Weißt du, aus welcher Geschichte Paulinchen ursprünglich stammt?
Hans guck' in die Luft ist ein weiterer Text aus dem *Struwwelpeter*.
Versuche ihn in ähnlicher Weise zu verändern.

Gesprächs-Gulasch televisionistisch

Rainer Brandenburg

(Für 2–13 Millionen Zuschauer)

1–2 mäßig informierte Gastgeber
1 Weltumsegler
(Ersatzweise zwei Survival-Promis*)
2 grüne Filmsternchen
1 durchtriebener Buhmann
1 blaue Skandalnudel
1 abgebrühter Politiker
1/2 Kasten Mineralwasser
3 Flaschen Wein
17 Zigaretten
1 Sitzgruppe
1 Handvoll Publikum
167 Fragen
(Können auch aus der Dose sein)

Publikum 30 Min. bei Studiotemperatur vorheizen. Gastgeber, Weltumsegler, Filmsternchen, Buhmann, Skandalnudel und Politiker bei mittlerer Hitze gleichmäßig in die Sitzgruppe drücken. Ein Viertel der Fragen kurz anschneiden und gleichmäßig über die Sitzgruppe verteilen. Nach 15 Min. einen Esslöffel Publikum über den Buhmann gießen und kurz aufkochen lassen. Verbindet sich die Skandalnudel mit dem Weltumsegler, alles mit Mineralwasser und Wein ablöschen. Restliche Fragen, Publikum und Zigaretten dazugeben und 50 Min. ziehen lassen.

Vorbereitung: 45 Minuten. Zubereitung: 90–120 Minuten.
Geistiger Nährwert pro Zuschauer: 5–20 TV-Kalorien.
Beilagen: Eine preiswerte Drei-Mann-Combo, 2–3 Filmausschnitte, ein singender Schauspieler.

* Survival-Promis: Prominente, die dem modischen „Überlebensurlaub" nachgehen.

18 Nenne alle Wörter und Wendungen, die den Text als Rezept erscheinen lassen.

19 Auf welche Art von Fernsehsendungen wird hier angespielt?

20 Welche Haltung des Verfassers gegenüber diesen Sendungen wird deutlich?

21 Verfasse nun selbst ein Rezept für eine andere Art von Fernsehsendung.

Strafe muss sein

Zeichnung: Erich Rauschenbach

22 Fernsehen als Mittel der Strafe oder Belohnung? Was meint ihr dazu?

23 Erwartest du für schlechte Noten eine Strafe?

24 Fernsehkonsum als Belohnung – Buch lesen als Strafe. Wie denkt ihr darüber?

Bücher lesen macht Spaß

Warum nicht Bücher ausleihen?

1.0 Bilderbücher
2.0 Märchen, Fabeln
3.0 Sagen
4.1 Erzählungen für 6–9-Jährige
4.3 Sachbücher für 6–9-Jährige
5.1 Erzählungen für 9–13-Jährige
5.2 Erzählungen und Romane für Jugendliche ab 13 Jahre
6.1–6.9 Sachbücher für 9–13-Jährige

In einer Bibliothek stehen die Bücher in der Regel nach Gruppen geordnet in den Regalen. Danach könnt ihr euch also richten, wenn ihr einfach nur „stöbern" wollt. Vielleicht sprechen euch ja die folgenden Buchauszüge (ab Seite 218) so an, dass ihr euch die Bücher dort ausleihen mögt.

Natürlich könnt ihr euch auch jederzeit an die Bibliothekarin wenden, die euch hilft, berät und Fragen beantwortet. Meistens steht aber auch ein Computer zur Verfügung. In den könnt ihr Titel oder Autor eingeben, falls ihr ein bestimmtes Buch sucht. Mit der Eingabe des Themabegriffes erfahrt ihr ebenfalls die Signatur eines gewünschten Buches.

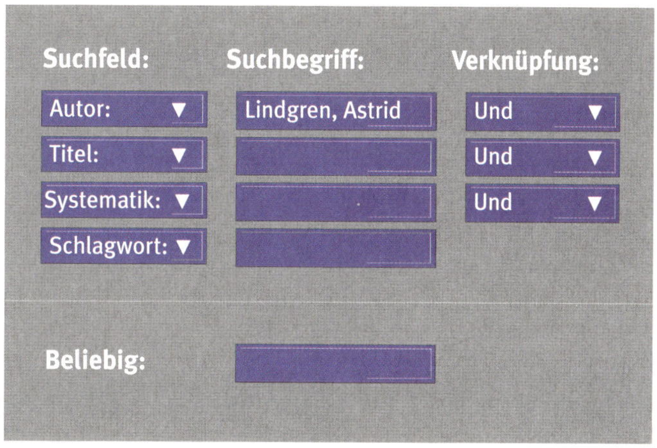

Jedes Buch trägt auf dem Buchrücken eine Signatur. Diese ist ein Kennzeichen der Bibliothek, um das Buch leichter zu finden. Sie gibt die Gruppe an, in der das Buch steht, und den Autor oder die Autorin. Häufig sind die Signaturen zur besseren Unterscheidung einzelner Gruppen auch farblich gekennzeichnet.

Sinuhe, der Mann aus der Wüste

Alfred Clemens Baumgärtner wurde 1928 in Wiesbaden geboren. Zunächst arbeitete er als Lehrer, später als Professor an der Universität in Würzburg.
Die Handlung geht auf einen Text zurück, der vermutlich 1960 vor Christi Geburt in ägyptischer Sprache aufgezeichnet wurde. A. C. Baumgärtner hat diese älteste Abenteuergeschichte neu erzählt.
Sinuhe ist ein ägyptischer Fürst und der Vertraute des Herrschers. Als dieser unter mysteriösen Umständen stirbt, muss Sinuhe flüchten.

Meine Flucht war von Anfang an beschwerlich und voller Gefahr. Ich musste alles fürchten – in den Siedlungen die Menschen und im freien Land die wilden Tiere, dazu die Gewässer, die ich zu überwinden hatte, die wasserlosen Strecken, durch die ich kam, die Hitze des Tages und die Kälte bei Nacht.
Ich war auf meinen Aufbruch nicht vorbereitet gewesen, hatte keine Vorräte an Wasser oder Nahrung bei mir oder Waffen, mit denen ich hätte jagen oder mich verteidigen können. Ich musste sehen, wie ich mich durchschlug, Tag für Tag. Manchmal holte ich mir von den Feldern und den Fruchtbäumen, was ich zum Überleben brauchte, und manchmal bettelte ich. So erfuhr ich, was es heißt, ein Flüchtling zu sein.
Meist lief ich in der Nacht und verbarg mich am Tage. Als das Mewote-Gewässer mir den Weg versperrte, setzte ich in einem Boot aus Papyrusbündeln über, das ich am Ufer hatte liegen sehen.
Einmal trat aus einer Gruppe von Palmstämmen ein Mann auf meinen Weg. Erschrocken standen wir beide still. Der andere fasste sich als Erster. Zögernd kam er heran. Als er auf meiner Höhe war, musterte er mich einige Augenblicke, dann grüßte er ehrerbietig. Ich dankte und ging rasch an ihm vorüber. Hatte er mich erkannt? Ich hielt es nicht für ausgeschlossen; mich kannten viele Menschen im Land. Obwohl ich diesen Gedanken rasch wieder verwarf, blieb ein Gefühl der Unsicherheit in mir zurück.
Groß schien mir die Gefahr des Erkanntwerdens bei der Überquerung des Nils. Ich erreichte ihn in der Nähe der Stadt Gu und sah ihn an mir vorüberziehen, breit und mächtig, und erfasste, dass ich ihn ohne fremde Hilfe nicht würde bezwingen können. Falls meine Flucht nicht hier schon enden sollte, musste ich es wagen, mich zusammen mit anderen Menschen auf einem Fährboot übersetzen zu lassen.
Beim Betreten der Stadt war es mir beklommen zumute. Ängstlich bewegte ich mich durch die engen Gassen mit den gleichförmigen einstöckigen Häusern aus Lehmziegeln, auf deren flachen Dächern die Bewohner ihren Tätigkeiten nachgingen. Auch der Marktplatz war dicht bevölkert von Menschen, die ihre Waren tauschten und miteinander redeten.

Als ich mich dort jedoch über das spiegelnde Wasser einer Zisterne beugte, um zu trinken, beruhigte ich mich wieder ein wenig. Ich erblickte mein Gesicht, und es schien mir kaum noch mein eigenes zu sein: Es war hager geworden, mit einem kurzen Bart bedeckt und von den Schrammen entstellt, die ich mir auf meinen nächtlichen Wegen zugezogen hatte. Auch meine verschmutzte und zerfetzte Kleidung erinnerte nicht mehr an den Fürsten und Vertrauten des Herrscherpaares, der ich vor einigen Tagen noch gewesen war. Ich dachte, dass ich das Wagnis der Überfahrt wohl auf mich nehmen konnte.

Als ich den Fluss erreicht hatte, trat ich zu einer Gruppe von Menschen, die auf die Ankunft des Fährbootes warteten. Ich hielt mich am Rand, um nicht angesprochen zu werden, hörte aber aufmerksam den Gesprächen zu.

Ich wurde enttäuscht. Die Leute redeten nicht über das, was ich gern erfahren hätte – über die Ereignisse in der Residenz, über den Tod Amenemhets und seine Nachfolge, über die vielleicht neuen Machtverhältnisse und die Lage im Land. Das alles hatte wohl zu wenig mit ihrem Alltag zu tun, der von ganz anderen Sorgen und Nöten bestimmt wurde. Die Fragen, die mich beschäftigten, gehörten offensichtlich in eine Welt, die nicht die ihre war.

Ich erinnere mich daran noch so deutlich, weil mir damals zum ersten Mal der Gedanke kam, wie abgehoben von der Bevölkerung, den Bauern, Handwerkern und Soldaten, sich unser Leben als Adlige vollzog. Wir waren eingesponnen in unser starres Zeremoniell, und obwohl wir alle Dinge im Land lenkten – Aussaat und Ernte, den Einzug der Abgaben und ihre Verteilung auf die Staatsausgaben, die Unterhaltung und Einsätze des Heeres und die Verehrung der vielen Götter –, hatten wir kaum noch Verbindung mit der Bevölkerung und wussten nur wenig von dem, was sie wirklich bewegte.

Das Boot kam in Sicht, wurde größer und größer, näherte sich dem Ufer – unendlich langsam, wie mir schien – und legte schließlich an. Ich stieg mit den anderen ein. Wenig später stießen wir ab. Von einem leichten westlichen Wind bewegt und vom Steuermann mit dem Ruder gelenkt, bewegte das Boot sich über den Strom, für mein Angespanntsein und meine Ungeduld quälend langsam.

Hinüber, dachte ich, nur hinüber, und nahm kaum etwas von dem wahr, was um mich war –

vom Geruch des Wassers, in dem die Fische sich bewegten und manchmal mit silbrigem Glitzern die Oberfläche durchbrachen, vom grünen Bewuchs der Ufer, aus dem das Geschrei der Vögel drang, und den Menschen, die auf den Feldern und in den Bewässerungsanlagen arbeiteten. All das verschwamm vor meinen Sinnen. Endlich legten wir am anderen Ufer an, und ich trat, erleichtert aufatmend, mit den anderen auf den Landeplatz und setzte meinen Weg fort.

Das letzte große Hindernis auf meinem Fluchtweg waren die Grenzbefestigungen, die Amenemhet hatte errichten lassen, um die Beduinen aus dem Lande zu halten. Bevor ich sie erreichte, hatte ich ein in dieser Jahreszeit wasserloses Flussbett mühsam überwinden müssen; meine Kräfte hatten längst zu schwinden begonnen.
Ich kann mich noch an das bange Gefühl beim Anblick der Mauern und Türme erinnern, die sich, immer noch in einiger Entfernung von mir, gegen den Abendhimmel abzeichneten. Das Abendlicht lag auf den gelblichen Lehmziegeln, aus denen sie errichtet worden waren. An ihrem Fuß wuchs hier und da Gestrüpp und erhoben sich Gruppen kümmerlicher Bäume.
Als ich näher herangekommen war, konnte ich einen der Wächter auf der Mauer erblicken. Er stand ein gutes Stück entfernt von mir, hatte mir den Rücken zugewandt und schaute hinüber in das Land jenseits der Grenze. Irgendwann würde er sich aber wohl auch einmal umwenden, und dann musste ich sehen, was geschah.

Damals, im Angesicht von Amenemhets Mauer, schien es mir, als wäre meine Flucht bereits zu Ende. Meine Zuversicht, die in den letzten Tagen ohnehin immer geringer geworden war, verließ mich ganz.

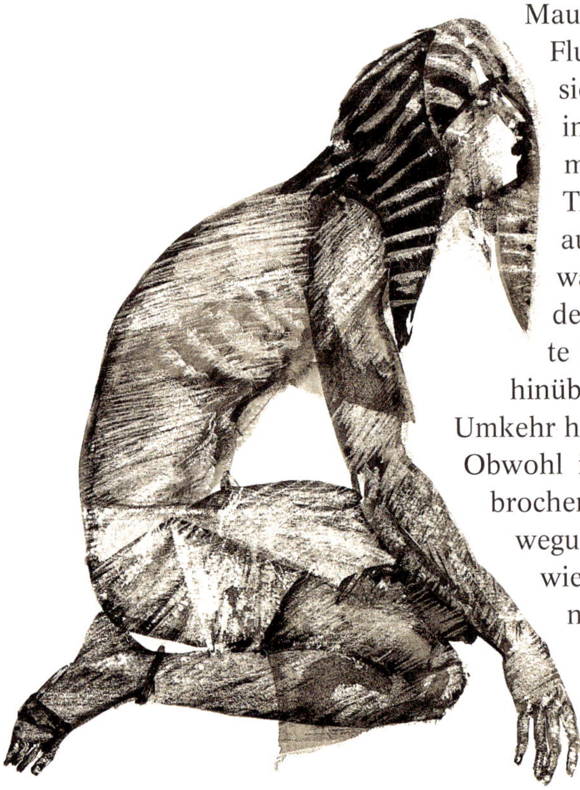

Trotzdem bewegte ich mich vorsichtig auf die Festungsanlage zu, wobei ich, wann immer möglich, den Sichtschutz der Büsche und Bäume nutzte. Ich musste hinüber, musste wenigstens versuchen hinüberzukommen. Eine Möglichkeit zur Umkehr hatte ich jetzt nicht mehr.
Obwohl inzwischen die Dämmerung hereingebrochen war, musste der Wächter meine Bewegungen wahrgenommen haben. Ich hörte, wie er mich mit lauter Stimme und jetzt näher bei mir anrief, und nach einem Augenblick der Erstarrung ließ ich mich zu Boden fallen, auf das Geröll und den Sand vor der Verteidigungs-

anlage, mitten hinein in das dornige Gestrüpp. Mein Herz klopfte schnell und hart, als ich auf der steinigen Erde lag.
Ich wartete und wartete, ob der Wächter von der Mauer heruntersteigen würde, um mich gefangen zu nehmen, und überlegte, wie ich mich wehren, ihn unschädlich machen oder vielleicht auch töten konnte.
Da ich nicht einmal über ein Messer verfügte, tastete ich im Liegen den Boden ab, bis ich einen Stein fand, der mir zum Werfen oder Zuschlagen geeignet schien. Ihn umklammerte ich mit der Rechten, gespannt auf das, was geschehen würde. Es geschah jedoch nichts mehr. Vielleicht hatte der Wächter sich mit dem Gedanken beruhigt, dass sich da unten im Gebüsch ein Tier geregt hatte; vielleicht wollte er auch nicht die Mauer verlassen, in deren Schutz er sich sicherer fühlte.
Als es vollends Nacht geworden war, erhob ich mich in meinem Versteck vom Boden, steif vom langen Liegen, und ließ den Stein aus der verkrampften Hand fallen. Es waren keine Wachtposten zu sehen und keine Schritte zu vernehmen. So setzte ich meinen Weg fort, an der Befestigungsanlage entlang, die ein wenig vom Licht des Mondes zurückwarf. Ich wusste, dass es Durchlässe gab, die nicht immer bewacht waren, weil die Zahl der Grenzsoldaten nicht ausreichte. Vielleicht gelang es mir, an einer solchen Stelle die Mauer zu überwinden und hinüberzukommen.
Lange nach Mitternacht stieß ich auf einen Durchlass, der sich schwarz von den im Mondlicht liegenden Ziegeln abhob. Ich spürte, wie die Angst, die mich vom Anbeginn meiner Flucht nie verlassen hatte, mich zu überfluten drohte wie eine hochgehende Woge, und wusste, dass ich nicht mehr lange würde durchhalten können.
Gebückt ging ich auf die Lücke in der Mauer zu, immer wieder innehaltend, um schauen und lauschen zu können. Aber es waren keine Wächter auf der Mauer zu sehen, und zu hören war nur der Wüstenwind, der von Osten kam und mit den trockenen Blättern der Bäume raschelte.
Ich durfte nicht länger warten. Immer noch gebückt, legte ich die letzten Schritte auf die dunkle Öffnung in der Befestigungsanlage zurück. Zu meiner Erleichterung fand ich sie unbewacht und auch nicht durch Sperren unpassierbar gemacht.
Entschlossen trat ich in die Finsternis, tastete mich voran, immer den dämmrigen Schein am Ende des Gangs im Blick, und dann war ich hindurch und bewegte mich von der Mauer fort, langsam und vorsichtig und gebückt und wieder im Sichtschutz der Büsche, wie ich mich zuvor auf sie hinbewegt hatte.
Erst als sie weit hinter mir lag und erneut klein wirkte, ging ich wieder aufrecht und schritt rasch aus. Der Morgen graute. Tief atmete ich die kühle Luft ein. Du bist in Sicherheit, sagte ich zu mir, wusste aber zugleich, dass dies nur für die Verfolgung in meinem eigenen Lande galt; was mich in der Fremde erwartete, war nicht vorauszusehen. Das Land, das ich gerade betreten hatte, kannte ich nur aus Erzählungen anderer, und die hatten es immer als bedrohlich geschildert. Wie sehr sie Recht hatten, sollte ich schon bald erfahren..

Titus kommt nicht alle Tage

Irene Ruttmann wurde 1933 in Dresden geboren und wuchs in Chemnitz auf. An den Universitäten in Leipzig, Berlin und Frankfurt/Main studierte sie Germanistik, Anglistik, Theaterwissenschaften und Kunstgeschichte. Das Buch ist ihr erstes Jugendbuch, angeregt von Spaziergängen zum Limes und zum Kastell Saalburg im Taunus.

Es schneite noch immer. Der Schnee fiel jetzt so dicht, dass ihre Fußspuren nicht mehr zu sehen waren. Sie waren heute die einzigen Besucher des Römerkastells.
Sie gingen ein paar Schritte die via praetoria zurück zum überdachten Umgang des Mittelgebäudes. Auf den Grabsteinen, die an der Innenwand aufgereiht standen, waren ernste Krieger zu sehen, darunter zentimeterhohe lateinische Buchstaben. Ein Reiter hatte das Pferd hochgerissen und sprengte über seinen Gegner hinweg, der am Boden lag.
„Was steht da drauf?“ fragte Andi, der die kleinen Übersetzungstafeln neben jedem Stein noch nicht entdeckt hatte.
Herr Agricola stellte sich davor, lachte und sagte: „Das könnten wir eigentlich selbst übersetzen!“
Ich muss mich ja nicht gerade vordrängen, dachte Sven. Er stand etwas abseits von der Schülergruppe und schob sich jetzt in den Gang außer Sichtweite des Lehrers.
„Dolanus aus Esbenus, ach nee, Sohn des Esbenus, Reiter der vierten Thrakerkohorte ...“, hörte er Andi stottern und dazwischen helfend die Stimme von Herrn Agricola.
Sven musste an den aufgeregten Museeumswärter denken. Was hatte der eigentlich für ein Schild gemeint? Nachdenklich malte er mit der Fußspitze Figuren in den Schnee, während er sich langsam von den anderen entfernte. „... war vierundzwanzig Jahre im Dienst ...“, hörte er noch und trat gedankenverloren in die schmalen Fußspuren, die den Gang entlang und vom Haus wegführten. Sie lagen weiter auseinander als seine Schritte, und er musste ein bisschen hüpfen, um sie genau zu treffen.
Wer hat denn bei diesem Wetter Rennschuhe an oder so komische Nageldinger wie Spikes? dachte er. Aber plötzlich blieb er wie angewurzelt stehen. Hatte er sich geirrt, oder ähnelte die Spur vor ihm wirklich dem Abdruck des römischen Schuhs aus dem Glasschrank? Aber wie sollte das möglich sein? Sven guckte wieder und wieder auf die schmale Fußspur, die die zugeschneite via principalis kreuzte und auf eine der beiden Mannschaftsbaracken zuführte, die hinter dem Museum nach alten Plänen aufgebaut worden waren.
Es gibt zwei Möglichkeiten, überlegte er. Entweder ich gehe zurück und erzähle den anderen, was ich gesehen habe oder ich versuche alleine herauszufinden,

was da los ist. Und schon schneite die Spur langsam wieder zu. Sven folgte ihr in großen Sprüngen.

Die beiden Baracken standen so dicht nebeneinander, dass sie eine schmale Gasse bildeten. Die vorgezogenen Dächer wurden von dunkelgebeizten Holzpfosten gestützt, sodass an den Längswänden geschützte Gänge entstanden waren. An jeder Barackenwand befanden sich in gleichmäßigen Abständen etwa neun Türen nebeneinander. Die Fußspur endete vor einer von ihnen. Es war jetzt sehr still. Sven spürte sein Herz klopfen. Ganz leicht drückte er gegen das schwarzgeteerte Holz der Tür. Sie gab nach und schwang wie von selbst nach innen. Sven setzte einen Fuß in den Raum und beugte sich vor.

Ein verstaubtes kleines Fenster ließ nur wenig Licht herein. Die Ecken des Raumes waren vollgestopft mit allerlei Gerümpel. Eine Art Abstellkammer, dachte Sven und erkannte Kisten, einen umgedrehten Gartentisch und einige Parkbänke. „Ist hier jemand?“ fragte er laut und fand seine eigene Stimme merkwürdig dünn.

Da entdeckte er sie: Die schmale Fußspur führte quer über den Boden. Jetzt war sie nass und deutlich zu sehen. Sie verschwand hinter einer hohen Kiste. Auf einmal hatte Sven keine Angst mehr. Mit drei schnellen Schritten war er bei der Kiste: Auf dem Boden saß mit angezogenen Knien ein Junge. Er wirkt ganz ruhig und schien auch nicht zu erschrecken, als Sven vor ihm stand. Gelassen blieb er sitzen und sah Sven freundlich an. Och, bloß ein Junge, dachte Sven enttäuscht. Bin ich dafür durch den Schnee gestampft? Aber auf einmal sah er an den Füßen des Jungen die römischen Schuhe. Nicht schwärzlich und verschrumpelt, sondern braun und glatt. Sie wirkten nicht gerade neu, hatten aber auf keinen Fall tausendsiebenhundert oder tausendneunhundert Jahre im Wasser gelegen.

Dann erst entdeckte er, dass die Beine des Jungen nackt waren. Nackt und braun bis zu den Hosen, engen Lederhosen, die die Knie bedeckten. Wie besonders altmodische Bermudashorts. Weiter oben wurde es noch merkwürdiger. Über der Hose hing ein weißer Überwurf in vielen Falten, von einem Gürtel zusammengehalten. Um die Schultern lag ein Umhang, und der war schön. Von zarter grüner Farbe, an den Rändern mit einer goldgelben Borte eingefasst und auf einer Schulter von einer Spange zusammengerafft.

Aber der Kopf ist ganz normal, dachte Sven. Er hat eine Frisur wie ich in der ersten Klasse, als meine Mutter mir noch selbst die Haare rundherum gleichmäßig abschnitt. Und große dunkle Augen hat er wie Gino, scheint aber älter zu sein, mindestens vierzehn.

Sven war verwirrt. Irgendetwas war merkwürdig. Wurde hier etwa ein Film gedreht? Aber dann hätten sie doch früher etwas merken müssen. In seinem Kopf arbeitete es, und er wusste nicht, was er sagen sollte. Der Junge schien das zu spüren, den er erhob sich langsam, verbeugte sich leicht und sagte mit klarer Stimme: „Ave.“

Was ist denn jetzt los, dachte Sven. Warum sagt der lateinisch „sei gegrüßt“ zu mir und antwortete unwillkürlich laut „Ave“.

Der Junge lachte ihn an und wollte gerade etwas sagen, da war hinter Sven ein Geräusch. Der fuhr herum. Da stand Julia Feyerabend, ein Mädchen aus seiner Klasse, und starrte die beiden neugierig an.

„Wo steckst du denn bloß? Wir suchen dich überall", sagte das Mädchen mechanisch, ließ aber die Augen nicht von dem fremden Jungen und setzte sofort hinzu: „Wer ist denn das?"

Bevor Sven mit den Schultern zucken konnte, antwortete der Junge schon selbst: „Titus Gaius Lentulus."

Es klang frisch und munter. Wieder verbeugte er sich ein wenig dabei und sah die beiden freundlich an, als warte er auf etwas.

„Also, ich heiße Sven Altmann, und das ist meine Klassenkameradin Julia Feyerabend", stellte Sven vor.

Bei dem Namen Julia ging ein Lächeln über das Gesicht des Jungen. Ob er sich wunderte, dass dies aufgeschossene Wesen mit den kurzen blonden Haaren und den langen Hosen ein Mädchen sein sollte? Dann sagte er, und es klang erleichtert: „Ich bin froh, dass ihr gekommen seid. Ich fürchtete schon, die Sonne würde untergehen und ich bliebe wieder allein. Dann wäre der Tag vorbeigegangen, ohne dass ich ihn genutzt hätte."

Sven und Julia sahen sich an. Klingt irgendwie steif und altmodisch, dachte Sven. Wie ein Stück aus dem Lateinbuch. Übungen im Konjunktiv.

„Bist du ein Römer?" hörte Sven sich fragen und wunderte sich, dass Julia nicht kicherte oder „spinnst du?" sagte, sondern gespannt auf den Jungen blickte, der sich Titus soundso nannte. Sven setzte noch hinzu: „Bist du immer hier?"

„Ich bin ein römischer Bürger." Die Antwort klang stolz. „Aber kein Legionär, wie ihr seht. Ich gehöre zum Dorf."

„Zu welchem Dorf?"

„Zum Dorf vor dem Lager. Wenige Schritte unterhalb des großen Bades, neben dem Rasthaus, in dem die vornehmen Gäste aus Mogontiacum oder sogar aus Rom absteigen, liegt das Haus meines Vaters", erklärte der Junge fast ein wenig feierlich.

„Aber …", Sven fiel die freie Fläche vor dem Kastell ein, auf der sich nur ein paar Mauerreste abzeichneten, „aber da ist doch gar nichts mehr!"

Über das Gesicht des Jungen ging ein Schatten: „Ja, ich weiß. Das ist alles die unselige Wirkung des Laserpiciums und der große Irrtum der Magd."

Die beiden guckten verdattert. Sie kapierten gar nichts. Doch dass sie sich mit dem Jungen, der sich Titus nannte, unterhalten konnten und ihn verstanden und er sie, daran fanden sie nichts Ungewöhnliches mehr.

„Was für ein Laserdingsbums", fragte Sven, „und was für ein Irrtum?"

„Als die schlimme Krankheit mich gefangen hielt, brachte die Magd die Wurzel. Sie hatte sie von ihrem Vater. Der erbte sie von einem Legionär aus Illyrien. Dem gab sie ein anderer. Und der hatte sie von einem, der mit dem großen Cäsar in Ägypten gewesen war." Titus redete jetzt schneller. Er wollte seine Erklärungen loswerden: „Das Laserpicium hat Kraft und Zauber. Aber die Magd gab mir zuviel davon. Und so zog es nicht nur die Krankheit, sondern auch mich ganz hinweg." Und mit einem Blick auf seine Beine: „Es war Sommer." Etwas erschöpft machte er eine Pause. Dann hob er verlegen die Schultern, als genügte ihm die Erklärung selbst nicht ganz, und sagte mit einem Lächeln: „Aber von Zeit zu Zeit gibt es mich wieder frei. Und da bin ich eben."

Julia fasste sich zuerst: „Sag doch noch mal deinen Namen. Er ist ein bisschen lang für uns, weißt du."

„Titus ...", fing der Junge an, unterbrach sich aber und hockte sich auf den Boden. Entlang der Scheuerleiste, wo der Staub am dicksten lag, malte er mit dem Zeigefinger in großen Buchstaben auf die Diele:

TITUS GAIUS LENTULUS

Fast etwas stolz drehte er sich um.

„Ach so, vielen Dank", sagte Julia, „und wie lange ..."

Aber da hörte man es draußen rufen: „Svehen, Juliaaa, wo seid ihr denn? Der Bus fährt ahab!"

Ohne ein Wort darüber zu verlieren, waren sich die beiden einig, dass sie diesen Römerjungen ihrer Klasse verheimlichen wollten. Im Augenblick jedenfalls.

„Wir kommen wieder, bestimmt, ganz bestimmt, genau hierher zurück", konnten sie ihm gerade noch zurufen, als sie hinausliefen. Sie zogen die Tür hinter sich zu, da bogen schon ein paar Kinder in die Barackengasse ein.

„Warum haust du denn einfach ab? Sollen wir wegen dir eine Stunde an der Haltestelle stehen?" riefen die Kinder durcheinander. „Africola und die anderen sind schon am Ausgang."

Der Schnee stob auf, als sie alle zurückliefen. Sven konnte feststellen, dass die schmale Fußspur mit dem Nagelmuster längst zugeschneit war. Keiner, außer ihm, hatte sie gesehen.

Natürlich setzten sich Sven und Julia im Bus nebeneinander. Sie redeten kein Wort, hörten aber auch nicht auf das, was um sie herum vorging. Die verschneiten Tannen glitten vorbei. Sie sahen sie nicht.

Als Sven gefragt wurde „Kommst du dann runter? Mit dem Schlitten?" begriff er erst gar nicht, dass er gemeint war. „Weiß noch nicht", antwortete er so einsilbig, dass die Jungen ihn verwundert ansahen.

Beim Aussteigen fragte Julia leise: Kommst du mit zu mir?" Sven nickte. Dann gingen sie nach Hause, jeder in eine andere Richtung.

Julie von den Wölfen

Jean Craighead George wurde in Washington geboren und lebt heute in Cappaqua, New York. Einen Sommer lang erforschte sie das Verhalten der Wölfe und bekam dabei die Anregung zu Julie von den Wölfen. Das Buch erhielt den Deutschen Jugendliteraturpreis.

Miyax schob die Kapuze ihres Anoraks zurück, um nach der Sonne zu sehen. Die war jetzt eine gelbe Scheibe auf einem grünen Himmel, und Miyax schloss aus den Farben des Himmels und der Sonne, dass es gegen sechs Uhr abends sein musste; das war die Stunde, da die Wölfe erwachten. Geräuschlos stellte sie ihren Kochtopf nieder und kroch auf die Höhe eines rundgewölbten kleinen Hügels, einen der vielen Erdbuckel, die in der krachenden Kälte des arktischen Winters aufbrechen und wieder einsinken. Auf dem Bauch liegend blickte das Mädchen über das unabsehbare, moosgefleckte Grasland und wandte dann ihre ganze Aufmerksamkeit auf einen Punkt: die Wölfe. Zwei Schlafzeiten war es her, dass Miyax zufällig auf sie gestoßen war. Sobald die Wölfe erwachten, begrüßten sie einander mit Schwanzwedeln.

Miyax zitterten die Hände, und ihr Herz begann rascher zu schlagen. Sie hatte Angst. Nicht so sehr vor den Wölfen – die zeigten sich zurückhaltend und waren viele Harpunenschüsse weit entfernt –, aber die verzweifelte Lage, in die sie geraten war, machte ihr Angst. Miyax hatte sich verirrt. Seit Tagen wanderte sie ohne Nahrung durch die Wildnis des nördlichen Alaska. Die baumlose Ebene senkt sich, über dreihundert Meilen breit, von den Gipfeln der Brooks Range zum Nördlichen Eismeer und erstreckt sich über achthundert Meilen zwischen Chukchi und der Beaufort Sea. Es gibt keine Straßen; Tümpel und Seen sprenkeln ihre Unermesslichkeit. Der Wind heult und pfeift darüber hin, und in welche Richtung man auch blickt, immer ist es das gleiche Bild. Irgendwo in diesem grasraschelnden Universum war sie, Miyax; und ihr Überleben, das Weiterglimmen des letzten Funkens Lebenswärme in ihrem Körper hing von diesen Wölfen ab. Und sie war nicht einmal sicher, ob sie ihr helfen würden.

Miyax starrte angestrengt auf einen stattlichen schwarzen Wolf, weil sie hoffte, damit seinen Blick auf sich zu ziehen. Sie musste ihm irgendwie mitteilen, dass sie am Verhungern war, und ihn um Nahrung bitten. Man konnte mit Wölfen reden, wusste sie, ihr Vater hatte es getan. Auf der Jagd hatte er einmal neben einem Wolfslager kampiert. Als er einen ganzen Monat lang kein Wild angetroffen hatte, versuchte der Eskimojäger, dem Anführer des Wolfsrudels verständlich zu machen, dass er hungrig war und Futter brauchte. In der Nacht darauf rief der Wolf den Eskimo von ferne, und als der Jäger dem Ruf folgte, fand er ein frisch gerissenes Karibu.

Unglücklicherweise hatte der Vater seinem kleinen Mädchen niemals erklärt, wie er dem Wolf von seinem Hunger Mitteilung gemacht hatte. Und kurz danach paddelte er seinen Kajak zur Seehundsjagd in die Bering Sea und kam nicht wieder.

Miyax beobachtete die Wölfe nun schon seit zwei Tagen. Sie wollte herausfinden, mit welchen Lauten und Gesten die Wölfe Wohlwollen und Freundschaft ausdrückten. Wenn sie nun eine Wolfsgeste herausfinden konnte, war sie vielleicht imstande, sich mit den Wölfen anzufreunden und an ihren Mahlzeiten teilzunehmen, wie ein Vogel oder ein Fuchs es zuweilen taten.

Auf die Ellbogen gestützt, das Kinn zwischen den Fäusten, starrte Miyax den schwarzen Wolf an, bemüht, seinen Blick auf sich zu zwingen. Sie hatte ihn ausgewählt, weil er bedeutend größer war als die anderen und weil er Miyax in seiner Art zu gehen an ihren Vater Kapugen erinnerte; der hatte auch den Kopf hoch getragen und die Brust vorgestreckt. Der schwarze Wolf galt wohl auch als klug und erfahren; sie hatte beobachtet, dass das Rudel auf ihn blickte, wenn der Wind fremde Gerüche brachte oder wenn die Vögel plötzlich ängstlich zu rufen begannen. Zeigte der große Wolf sich beunruhigt, war das Rudel es auch. War er ruhig, verhielten auch sie sich ruhig.
Minuten vergingen, und der Wolf blickte kein einziges Mal herüber. Seit Miyax ihm über den Weg gelaufen war, seit zwei Schlafzeiten, übersah er sie, tat er, als sei sie nicht vorhanden. Gewiss, sie bewegte sich betont langsam und ruhig, um ihn nicht aufzuschrecken, aber sie wünschte doch, der Wolf würde endlich die Freundlichkeit in ihren Augen spüren. Viele Tiere erkennen am bloßen Anblick den Unterschied zwischen ihnen feindlichen Jägern und wohlgesinnten Leuten. Aber der große schwarze Wolf warf nicht einmal einen flüchtigen Blick in ihre Richtung.
Im Gras regte sich ein Vogel. Der Wolf sah hin. Eine Blume bog sich im Wind. Er blickte kurz hinüber. Dann wellte eine Brise den Flaum des Pelzes an Miyax' Anorak, er glänzte auf, aber der Wolf sah nicht hin. Miyax wartete. Dass man mit der Natur Geduld haben musste, hatte schon der Vater ihr eingeprägt, und so hatte sie sich auch jetzt nicht einfallen lassen, sich rasch zu bewegen oder den Wolf laut anzusprechen. Trotzdem musste sie bald etwas zu essen bekommen oder verhungern.
Ihre Hände zitterten, sie würgte die Angst hinunter und versuchte, ruhig zu bleiben.

Miyax war eine klassische Eskimoschönheit, schmalknochig, zart und zugleich kräftig. Ihr Gesicht war rund wie eine Perle, die Nase flach. Ihre schwarzen, auf reizvolle Weise schräg liegenden Augen hatten einen feuchten Glanz. Ihre Gestalt erinnerte an die wunderschönen kurzgliedrigen Körper der Eisbären und Polarfüchse. Die frostigen Lebensbedingungen der Arktis haben alles Lebendige in gedrungene Formen modelliert. Den größeren, langgliedrigen Tieren des Südens unähnlich, die durch ihre größere Oberfläche Wärme abgeben und dadurch Kühlung finden, neigen alle Lebewesen der Arktis zur Gedrungenheit, um Körperwärme zu bewahren.
Die ebenmäßigen Glieder und das hübsche Gesicht waren für Miyax von keinerlei Nutzen, wie sie da auf dem flechtengesprenkelten Frostaufbruch mitten

in der Tundra lag. Der Magen tat ihr weh vor Hunger, und der königliche schwarze Wolf war nur darauf bedacht, sie zu übersehen.

„Amaroq, ilaya, Wolf, mein Freund“, rief sie endlich. „Schau mich an! Schau mich doch bitte an!“ Sie sprach halb Eskimo und halb Englisch, als könnten der Instinkt ihres Vaters, der die Sprache der Wölfe erriet, und die Wissenschaft der Blassgesichter, der Gussaks, sich zu einer Zauberformel, einer magischen Beschwörung verbinden, die ihr helfen würde, mit ihrer Bitte bis zu dem Wolf durchzudringen.

Amaroq betrachtete seine Klaue und wandte dann langsam, ohne die Augen zu heben, den Kopf nach Miyax. Er beleckte seine Schulter. Ein paar verfilzte Haare stellten sich einzeln hoch und glitzerten feucht.

Dann wanderten die Wolfsaugen zu dem Rudel hinüber, glitten über jeden einzelnen der drei erwachsenen Wölfe und schließlich zu den fünf Welpen, die, zu einem einzigen flaumigen Klumpen geballt, nahe dem Höhleneingang schliefen. Die Augen des mächtigen Wolfes wurden weich beim Anblick der kleinen Wölfe, härteten sich aber zu sprödem Glas, als er mit seinem Blick die einförmige Tundra abtastete.

Nicht ein Baum unterbrach die Eintönigkeit der golden schimmernden Ebene, denn die Erde der Tundra bleibt ständig gefroren, und nur Moose, Gras, Flechten und ein paar winterharte, robuste Blumen können in der dünnen obersten Erdschicht, die im Sommer für kurze Zeit auftaut, Wurzeln fassen. Es gibt auch nur wenige Tierarten, die in diesem unerbittlich harten Land gedeihen, aber was sich hier durchsetzt, lebt in übergroßer Anzahl.

Amaroq beobachtete eine Wolke lappländischer Sporammern, die in den Himmel emporkurvte und dann in das Grasland einfiel. Schwärme von Tümpelschnaken, eine der wenigen Insektenarten, die die Polarkälte übersteht, verdunkelten die lichten Pinselspitzen der Moose. Vögel flogen in Kreisen auf, machten kehrt und schrien. Tausende waren es, die von der Moosdecke aufflogen wie vom Wind aufgestörte dürre Blätter.

Die Wolfsohren richteten sich hoch, höhlten sich nach vorn, stellten sich wie Horchgeräte ein auf ferne Botschaft aus der Tundra. Miyax' Körper straffte sich, auch sie lauschte. Erhorchte der Wolf einen in der Ferne aufkommenden Sturm, einen sich nähernden Feind? Offensichtlich nicht. Seine Ohren erschlafften, er legte sich, streckte sich auf eine Seite. Miyax seufzte, starrte in das weite Gewölbe des Himmels und war sich ihrer Lage schmerzlich klar.

Da hockte sie, bettelte Wölfe um Freundschaft an – sie, Miyax, Tochter des Eskimojägers Kapugen, Bürgerin der Vereinigten Staaten, Schülerin der Bureau of Indian Affairs School in Barrow (Alaska), dreizehnjährige Ehefrau des Knaben Daniel. Bei dem Gedanken an Daniel fröstelte Miyax. Vor genau sieben Schlafzeiten war sie ihm davongelaufen und hatte sich damit – wenn man die Sache mit dem Maß der Blassgesichter messen wollte – einen weiteren Titel erworben: das geschiedene Kind.

Der Wolf rollte sich auf den Bauch.

„Amaroq", wisperte sie. „Ich hab mich verirrt, und die Sonne geht nicht unter, noch einen ganzen Monat lang nicht. Aber ich kann nicht warten, bis der Polarstern aufgeht und mir die Richtung zeigt; bis dahin bin ich verhungert!"

Amaroq regte sich nicht.

„Es gibt keine Strauchbeeren hier, die nach Süden zeigen, wenn der Polarwind sie niederbeugt, und Vögel, denen ich nachziehen könnte, gibt es erst recht nicht. Das Vogelzeug hier sind nur Ammern und Sporammern. Die fliegen nicht zweimal am Tag Richtung Meer wie die Papageientaucher oder die Drosseluferläufer, die mein Vater als Kompass benützt hat.

Der Wolf kämmte mit der Zunge sein Brustfell.

„Nie hätte ich mir träumen lassen, dass ich mich verlaufen könnte, Amaroq", redete sie weiter. Sie sprach jetzt lauter, um die Angst zu übertönen. „In Nunivak Island, dort bin ich nämlich geboren, zeigen die Pflanzen und Tiere den Wanderern den Weg. Ich hab' geglaubt, sie tun das überall ... hier tun sie's jedenfalls nicht. Und da sitz' ich jetzt und weiß nicht, in welche Richtung ich laufen soll. Hilf mir, großer schwarzer Wolf!"

Ein erschreckender Augenblick war das gewesen, als sie zwei Tage zuvor plötzlich gewahr wurde, dass die Tundra ein Ozean von Gras war, in dem sie Kreise ging, immer im Kreis. Als diese Angst sie jetzt neuerlich überfiel, schloss Miyax die Augen! Nach einer Weile hob sie die Lider, und das Herz in ihrer Brust begann wie ein erschrockener Vogel zu flattern. Amaroq blickte sie an!

„Ee-lie", rief sie und krabbelte auf die Füße. Der Wolf spannte die Nackenmuskeln, und seine Augen wurden zu schmalen Schlitzen. Er richtete die Ohren nach vorn. Miyax winkte. Der Wolf zog die Lefzen zurück und zeigte die Zähne. Erschreckt von dem Laut, der ihr wie ein Knurren schien, drückte sie sich wieder flach auf den Bauch. Amaroq legte die Ohren zurück und bewegte den Schwanz zu einem einmaligen Wedeln. Dann schüttelte er den Kopf und blickte weg.

Die Nacht, als keiner schlief

Steinar Sörlle wurde 1942 in Stavern, einer kleinen Stadt an der Westküste des Oslo-Fjordes in Norwegen, geboren. Seit 1972 schreibt er für Kinder und Erwachsene. Er erhielt verschiedene Werkpreise und Reisestipendien.

Das Fjordeis reicht weit hinaus. Eine erstarrte Landschaft. Keine Welle. Kaum ein Vogel. Am Ufer gluckert sachte ein bisschen Wasser um Stein und Felsen. Manchmal knackt das Eis. Das klingt wie fernes Peitschenknallen.
Aber niemand hört es.
Und wenn doch jemand den Kopf hebt? Muss man sich darüber Gedanken machen? Dass das Eis knirscht und ein paar Risse bekommt? Ist sowieso viel zu dick, jetzt im März.
Draußen bei den Ytre-Inseln ragt eine Stange wie ein Zeigefinger aus dem Eis. Bis hierher und nicht weiter! Gleich dahinter ist das Eis aufgebrochen. Große Eisschollen türmen sich übereinander.

In der Nähe der Stange stehen zwei weitere Finger. Und daneben noch einer, der krumm aussieht.

Aber das sind keine Stangen. Das scheint nur so. Vom Ufer aus.

Aus der Nähe sieht man zwei Buben fast bewegungslos dastehen. Von Zeit zu Zeit ziehen sie den Arm mit einem Ruck in die Höhe. Sie fischen durch ein Loch im Eis. Der krumme Finger ist ein Mädchen. Sie beugt sich über einen Tretschlitten und fischt ebenfalls.

Knut, der kleinere der Buben, hob den Kopf und warf einen Blick zum Land hinüber. Er zuckte zusammen. Für einen Augenblick schien es, als bewege sich das Eis wellenförmig. Sein Arm ruckte, schneller, als er sollte.

Da spürte er, dass einer angebissen hatte.

„Ein Fisch!“, rief er und wickelte die Schnur auf. Aber sein Gesicht war dem Land zugewandt. Die Eisfläche war wieder genauso starr wie vorher.

Er drehte sich um und sah, wie es in dem schwarzen Loch blitzte. Im nächsten Moment lag ein kleiner Rotdorsch zappelnd und mit klaffendem Maul vor ihm.

„Ein Fisch!“, rief Knut nochmals. „Tine!“

Das Mädchen erhob sich langsam. Befestigte ihre Angelschnur am Handgelenk des Schlittens und schlurfte hinüber zu Knut. Feiner Neuschnee wirbelte um ihre Beine.

„Katzenfutter“, sagte sie.

Knut schaute seine Schwester an. „Ich will ihn trotzdem haben.“

„Meinetwegen!“ Knut schloß die Augen und hörte ein dumpfes Knacken. Da lag der tote Fisch. Ihn schauderte. Das schwarze Fischauge ähnelte dem Loch im Eis. Leer und schwarz. Vor kurzem konnte das Auge noch sehen. Ein bisschen rotes Blut lief aus dem Maul.

„Angsthase!“, sagte Leif, der größere Junge. „Traust dich nicht mal, diesen Winzling umzubringen!“

Leif ruckte an seiner Schnur und guckte hinüber zu Tine. Sie saß auf dem Schlitten und bewegte kaum ihren Arm mit der Angelschnur.

Sie hatte schon ein paar erwischt. Zwei schöne Dorsche. Leif musste immer wieder hinschauen, und sie erschienen ihm von Mal zu Mal größer. Warum erwischte er nie einen? Als sie den ersten Fisch herausgezogen hatte, tauschte er das Eisloch mit Tine. Aber nein! Gleich darauf angelte sie noch einen großen Dorsch, aus seinem Loch! Als sie den Fisch am Haken hatte, hätte er am liebsten gerufen: Der gehört mir. Und dabei hatte er damit geprahlt, wie viele Fische er beim letzten Mal, als er alleine war, gefangen hatte.

Leif zog seine Angelschnur mit einem ungeduldigen Ruck ganz heraus.

„Ich bohre mir weiter draußen ein Loch“, rief er. „Kommst du mit, Knut?“ Er hatte den Eisbohrer bereits in der Hand.

Knut blickte hinaus zum Meer, wo das Eis aufgebrochen und wieder zusammengefroren war. „Wir sind schon zu weit draußen.“

Leif ging. Knut spürte einen schwachen Windhauch. Der gefiel ihm nicht. Dass die kahlen Uferfelsen und die Häuser so klein waren! Er war ein Angsthase. Leif hatte Recht.

Knut schaute über die Eisfläche. Er war nicht mutig. Er mochte nicht hineinschauen in das schwarze Eisloch. Er wusste, dass das Meer hier draußen tief war. Unter dem dünnen Eis waren zweihundert Meter dunkles Wasser bis zum Grund. Direkt unter seinen Füßen. Das schwarze Eisloch wurde auf einmal zu einer Pupille, die ihn feindselig anglotzte.

Knut schubste den Fisch mit dem Fuß weg. Als wollte er ihn zurückgeben.

Leif, der eben noch groß und ein bisschen rund bei ihnen gestanden hatte, wurde immer kleiner. „Geh nicht so weit!“, rief Knut. „Da draußen sind Strömungen unter dem Eis!“ Glaube ich, fügte er im Stillen hinzu.

In dem Moment schwappte etwas Wasser aus dem Eisloch. Der Schnee saugte es auf. Knut wich einen Schritt zurück. Aber es kam nichts mehr. Nur ein Schwapp Meerwasser aus der Tiefe. Knut blickte sich unruhig um.

Leif hatte ein neues Loch gebohrt. Bald zog er einen Fisch heraus. Er brüllte und schrie und tanzte auf dem Eis herum. Sie sahen den Fisch glitzern und zappeln.

„Kommt doch! Hier draußen gibt es jede Menge Fische!“

Tine saß auf dem Schlitten. Warum musste sich Leif immer aufspielen? Er hatte das nicht nötig, fand sie. Sie mochte ihn auch so. Tine sah, wie ihr Bruder die Angelschnur herauszog. Hastig. Sie meinte, er habe auch einen Fisch dran.

„Ist er abgegangen?“, rief sie, weil nichts am Blinker hing.

Knut erwiderte nichts, deutete nur auf das Wasser, das sich um sein Loch ausbreitete. Sollte er vielleicht auch noch zugeben, dass er Angst hatte? Schon wegen Leif nicht. Der brüllte wieder. Wahrscheinlich noch ein Fisch.

Aber auf einmal verwandelte sich Leifs Brüllen in einen Schrei. Knut sah, wie sich auf der dünnen Schneeschicht um Leif in Windeseile dunkles Wasser ausbreitete.

„Lauf!“, heulte Tine. Knut schrie ebenfalls. Sie sahen, dass Leif sich rückwärts vor dem ausströmenden Wasser zurückzog. Er bewegte sich vorsichtig. Dann drehte er sich um. Dann fing er zu laufen an. Lief um die Wette mit dem dunklen Wasser, das sich ausbreitete. Eine schwarze Zunge, die gierig über das Eis tastete. Die Leif trockenes Eis erreichen ließ, um ihn dann mit einem raschen Schlecken wieder einzuholen.

Leif blieb stehen. Blickte zum Ufer. Dann zu ihnen.

Dort stand Leif. Da standen sie. Das Wasser kam nicht näher.

Knut ließ den Tretschlitten vorsichtig dahingleiten, ein Tritt nach dem andern. Obwohl ihm das Herz in der Brust hämmerte, tat er es. Langsam näherte er sich Leif. Auf den nassen Stellen ging es schwerer, hier war das Eis schwarz und klebte an den Kufen. Er hob die Augen. Blickte zu Leif. Solange er auf dem Schlitten stand, trug das Eis besser, das wusste er.

Jetzt war er bei Leif. Sie sagten kein Wort. Knut glitt langsam und vorsichtig neben ihn.

„Setz dich drauf, dann drehen wir“, flüsterte Knut.

Leif nickte nur. Sie wagten noch immer nicht zu reden. Sie glitten zu der trockenen Eisfläche, auf der Tine stand. Die schwarze Wasserzunge lag reglos da.

Tine weinte. Auch sie wagte keinen Laut von sich zu geben. Nur Tränen. Als der Schlitten endlich neben ihr stand, stellte sie sich hinter Knut auf die Kufen. Sie hielt sich an ihrem Bruder fest und versuchte, in seinem Takt zu treten.

Nun glitten sie rasch dem Land zu. Die kahlen Uferfelsen wurden größer und größer. Als würden sie vor Erleichterung aufstehen. Die Häuser, die lange von der Bergkuppe verdeckt gewesen waren, kamen in Sicht. Die vordersten standen beinahe am Strand unten, fast wie vertraute Bekannte.

„Puh“, keuchte Knut. „Jetzt bist du dran, Leif.“ „Setz dich“, sagte Leif leise und erhob sich. Dabei lächelte er Knut kurz zu. In dem Lächeln war ein Danke. Knut spürte die Wärme und lächelte zurück.

„Wir müssen vorankommen“, sagte Tine. „Ich glaube, der Wind wird stärker. Landwind.“ Sie fröstelte. „Das Eis kann aufgehen. Vielleicht drückt das Wasser deshalb nach oben.“ Sie blickte sich beunruhigt um.

„Nur noch ein paar hundert Meter“, schnaufte Leif. Sie waren wieder unterwegs.

Im Eis ertönte ein dumpfer Knall. Sie entdeckten nirgends einen Spalt, aber der Schlitten sauste eine Spur schneller dahin. Tine und Leif traten, so sehr sie konnten. Schub um Schub näherten sie sich der Anlegebrücke und den Häusern. Mit ihren Blicken klammerten sie sich ans Ufer. Dorthin wollten sie, dorthin mussten sie! Aber da geschah etwas.

Sie verstanden zuerst nicht. Bemerkten nur, dass die Uferfelsen und die Häuser nicht mehr größer wurden. Egal, wie sehr sie sich anstrengten.

Knut entdeckte einen schmalen, dunklen Streifen am Ufer. Da begriff er, was er sah. Begriff, warum Häuser und Felsen dort vorne nicht größer wurden.

„Wir treiben ab! Das Eis löst sich vom Land!“, heulte er und reckte sich auf seinem Sitz, um sich umzusehen. Von neuem durchfuhr ihn der Schrecken.

„Da!“, deutete er. „Wir können Langholmen erreichen! Fahrt dort hinüber. An dieser Seite ist das Eis noch nicht losgerissen. Außerdem liegt es im Windschatten“, rief er, während sie die Richtung änderten.

Es knackte im Eis. Sie glitten dahin. Noch nie waren sie so schnell gewesen. Der wacklige Steg, der Langholmen mit dem Land verband, war alles, was sie im Auge hatten. Sie mussten dorthin kommen. Sie mussten!

„Wir schaffen es!“, rief Knut, der halb von seinem Sitz aufgestanden war und vor Aufregung mitwippte. Jeder Schub war wie eine Welle, die sie weiter dem Land zutrieb. Dann erstarrte er. Riss den Mund auf. Ein Windstoß fuhr ihm ins Gesicht. Er brachte kein Wort heraus. Als wäre er gelähmt.

Der Schlitten wurde langsamer. Blieb stehen.

Das Eis hatte sich auch von Langholmen gelöst.

Einen Vater hab ich auch

Christine Nöstlinger wurde 1936 geboren und lebt heute in Wien. Sie veröffentlichte Gedichte, Romane, Filme und zahlreiche Kinder- und Jugendbücher. Für ihr Gesamtwerk wurde Christine Nöstlinger mit der internationalen Hans-Christian-Andersen-Medaille ausgezeichnet.

Mein Schulfreund Lorenz – früher war er auch mein Privatfreund – hält es für „drittelnormal“, geschiedene Eltern zu haben. Weil sich jedes dritte Ehepaar scheiden lässt. Aber alle Kinder von geschiedenen Eltern, die ich kenne, wären lieber „zweidrittelnormal“. Nur mir war es bis vor acht Monaten – genau gesagt: bis Mitte April – völlig Wurscht, dass meine Eltern geschieden sind. Ich bin nämlich diesbezüglich relativ gut dran:

Erstens haben sich meine Mutter und mein Vater bereits scheiden lassen, als ich winzig klein war. Zwei Jahre und zwei Monate alt. Da habe ich die Streitereien und die dicke Luft zwischen ihnen nicht mitbekommen. Zumindest kann ich mich nicht daran erinnern.

Zweitens verdienen meine Mama und mein Papa beide recht ordentlich und können auch geschieden gut leben, was viele andere Menschen nicht können, weil man dann zwei Wohnungen braucht. Und zwei Autos. Und den ganzen übrigen Kram auch mal zwei. Wodurch für die Kinder viel weniger übrig bleibt.

Und drittens gab es bei uns nie so eine stur-blöde Einteilung, wo der Vater einmal die Woche oder einmal im Monat, ganz nach Gerichtsbeschluss, sein Kind für einen Nachmittag abholen darf. Ich konnte meinen Papa immer so oft sehen wie ich Lust dazu – und er Zeit – hatte.

Ich habe das einmal für einen ganzen Monat ausgerechnet und herausbekommen, dass ich mit meinem Papa mehr Zeit verbringe als meine Freundin Lizzi mit dem ihren. Dabei ist die ein Zweidrittel-Kind. Aber ihr Vater kommt unter der Woche erst spät heim, setzt sich mit einer Flasche Bier zum Fernseher und schläft ein. Und jedes Wochenende geht er angeln! Und der Vater meiner Freundin Polli, ebenfalls Zweidrittel-Kind, widmet ihr zwar jede Menge Zeit, aber die macht er ihr durch Keppeln, Nörgeln und Alles-Verbieten mies.

Dass die Lizzi und die Polli papamäßig schlimmer dran sind als ich, ist mir schon seit Kindergartentagen klar! Und dass der Mensch bescheiden zu sein hat, auch! Wenn er eine liebe Mama und einen lieben Papa hat, wäre es unmäßig, auch noch zu verlangen, dass die beiden einander lieben und dass man zu dritt – wie eine glückselige Kugel – durch das Leben rollt. Obwohl das natürlich schon wunderschön wäre!

Bis Mitte April also hatte ich an meinem geteilten Familienleben nichts auszusetzen. Ich war mir sogar gewisser Vorteile, die ich hatte, bewusst. Geschiedene Eltern halten zum Beispiel gegen ihr Kind nicht wie Pech und Schwefel zusammen. Das können sie gar nicht, weil sie nicht wissen, was der andere Elternteil gerade für richtig hält. Wenn ein Zweidrittel-Kind neue Jeans will, aber die Mutter sagt, dass jetzt erst einmal alle alten aufgetragen werden, kriegt das der Vater mit und tönt genauso wie die Mutter: „Zuerst trägst du deine alten Klamotten auf!“

Aber wenn ein Drittel-Kind neue Jeans will und der Elternteil, bei dem es wohnt, ihm keine gönnt, kann es dem anderen Elternteil noch immer welche entlocken, weil der meistens keine Ahnung hat, dass der andere Elternteil gegen den Ankauf ist. („Elternteil“ klingt saublöd, aber ich glaube, es ist der exakte Amtsausdruck. Und „der Elter“ für den Vater und „die Elter“ für die Mutter, das ist wohl nicht üblich?)

Auch wenn es um Schularbeiten mit schlechten Noten geht, kann man sich aussuchen, wem man die zum Unterschreiben gibt! Das ist natürlich nicht bei allen geschiedenen Kindern so, es gibt sehr viele, denen es unheimlich dreckig geht. Aber bei mir war es halt gottlob so, und ich war, wie schon gesagt, bis Mitte April mit meinem „geteilten Elternleben“ zufrieden.

Doch dann, an einem Montag, komme ich ziemlich verspätet von der Schule heim. Die Blaumeise, unsere Klassenvorständin und Mathe-Lehrerin, hatte mir nämlich nach Unterrichtsschluss noch einen Vortrag über gutes Schülerbenehmen halten müssen. Meine Mama empfängt mich mit ihrem Jetzt-wird-es-ernst-Gesicht und sagt, sie habe etwas mit mir zu besprechen. Etwas Urwichtiges!

Meine Mama ist Journalistin. Damals arbeitete sie für eine Tageszeitung in Wien. Meistens erledigte sie ihre Arbeit daheim. Sie tippte die Artikel in ihr Notebook und faxte sie zur Redaktion. Sie behauptete immer, dass sie daheim arbeite, damit ich kein Schlüsselkind sein müsse. Aber mir hätte es gar nichts ausgemacht, eines zu sein. Ob eine Mutter nicht daheim ist oder ob sie daheim ist, aber jedes Mal, wenn man etwas von ihr will, sagt: „Stör mich bitte nicht, ich muss arbeiten!“, kommt aufs Gleiche raus. Außerdem können Schlüsselkinder das Radio und den CD-Player so laut aufdrehen, wie sie wollen, und müssen keine Rücksicht auf Mutterohren nehmen. Niemand hält ihnen vor, dass sie fernschauen, statt Hausübungen zu machen. Keiner merkt, dass sie zu Mittag in den Eissalon gegangen sind und das Gulasch, das sie sich hätten wärmen sollen, klammheimlich „entsorgt“ haben.

Nun, ich räume also an diesem Montag aus, was ich auf dem Heimweg von der Schule für das Mittagessen besorgt habe – für die Mittagskalorien war immer ich zuständig –, und die Mama eröffnet mir, dass sie das Angebot hat, für eine Zeitschrift zu arbeiten, die *Päng* heißt und gerade in München gegründet worden ist. Und dass das sehr gut ist, weil sie sich ohnehin schon Sorgen um ihren Job gemacht hat. „Ihrer Zeitung“ geht es mies, die kommt vielleicht nicht „über die Runden“ und könnte eingehen. Außerdem würde sie bei diesem Päng doppelt so viel verdienen wie bisher. Dann wären wir beide echt wohlhabende Leute!

„Toll, toll“, sage ich und denke mir nichts Böses, weil ich annehme, dass die Mama nun ihre Artikel nicht mehr ans andere Ende der Stadt faxen wird, sondern über die Landesgrenze nach München. Ich ziehe die Mama deswegen noch auf, denn sie steht mit der Faxerei auf Kriegsfuß und schafft sie nur im Verhältnis 10:1 problemlos. Und gibt dann immer ungerechterweise dem Notebook die Schuld.

Doch meine Mama sagt: „Feli, wenn ich den Job beim Päng annehme, müssen wir zwei nach München ziehen!“ Wie sie das sagt, waren wir schon beim Essen, und mir plumpst vor schierem Entsetzen die Hummermayonnaise von der Gabel auf das linke Hosenbein. Und dann sagt die Mama noch: „Aber ich tue es nur, wenn du einverstanden bist! Wenn du meinst, von Wien nicht fortziehen zu können, sage ich ab!“ Doch dabei macht sie ein Gesicht, als würde sie eine Absage in tiefste Depression stürzen.

Mich machte das völlig ratlos. Ich bin ein Kind, das es hasst, zu etwas gezwungen zu werden. Weil ich so bin, hasse ich es auch, jemand anderen zu etwas zu zwingen. Klar war mir nur, dass ich echt nicht nach München will! Und dass ich die Mama nicht zwingen will, wegen mir in Wien zu bleiben! Und dass es keine Lösung für diesen Zwiespalt gibt! So gab ich zuerst einmal gar keine Stellungnahme ab. Ich sagte nicht einmal, dass ich es mir überlegen werde. Doch meine Mama, nehme ich an, deutete mein Schweigen so. Wohl, weil sie mir eine „Entscheidungshilfe“ andienen wollte, schwärmte sie mir lang und breit vor, welch irr-tolle Stadt München sei, „richtig schickimicki und pipapo.“ Und mit dem Zug sei man in vier klitzekleinen Stündchen von dort in Wien! Und der Papa habe ohnehin wahnsinnig oft geschäftlich in München zu tun, da würde ich ihn dann kaum weniger sehen als bisher! Und so ein „aufgeschlossenes, kontaktfreudiges“ Kind wie ich, das wird bald in München jede Menge Freunde haben! Hätte nicht viel gefehlt, und sie hätte mir auch noch eingeredet, dass in München eh alle Kinder viel bessere Kumpel sind als in Wien!

Am Nachmittag überlegte ich mir, dass meine Mama schon viele Projekte und Pläne gehabt hat und schon oft den Job hat wechseln wollen und dass nie etwas daraus geworden ist. Jedes Mal, wenn sie ihrem Chefredakteur die Kündigung auf den Schreibtisch gelegt hat, hat er ihr ein bisschen mehr Geld angeboten und ihr versichert, dass er ohne sie nicht auskommen kann. Und da ist die Mama immer so gerührt gewesen, dass sie geblieben ist.

Ich versuchte mir einzureden, dass es diesmal genauso sein wird und ich mir keine übertriebenen Sorgen machen muss.

Am Abend fing die Mama wieder vom Päng-Job zu reden an. Sie sagte, das größte Problem sei, in München eine Wohnung zu finden. Dort seien Wohnungen, die man sich leisten kann, noch rarer als in Wien. Ein Miethai-Paradies sei diese Stadt! Sie habe zwar eine alte Freundin in München gebeten, nach einer Wohnung Ausschau zu halten, doch die habe ihr nicht viel Hoffnung gemacht. So ging ich echt beruhigt ins Bett. Wenn in München ohnehin keine Wohnung zu bekommen ist, dachte ich mir, brauche ich gar nicht lang und breit gegen meine Verfrachtung dorthin zu protestieren und meine Mama dadurch in Depression zu stürzen. Ist doch besser, der „Traumjob“ scheitert an den Miethaien als an mir!

Richtig vergessen konnte ich die Päng-Drohung aber nicht, denn in meiner Klasse hatte sich herumgesprochen, dass mein Mutter eventuell mit mir nach München übersiedeln will. Nicht durch mich! Die Mutter vom Lorenz hatte es beim Friseur erfahren. Weil meine Mama auch zu dem Friseur geht und dem Stylisten – so nennen sich die Haarschneider dort – vom Päng-Angebot erzählt hat. Und der Stylist hat es gleich brühheiß weitergetratscht. Obwohl es ihm die Mama unter sieben verschwiegenen Siegeln anvertraut hatte.

Ich war ziemlich gerührt, dass deswegen nicht nur die Lizzi und die Polli und der Lorenz, mit dem ich damals so gut wie „ging“, total aus dem Häuschen waren. Fast alle Kinder beschworen mich eindringlich, hierzubleiben und mich gegen den Umzug zu wehren. Ohne mich, sagten sie, wäre die Schule trister, grauer Alltag!

Ich sorge nämlich gern für ein bisschen Abwechslung, Heiterkeit und Kurzweil im Unterricht. Besonders beim Hollander und der Blaumeise, die eigentlich Dr. Meise heißt. Den Spitznamen habe ich ihr gegeben, weil sie sich mit Vorliebe blitzblau einkleidet. Der Hollander und die Blaumeise haben allerhand an sich, das einen dazu reizt, sie auf die Schaufel zu nehmen.

Die Blaumeise hat so ein richtiges Sauertopfgesicht, mit hängenden Mundwinkeln, Schlappohren und Griesgramfalte auf der Stirn. Die ist so eine, die – wie mein Papa sagt – in den Keller lachen geht. Sie hat auch gute Eigenschaften. Aber dass sie die hat, darauf bin ich erst später gekommen. Damals, Mitte April, bemerkte ich nichts davon. Da bekam ich nur zu spüren, dass sie keinen Spass versteht und nichts „ungeahndet“ lassen kann. Wenn ich ihren Vortrag über mathematische Probleme durch regelmäßige Rülpser etwas belebte – meine Mama hat mir beigebracht, grundlos täuschend echt zu rülpsen –, konnte sie das einfach nicht überhören, sondern musste mit mir zu streiten anfangen, ob ich wirklich, von wegen „Gase im Magen“, rülpsen muss, oder ob ich es absichtlich tue. Und wenn sie mich an die Tafel rief und ich unser letztes Stück Tafelkreide zerbröselte, damit das Schreibwerkzeug futsch ist und ich arbeitslos bin, tat sie gleich, als hätte ich ein Kapitalverbrechen begangen. Bis zum nächsten Sprechtag hat sie sich so etwas gemerkt und der Mama vorgehalten! Auch wenn mir rein zufällig einmal etwas passierte, vermutete sie gleich, ich hätte es extra getan. Als ich einmal vom Stuhl fiel, keifte sie mich, statt sich um mein geprelltes Steißbein zu sorgen, an: „Ist das jetzt eine neue Methode, den Unterricht zu stören?“

Der Hollander wiederum, der ist so leicht aus der Fassung zu bringen und unheimlich zerstreut und konfus. Wenn er seine biologischen Weisheiten kundtut, unterbreche ich ihn gern mit kleinen „Zwischenfragen zum Thema“. Und er gibt mir schön brav Antwort, aber die unterbreche ich wieder mittendrin und frage „zwischen“, und er geht wieder auf meine Frage ein, und ich unterbreche ihn wieder, und auf einmal weiß er nicht mehr, wovon er vorher geredet hat und ist ganz verwirrt. Habe ich einen hartnäckigen Tag, geht so die ganze Biologie-Stunde herum, ohne dass er lernstoffmäßig ein Furzerl vom Fleck gekommen ist.

„Klassiker"-Quiz

Vielleicht kennst du das eine oder andere Buch bereits? Um dir Lust auf mehr zu machen, findest du hier als erste Information kurze Zusammenfassungen. Wenn du an diesen Appetithäppchen Geschmack findest, solltest du das entsprechende Buch lesen: Lesen unterhält und fesselt –; macht aber nicht dick.

A KLEINES KIND RETTET ALLEN MENSCHEN DAS LEBEN! Einem kleinen Mädchen gelingt es mit Hilfe einer Schildkröte den Menschen ihre „Zeitblumen" zurückzubringen, die ihnen von den „grauen Männern" weggenommen worden sind. So schenkt sie den Menschen Zeit und ein sinnvolleres Leben.

B Nach dem Sieg in einem langen Krieg gegen eine mächtige Stadt muss der tapfere König viele Jahre kreuz und quer auf dem Mittelmeer segeln, weil der Gott des Meeres zornig auf ihn ist. Bei den vielen Abenteuern verliert er alle seine Gefährten. Seine Tapferkeit und mehr noch seine List machen ihn „unsterblich".

C Ein neu in Nordamerika eingewanderter Europäer, der als Vermesser beim Bahnbau arbeitet, rettet einem Einheimischen das Leben und schließt mit ihm Blutsbrüderschaft. Nun lernt er, wie man sich im Wilden Westen verhalten muss. Der Einheimische war wegen seiner edlen Gesinnung und wegen seiner Treffsicherheit mit seiner „Silberbüchse" berühmt.

D Ein allein lebender älterer Mann stellt geschickt aus Holz eine kleine Puppe her, die durch eine gute Fee zum Leben erweckt wird. Der „Vater" ist über seinen kleinen Sohn sehr glücklich und er merkt immer ganz genau, wenn dieser die Unwahrheit sagt.

E Ein vornehmer Engländer schließt in seinem Londoner Club die riskante Wette ab, dass es ihm in kürzester Zeit gelinge die Welt zu umrunden. Mit seinem Diener Passepartout reist er mit Zug und Schiff, fährt im Heißluftballon und auf Schlitten. Dabei erlebt er viele Abenteuer, bevor er wieder wohlbehalten und erfolgreich in London ankommt.

F Ein kleiner Mann von einem winzigen Planeten kommt auf die Erde und trifft auf einen Fuchs. Sie freunden sich an und lernen voneinander. Der kleine Mann erzählt dem Fuchs von seiner einmaligen Rose, zu der er zurückkehren muss.

G Ein junger Seemann wird von seinen „Freunden“ anonym beschuldigt ein Staatsfeind zu sein. Daraufhin hält man ihn jahrelang in einem Gefängnis auf einer Insel vor Marseille in Südfrankreich eingesperrt. Nach seiner Flucht findet er einen ungeheuer großen Schatz, zieht nach Paris und bereitet seine Rache vor.

H Im 19. Jahrhundert, zur Zeit der großen Walfangflotten, jagt Kapitän Ahab mit seinem Schiff einen weißen Wal. Bei dem Versuch, ihn mit der Harpune zu erlegen, verliert er ein Bein. Besessen von dem Gedanken, dieses Tier zu töten, schont Kapitän Ahab weder sich noch seine Mannschaft. Eines Tages wird der weiße Wal gesichtet. Der Kampf beginnt zum zweitenmal …

I Ein Stamm friedlicher Ureinwohner lebt zurückgezogen auf einer kleinen Insel im Pazifik. Sie werden von Otterjägern angegriffen und alle Männer werden getötet. Die Überlebenden verlassen die Insel, nur ein junges Mädchen und ihr Bruder bleiben zurück. Im Kampf ums alltägliche Überleben sind sie ganz auf sich gestellt. Dann greift eine Rotte verwilderter Hunde an …

J Ein französischer Landadeliger, der gut mit dem Degen umgehen kann, kommt im 18.Jh. nach Paris an den Königshof und kämpft für König und Königin. In zahlreichen Auseinandersetzungen mit der Garde des Kardinals Richelieu gewinnt er drei Freunde. Ihr Motto lautet „Einer für alle, alle für einen“.

K Das Reich und das Schloss der kindlichen Kaiserin drohen zu zerfallen. Ein auserwählter Junge, der über dem Lesen eines magischen Buches eingeschlafen ist, hört ihre Hilferufe und wechselt im Traum aus unserer Wirklichkeit in ihr Reich. Er begegnet vielen Fabelwesen, fliegt auf einem schneeweißen Drachen und …

1 Wie heißen die Hauptfiguren und wie heißen die entsprechenden Bücher? Kennt ihr vielleicht auch die dazugehörigen Autorinnen und Autoren?

2 Welche „Klassiker“ habt ihr schon gelesen, welche könnt ihr weiter empfehlen?

Lösungen: A: Momo von Michael Ende – B: Die Odyssee von Homer – C: Winnetou von Karl May – D: Pinocchio von Carlo Collodi – E: Reise um die Welt in 80 Tagen von Jules Verne – F: Der kleine Prinz von Antoine de Saint-Exupéry – G: Der Graf von Monte Christo von Alexandre Dumas – H: Moby Dick von Herman Melville – I: Die Insel der blauen Delfine von Scott O'Dell – J: Die drei Musketiere von Alexandre Dumas – K: Die unendliche Geschichte von Michael Ende

So einfach ist Theater

Theater-
Abc

Aufführung
B
Choreographie
Dekoration
E
F
G
Handlung
I
Jonglieren
K
Lampenfieber
Manuskript
N
O
P
Qualität
Ruhe
Schminken
T
Uraufführung
Versprecher
W
x-mal
ausverkauft
Y-ben
Z

Das alles (und noch viel mehr) hat mit dem zu tun,
was manche Leute für die schwierigste Sache der Welt halten
und doch so einfach sein kann: Theater spielen.
Nur etwas Übung gehört schon dazu.
Was ihr alles üben könnt, erfahrt ihr in dieser Einheit.
Und ihr lernt jede Menge Tipps und Tricks kennen,
um ein richtiges Theaterstück zu entwickeln.

1 Ein Begriff im Theater-Abc ist falsch geschrieben. Findet heraus, um welches Wort es sich handelt. (Tipp: Versucht das Wort laut zu sprechen.)

2 a) Versucht alle Begriffe aus dem Theater-Abc zu erklären.
b) Schlagt die Wörter, die euch unbekannt sind, im Lexikon nach.

3 Sucht für alle Buchstaben passende Begriffe zum Theaterspielen.

4 a) Welche Erfahrungen habt ihr schon mit dem Theaterspielen gemacht?
b) Was hat euch dabei besonders gut gefallen?

Das könnt ihr üben:

- Euch bewusst mit eurem Körper ausdrücken. Eure Bewegungen sollen klar und deutlich sein.
- Euch in andere Menschen und in fremde Situationen hineinversetzen. Auf der Bühne ist es nicht genug, wenn ihr ihr selber seid, ihr stellt immer eine Rollenfigur dar.
- Auf und außerhalb der Bühne zusammenarbeiten. Während ihr euch in eure Rollenfiguren einlebt, müsst ihr gleichzeitig zusammen spielen.
- Eure Stimme benutzen. Es kommt darauf an laut und deutlich zu sprechen. Ihr solltet eure Sprechweise aber auch so verändern können, dass ihr unterschiedliche Gefühle und Persönlichkeiten zum Ausdruck bringt.
- Euch konzentrieren und entspannt sein. Ganz bei der Sache zu sein und dabei trotzdem locker zu bleiben ist nicht einfach, besonders wenn die ganze Aufmerksamkeit des Publikums auf euch gerichtet ist.

(nach Helene Gate / Kent Hoegglund)

1 Lest die Hinweise. Fasst noch einmal mit euren Worten zusammen, worauf ihr beim Theaterspielen achten müsst.

2 Versucht die Hinweise bei den folgenden Spielen selbst anzuwenden. Dabei ist es wichtig, dass ihr euch mit aller Kraft in die Rollen hineinversetzt, die in den Übungen auftreten.

Übung A:

Dreifarbenszene (nach Eckhard Lück)

Je drei Spieler oder Spielerinnen ziehen eine Karte.
Eine rote, eine blaue und eine grüne. Auf der roten Karte steht eine Situation, auf der blauen eine Person und auf der grünen eine Tätigkeit, z. B.:

in der Scheune, im Lift, auf dem Bahnhof, auf dem Mond, ein untergehendes Schiff, an der Bar …

Manager, Angler, Indianerhäuptling, Polizist …

angeln, tanzen, bohren, duschen, segeln, küssen …

Die drei fertigen dann aus den Begriffen auf ihren Karten eine Szene von fünf Minuten Länge. Am besten versucht ihr die Szene ohne Worte zu spielen. Anschließend könnt ihr die drei Begriffe raten lassen.
(Beispiel: Manager bohren auf dem untergehenden Schiff.)

Übung B:

Freeze (nach Eckhard Lück)

Zwei Spieler oder Spielerinnen spielen eine kleine Szene vor.
Oft ist es sinnvoll, ihnen eine Vorgabe zu geben.
Wenn ein drittes Kind eine gute Eingreifidee hat, klatscht es.
Die beiden Spielenden müssen daraufhin in ihrer Bewegung innehalten (freeze).
Das Kind, das geklatscht hat, nimmt nun eins der spielenden Kinder aus dem Bild und stellt sich selbst an dessen Stelle.
Dann klatscht es erneut und die Szene geht weiter.
Der neue Spieler sollte der bisherigen Szene eine völlig neue Wendung geben.
Je weniger Sprache ihr verwendet, desto einfacher ist das Spiel.
Beispiele dazu:
- An der Kasse im Supermarkt drängelt sich einer vor.
- Jemand öffnet ein Päckchen (Geschenk) im Beisein des Überbringers. Der Beschenkte ist enttäuscht …
- Du gerätst in eine Gruppe betrunkener Fußballfans.

Ihr könnt die Aufgabe verändern, indem sich einige von euch außen, mit dem Rücken zu den gerade Spielenden aufstellen.
Auf ein Klatschzeichen des Spielleiters/der Spielleiterin müssen nun die Spielenden innehalten. Dann tippt der Spielleiter einen der Außenstehenden an, der sich umdreht und an die Stelle eines Spielers tritt.
Auf ein erneutes Klatschen geht die Szene weiter.

Übung C:

Gespräch mit Variationen (nach Eckhard Lück)

Jeweils zwei Spieler oder Spielerinnen bilden ein Paar.
Aus den unten stehenden Dialogen kann sich jedes Paar einen auswählen.
Lest den Text mehrmals durch und versucht die Personen A und B durch Fragen an die Figur (siehe unten) näher zu bestimmen.
Wenn jedes Paar seine Szene einmal kurz vorgestellt hat, könnt ihr das Gespräch vielfach verändern.

1. Dialog

A: „Wir machen alle mit."
B: „An diesem Tag kann ich aber nicht."
A: „Und warum nicht?"
B: „Es geht eben nicht."
A: „Das ist doch keine Antwort."
B: „Ich kann aber wirklich nicht."
A: „Du musst aber auch immer aus der Reihe tanzen."

2. Dialog

A: „Na dann wollen wir mal."
B: „Sei doch nicht so lustlos."
A: „Hast du denn Lust?"
B: „Natürlich habe ich Lust."
A: „Du bist zu beneiden."

Fragen an die Figur

Die folgenden Fragen helfen, sich ausführlicher Gedanken zu der jeweiligen Figur zu machen.
Jeder Mitspieler wählt für sich seine Spielweise aus, ohne dies seinem Partner zu verraten:

- Wer bin ich? (jung, alt, blind, arbeitslos ...)
- Wo bin ich? (zu Hause, bei der Freundin, im Park ...)
- Wann spiele ich? (morgens, abends, im Sommer, im Urlaub ...)
- Wie fühle ich mich? (lustig, traurig, wütend, erwartungsvoll ...)
- Wie stehe ich zum Spielpartner/zur -partnerin? (Welche Empfindungen habe ich? Bin ich sauer auf sie oder ihn? Freue ich mich auf sie oder ihn?)
- Was tue ich? (gehen, sitzen, umherlaufen ...)
- Was habe ich an? (Frack, Jogginghose, Badesachen, nichts ...)

1 Lest die Anweisungen und bildet Gruppen. Jede Gruppe sucht sich eine Übung aus und führt sie durch.

2 Ein Tipp: Legt auch während der Probenarbeit zu eurem Theaterstück immer wieder Phasen ein, in denen ihr diese Übungen wiederholt.

Wie kommt ihr an ein Theaterstück?

Wenn ihr ein Theaterstück aufführen wollt, benötigt ihr zunächst einmal eine Geschichte oder eine Story, wie es in der Filmsprache heißt.
Ihr könnt zwischen drei Möglichkeiten wählen, um an die Geschichte, die ihr spielen wollt, zu gelangen:

1. Möglichkeit: Fertiges Theaterstück

Ihr nehmt ein fertiges Theaterstück, das schon in Dialogform und mit Regieanweisungen geschrieben ist.
Vorlagen dazu findet ihr in Büchern, Zeitschriften usw.

Vorteile:
- kein großer Zeitaufwand
- Ihr könnt gleich mit dem Theaterspielen anfangen.

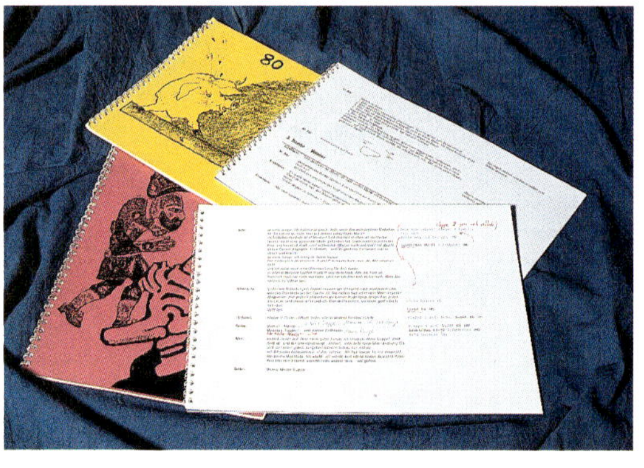

Nachteile:
- Es kann sein, dass die Personenzahl der Mitspieler nicht mit eurer Gruppe/Klasse übereinstimmt.
- Vielleicht gefällt euch das Stück nicht oder die Art und Weise, wie es geschrieben ist (zu altmodisch, kein Dialekt, die Rollenverteilung …).
- Ihr könnt wenige eigene Ideen einbringen.

2. Möglichkeit: Eine Geschichte selbst erfinden

Ihr sammelt Ideen und Vorschläge zu einem Thema, das ihr in einem Theaterstück darstellen wollt. Das kann eine witzige Begebenheit aus eurer Schule sein, ein geschichtliches Ereignis, eine Zukunftsgeschichte …

Vorteile:
- Eurer Fantasie sind keine Grenzen gesetzt.
- Ihr könnt das Stück genauso gestalten, wie ihr es wollt (Anzahl der Mitspieler, große Rollen/kleine Rollen, viel Text …).

Nachteile:
- Es ist manchmal gar nicht so einfach, sich eine passende Geschichte auszudenken.
- Großer Zeitaufwand, bis die Geschichte steht.

3. Möglichkeit: Einen Text zu einem Rollenbuch umschreiben

Ihr kennt viele Texte und Geschichten, die bereits zu Theaterstücken umgestaltet wurden: Momo, Das Dschungelbuch, Ronja Räubertochter, …

Besonders geeignet zum Umschreiben zu einem Theaterstück sind Märchen, Fabeln, Sagen, Geschichten und witzige Erzählungen.

Vorteile:
– Ihr braucht euch keine Handlung auszudenken.
– Bei der Ausgestaltung der Geschichte (Rollen, Ort, Zeit …) könnt ihr noch viele eigene Ideen einbringen.
– Texte sind leicht zu finden in Lesebüchern, Erzählbänden …

1 Vergleicht die drei Möglichkeiten, um an ein Theaterstück zu gelangen. Welche Möglichkeit würdet ihr bevorzugen und warum?

2 Bei Möglichkeit 3 sind keine Nachteile genannt. Welche Nachteile könnte es eurer Meinung nach geben?

3 Welche weiteren Märchen, Fabeln, Sagen oder Erzählungen kennt ihr, die schon zu einem Theaterstück umgearbeitet wurden?

4 Habt ihr schon einmal ein Theaterstück selbst erfunden? Berichtet!

Auf den nächsten Seiten könnt ihr die dritte Möglichkeit, nämlich einen Text zu einem Rollenbuch umzuschreiben, genauer kennen lernen. Ihr erfahrt, wie ihr die folgende Geschichte in ein Theaterstück umsetzen könnt.

Die Steinsuppe

Volksgut aus Portugal

Es war einmal ein Mönch, der ging betteln. Er klopfte an die Tür eines Bauern, aber sie wollten ihm nichts geben. Der Klosterbruder war zum Umfallen hungrig und sagte: „Na, dann will ich sehen, dass ich mir eine Steinsuppe mache."

Und er hob einen Stein vom Boden auf, putzte die Erde ab und begann ihn zu betrachten, ob er sich für eine Suppe eignete. Der Bauer und seine Leute konnten sich vor Lachen über den Klosterbruder und über seinen Einfall nicht halten. Da sagte der Klosterbruder: „Wie, habt ihr noch nie Steinsuppe gegessen? Ich sage euch, das ist eine feine Sache." Sie anworteten ihm: „Nun, dann zeigt uns das mal." Das ließ sich der Klosterbruder nicht zweimal sagen. Er machte den Stein sauber und sagte: „Könnt ihr mir wohl einen Topf leihen?" Man gab ihm einen Topf aus Ton. Er füllte ihn mit Wasser und legte den Stein hinein. „Wenn ihr mich jetzt den Topf aufs Feuer stellen ließet …"
Man ließ ihn den Topf auf das Feuer stellen. Sobald das Wasser zu sieden begann, sagte er: „Mit ein wenig Schmalz würde die Suppe vorzüglich werden." Man holte ihm etwas Schmalz. Die Suppe kochte und kochte, und die Leute aus dem Haus ließen den Mund offen stehen vor Staunen. Da probierte der Klosterbruder die Suppe und sagte: „Sie ist ein wenig fade; es fehlt noch eine Prise Salz." Man gab ihm auch das Salz. Er schmeckte die Suppe ab und sagte: „Wenn jetzt noch ein paar junge Kohlblätter dazukämen, würden auch die Engel diese Suppe auslöffeln!" Die Frau des Hauses ging in den Garten und brachte ihm zwei junge zarte Kohlköpfe. Der Klosterbruder säuberte sie zwischen den Fingern und ließ die Blätter in den Topf fallen. Als die Kohlblättchen gar waren, sagte er: „Also, ein Stückchen Wurst würde der Suppe erst den richtigen Pfiff geben …" Man brachte ihm ein Stück Wurst, er warf es in den Topf, und während es kochte, zog er Brot aus seinem Rucksack und machte es sich bequem für ein gemütliches Essen.
Die Suppe roch, dass es eine Wonne war. Er nahm den Topf vom Feuer und begann die Suppe zu löffeln. Er aß und aß und leckte sich die Lippen ab. Nachdem er den Topf geleert hatte, blieb der Stein auf dem Boden zurück. Die Leute aus dem Haus fragten ihn erstaunt: „Sagt uns, Bruder, was ist mit dem Stein?" Da antwortete der Klosterbruder: „Diesen Stein, den wasch' ich und nehm' ihn für das nächste Mal mit."
Und so kam der Mönch auch dort zu einem Essen, wo man ihm nichts geben wollte.

1 Lest die Geschichte mit verteilten Rollen.

2 Was war der Trick, mit dem der Mönch die Steinsuppe zauberte?

3 Ist eurer Meinung nach der Klosterbruder ein Betrüger oder einfach nur ein schlauer Mensch, der weiß, wie man zu etwas kommt? Begründet eure Meinung.

4 Erstellt eine Liste mit den Personen, die in der Geschichte auftreten. Überlegt euch, mit welchen Eigenschaften ihr die einzelnen Figuren versehen würdet, und schreibt die passenden Adjektive dazu auf.

5 In dem Text ist keine genaue Zeitangabe genannt. Zu welcher Zeit könnte die Geschichte sich abgespielt haben?

Wie aus einem Text ein Theaterstück werden kann

Um aus einem Text wie der Steinsuppe ein Theaterstück erstellen zu können, müssen folgende Fragen beantwortet werden:

– Wo spielt das Stück?	**Ort**
– Wann spielt das Stück?	**Zeit**
– Wer spricht und spielt eine Rolle in dem Stück?	**Personen**
– Was wird gesprochen?	**Text**

Ort

Viele Theaterstücke geben einen Ort vor, an dem die Geschichte spielt. Mit etwas Fantasie könnt ihr natürlich die Geschichte auch an einen anderen Ort verlagern. Dabei spielt es eine große Rolle, ob ihr für einen bestimmten Ort auch die passenden Requisiten (Gegenstände) und Kostüme herbeischaffen bzw. herstellen könnt.
Die Steinsuppe könnte also auf dem Lande, in einer Kleinstadt oder an einem Ort im Mittelmeerraum oder gar der Südsee spielen.

Zeit

Die Zeit, in der eine Geschichte sich abspielt, wird meist im Ausgangstext genannt. Doch auch hier könnt ihr kreativ werden und die Geschichte einfach in eine (fast) beliebige Epoche der Vergangenheit oder in die Zukunft verlegen.
Die Entscheidung darüber hängt wieder davon ab, ob ihr die passenden Requisiten, Kleidungsstücke und Bühnenaufbauten beschaffen bzw. herstellen könnt.
Bei der Steinsuppe ist es denkbar, sie sowohl im Mittelalter, in der Gegenwart als auch in der fernen Zukunft spielen zu lassen.

Personen

Je nachdem, an welchem Ort und in welcher Zeit euer Theaterstück Die Steinsuppe spielen soll, könnt ihr zu den bestehenden Rollen neue dazuerfinden bzw. sie umgestalten.
Es liegt also an euch, sich zu folgenden Fragen Gedanken zu machen:

- Wie viele Personen sollen bzw. können mitspielen?
  (z. B. Mönch, Bäuerin, Bauer, drei Knechte, drei Mägde, vier Kinder …)
- Soll es Rollen mit viel Text, mit wenig Text und welche ohne Text geben?
  (viel Text: Mönch, Bäuerin, Bauer; wenig Text: Knecht Sepp, Magd Christl …)
- Welche Personen sind von ihren Charaktereigenschaften her eher gutmütig, naiv, aggressiv, freundlich, hinterhältig, feindselig …?
- Wie stehen die Rollenfiguren zueinander?
  Sind sie miteinander befreundet, verfeindet …?
- Welche Eigenarten haben die Personen?
  (Schnäuzen der Nase, auffälliges Husten, dauerndes Kratzen am Ohr, Hinken, Lispeln, Stottern …)
- Wie alt sind die einzelnen Personen?
- Wie sollen die Personen heißen?

Zu diesen Fragen könnt ihr Rollenkarten entwerfen:

Rolle: Bäuerin
Name: Vroni Grambichler
Alter: ca. 45 Jahre
Statur: leicht untersetzt, mittelgroß
Typ: gutmütig, stets eifrig, etwas hektisch

Wie ihr die Personen von der Rolle her anlegen wollt, hängt natürlich auch davon ab, welche unterschiedlichen Charaktere ihr in eurer Klasse habt. Manch einer spielt gerne genau das Gegenteil von dem, wie er selber ist, ein anderer übernimmt lieber eine Rolle, die ihm selbst am meisten entspricht.

1 a) Legt die Rollen in eurem Stück fest.
Denkt dabei an die Größe der Klasse und daran, wie viele Schülerinnen und Schüler überhaupt mitspielen wollen.
b) Erstellt zu jeder Rolle eine Rollenkarte.
c) Die typischen Verhaltensweisen der angegebenen Charaktere könnt ihr üben. Spielt dazu folgende Situation durch:
Vier Personen, die sich nicht kennen, sitzen in einem Zugabteil.
Plötzlich beginnt es unangenehm zu riechen …
Wie verhält sich jemand, der eher ein aggressiver Typ ist, wie jemand, der eher gutmütig bzw. naiv ist?

2 Welche Aufgaben können diejenigen übernehmen, die nicht mitspielen, aber dennoch mitmachen wollen?

Text

In den meisten Theaterstücken wird gesprochen, gibt es Text.
In der Geschichte von der Steinsuppe ist an einigen Stellen wörtliche Rede vermerkt.
Für ein Theaterstück wäre dies jedoch zu wenig.
Deshalb gilt es, den Text auszugestalten, sodass der Kern der Handlung und die unterschiedlichen Charaktere (z. B. der schlaue Mönch, der naive Bauer ...) deutlich werden.

Beim Umschreiben des Textes zu einem Rollenbuch müsst ihr vor allem darauf achten, dass der Text, den eine Person zu sagen hat, auch zu der Rolle passt.
Damit klar ist, wie jemand etwas sagt und zu wem, sind im Rollenbuch zu den Dialogen Regieanweisungen angegeben.
Darin steht auch, welche Handlungen und Bewegungen von den Personen ausgeführt werden.

3 Um die Dialoge für eure Rollenfiguren zu gestalten, solltet ihr in folgenden Schritten vorgehen:
a) Den Text in Abschnitte gliedern.
Manchmal können das die Einteilungen sein, die der Text schon vorgibt.
Falls diese zu lang sind, könnt ihr sie nochmals untergliedern.
b) Nehmt euch den ersten Abschnitt und lest ihn mehrmals hintereinander, sodass ihr ihn fast auswendig könnt, z. B. aus der Steinsuppe:

> Es war einmal ein Mönch, der ging betteln. Er klopfte an die Tür eines Bauern, aber sie wollten ihm nichts geben. Der Klosterbruder war zum Umfallen hungrig und sagte: „Na, dann will ich sehen, dass ich mir eine Steinsuppe mache."

c) Legt nun den Text zur Seite und spielt die Situation, die in dem Textabschnitt enthalten ist, frei vor.
Dabei könnt ihr ganz andere Sätze verwenden als in der wörtlichen Rede des Ausgangstextes vorhanden sind.
d) Wählt den besten Gestaltungsversuch aus und schreibt ihn auf.
Gliedert eure Notizen, wie im Beispiel eines Rollenbuches auf Seite 250/251.

4 Setzt euren Dialog in ein Rollenbuch um.
Überlegt euch dazu, welche Regieanweisungen ihr geben wollt.

Beispiel für ein Rollenbuch zu der Steinsuppe

Rolle	Regieanweisung
Die Personen, die sprechen, werden genannt.	**Hier steht, wie jemand etwas sagt und zu wem, außerdem, welche Handlungen und Bewegungen von den Personen ausgeführt werden.**
	(Bauernhof; linke Bühnenhälfte Fassade des Bauernhauses mit Tür, Fenster, Gartenbank; rechte Bühnenhälfte Gerätschaften, Heuballen …)
Mönch	*(erschöpft, müde; nähert sich von rechts kommend dem Hof; schaut sich das Haus an)*
Bäuerin	*(kommt von hinten auf die Bühne, sieht zunächst nicht, dass es sich um einen Mönch handelt)*
Mönch	*(dreht sich um)*
Bäuerin	*(entschuldigt sich)*
Mönch	
Bäuerin	*(jammernd)*
Mönch	
Bauer	*(ruft ungehalten … sieht den Mönch)*
Mönch	

5 Vergleicht eure Fassung mit dem vorliegenden Beispiel. Welche Gemeinsamkeiten stellt ihr fest? Welche Unterschiede gibt es?

Text

Der Text zeigt nicht nur, was gesagt wird, sondern auch, welche Pausen beachtet werden müssen und ob jemand von einem anderen unterbrochen wird.

Endlich, nach stundenlangem Wandern wieder ein Hof. Und kein armer.
Was da alles an Gerätschaften und Werkzeug umeinander liegt. –
Neue Fenster, neu gedecktes Dach, eine Haustür aus Eiche …
Hier wird's sicherlich was zu essen geben für einen hungrigen Mönch wie mich.

He, du da … Was willst du? Arbeit? Haben wir nicht! Muss selber schauen, wo ich bleibe.
Kaufen tun wir auch nichts … Also, was willst'?

Oh Verzeihung, ich dachte … Ihr wisst … heutzutage treibt sich
allerlei Gesindel in unserer Gegend herum.

Ja, ja, es ist eine schwere Zeit. Doch mir scheint, ihr habt keinen Grund zu klagen. Es gibt nicht viele Bauern, die sich glücklich schätzen können, einen solch schönen Hof zu besitzen.

Arbeit, Arbeit, immer nur Arbeit – das ist der Schlüssel zum Glück. –
Doch, was treibt euch hierher zu uns auf den Hof?

Nun, ich bin auf Wanderschaft, auf dem Weg zu meinen Brüdern im Schwarzwald.
Drei Tagesreisen habe ich noch vor mir.

Resi, wo bleibst du denn? Ich hab' Arbeit im Stall! Und was will der da?

Ich wollte höflichst fragen, ob ich etwas zu essen und ein wenig Geld
für meine weitere Reise bekommen könnte.

6 Tragt den Text mit verteilten Rollen vor.

7 Schreibt das Rollenbuch mit Rolle, Regieanweisung und Text weiter.

Tipps zur Vorbereitung eurer Theateraufführung

Während ihr noch am Rollenbuch arbeitet,
solltet ihr euch schon um einige weitere Bereiche Gedanken zu machen:
- Bühnenbild und Dekoration,
- Masken und Schminken.

Das Bühnenbild

Das Publikum fasst alles, was es während einer Theatervorstellung sieht und hört, als Einheit auf. Deshalb ist nicht nur wichtig, was die Schauspieler sagen und tun. Auch ihre Kostüme, ihre Frisuren, die Gegenstände, die sie benutzen, und die Umgebung, in der sie sich bewegen, bilden einen wichtigen Bestandteil der Handlung. Das alles zusammen wird als Bühnenbild oder Szenerie bezeichnet.
Euer Bühnenbild muss sich nicht auf die Bühne, auf der ihr spielt, beschränken. Oft ist es lustiger, den ganzen Raum so umzugestalten, dass er zum Stück passt. In einer Robin-Hood-Geschichte zum Beispiel könnt ihr überall Bäume aufstellen, und das Publikum sitzt mitten im Wald.

Für Aufführungen am Theater gibt es einen eigenen Bühnenbildner, der die Hauptverantwortung dafür trägt, wie das Bühnenbild aussehen soll. Für jemanden aus eurer Gruppe ist es schwer, das ganz allein zu schaffen. Oft ist es besser, wenn diejenigen von euch, die gerne malen, zimmern und nähen, eine Bühnenbildgruppe bilden. Wenn ihr keine solche Gruppe und keinen Bühnenbildner habt, dann müsst ihr Zeit reservieren, um gemeinsam an allem zu arbeiten, was mit dem Bühnenbild zu tun hat.
Folgende Dinge müsst ihr beachten, wenn ihr an eurem Bühnenbild arbeitet:
- Für das Publikum ist alles zu sehen.
- Die Szenenwechsel müssen schnell gehen.

(nach Helene Gate/Kent Hoegglund)

1 a) Wo könnt ihr euer Stück aufführen und wie wollt ihr den Raum dafür gestalten?
b) Welches Bühnenbild wählt ihr für euer Stück?

2 Der Text *Die Steinsuppe* beginnt mit dem Satz: „Es war einmal ein Mönch, der ging betteln." Überlegt, wie ihr den ersten Auftritt des Mönchs gestalten wollt. Woher soll er auftreten? Besprecht dabei auch folgende Möglichkeiten:
- Der Mönch kommt von der linken bzw. rechten Seite der Bühne.
- Er kommt aus dem Zuschauerraum und bettelt auf dem Weg zur Bühne einige Zuschauer an. In diesem Fall ist der Zuschauerraum Teil des Stücks.
- Er ist, schon bevor das Stück beginnt, vor dem Vorhang (sitzend) zu sehen.
- Er ist der Erzähler, der in die Geschichte einführt und sich vor den Augen der Zuschauer als Mönch verkleidet.
- Er ist auf der Bühne, sobald der Vorhang aufgeht.

3 In der Geschichte wird gekocht, auf einer Schulbühne bzw. im Klassenzimmer ist offenes Feuer jedoch untersagt. Überlegt, durch welche technischen Tricks ihr dennoch dem Zuschauer den Eindruck des warmen offenen Feuers vermitteln könnt.

Dekoration

Zur Dekoration gehören alle Teile, die den Schauplatz gestalten. Bemalte Seitenwände nennt man Kulissen. Für die Dekoration könnt ihr Schirmwände benutzen, die auf dem Boden stehen, und Tücher, die von der Decke oder über Schirmwänden und anderen Wänden hängen. Ihr könnt auch große Pappflächen bemalen und damit Wände oder Schirme verkleiden. Einzelne Elemente der Dekoration können Büsche, Steine, Bäume usw. darstellen.

Wozu braucht ihr die Dekoration?

- Die Dekoration hilft dem Publikum zu verstehen, wo sich das Stück abspielt:
  In einer Hütte oder auf einem Schloss?
  In einem Wald oder auf einer Wiese?
  Ist die Umgebung behaglich oder unangenehm?
- Die Dekoration begrenzt den Raum auf der Bühne.
  Ist es dort, wo sich die Rollenfiguren befinden, eng oder geräumig?
  Weich oder kantig? Sauber und schlicht oder überladen und pompös?
- Die Dekoration verbirgt alles, was wir das Publikum nicht sehen lassen wollen.
  Sie kann eine Reihe Steckdosen, ein großes Pult, eine Tür, ein Aquarium verstecken.
- Die Dekoration erleichtert es den Schauspielern, die Bühne zu betreten oder zu verlassen.

(nach Helene Gate / Kent Hoegglund)

So könnt ihr Schirmwände und Stützen herstellen:

- Die Schirmwand besteht aus einem Holzrahmen, der mit nicht brennbarem Stoff bespannt worden ist.
- Der Stoff wird an den Seiten mit einem Hefter befestigt.
- Durch die Scharniere kann der Stützfuß nach der Vorstellung zusammengeklappt werden.

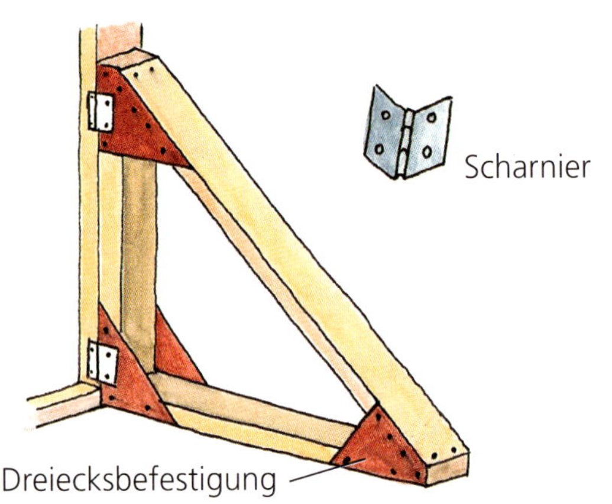

Sandsäcke und Gewichte beschweren den Stützfuß. Die Öffnungen der Sandsäcke werden vernäht, damit der Sand nicht herausrieselt.

1 a) Sprecht mit eurem Lehrer oder eurer Lehrerin in den Fächern Werken oder Kunsterziehung, ob ihr im Fachunterricht an der Dekoration arbeiten könnt.
b) Welche Personen könnt ihr an eurer Schule ebenfalls um Unterstützung bitten?

2 Besprecht, welche Bühnenbauten benötigt werden, und legt einen Zeitplan mit Terminen fest, bis zu denen sie fertig gestellt sein sollen.
Denkt bei der Auswahl auch daran, dass die Gegenstände folgende Merkmale erfüllen:
leicht zu transportieren, schnell auf- und abzubauen, ungefährlich.

3 Überlegt, wie ihr eure Dekorationselemente mehrmals verwenden könnt. Eine Stellwand kann im Stück Die Steinsuppe z. B. von einer Seite den Bauernhof zeigen, in einer anderen Szene durch Drehen der Stellwand einen Teil des Gemüsegartens darstellen.

4 a) Legt in der Klasse fest, wer bei der Aufführung für welches Bühnenteil und Requisit verantwortlich ist.
b) Markiert auf der Bühne mit farbigen Klebestreifen, wo welches Teil stehen soll.
c) Der Umbau muss schnell gehen.
Probt mehrmals den Umbau der Bühne sowie die Auf- und Abgänge mit Requisiten.
d) Überlegt, wie ihr den Umbau gestalten wollt:
- verdeckt hinter dem Vorhang, mit musikalischem Zwischenspiel,
- offen bei abgedimmtem Umbaulicht (z. B. blau)?

5 Besprecht auch, welche Beleuchtung ihr benötigt.
Wichtig ist, dass ihr das Licht an- und wieder ausschalten könnt.
Welche Szenen verlangen helles Licht, welche eine abgedimmte Beleuchtung (z. B. Abendstimmung)?
Stimmungen lassen sich auch gut durch entsprechende Farbfilter vor den Scheinwerfern erzeugen.

6 Ob ihr eine Tonanlage mit Mikrofon, Mischpult und Lautsprechern benötigt, hängt von der Akustik des Raumes ab, in dem ihr eure Aufführung plant. Vielleicht verfügt eure Schule über eine eigene Tonanlage.

Schminkübungen

Schminken will geübt sein. Es ist ein gutes Training, sich so zu schminken, dass man älter aussieht. Dabei könnt ihr allein oder zu zweit arbeiten. Wenn du dich für eine Vorstellung schminkst, musst du vorher überlegen, wie alt deine Rollenfigur ist, wie groß der Theaterraum ist und wie die anderen Schauspieler aussehen.

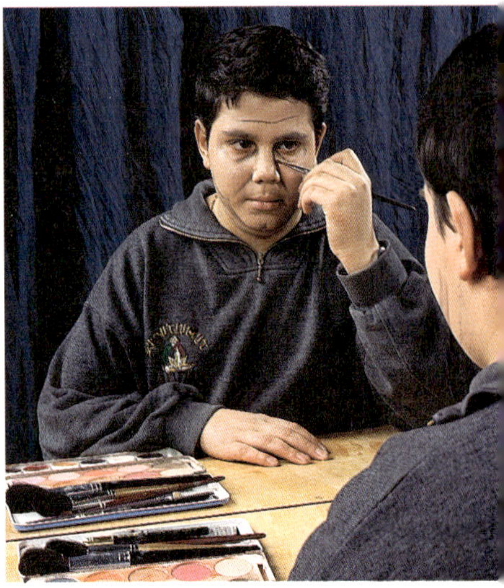

Es gibt einige einfache Tricks, um ansteigendes Alter anzudeuten:
- betontere Runzeln und Furchen,
- Nase, Augen, Wangen werden größer,
- die Augen liegen tiefer, die Lippen sinken ein,
- die Haare werden grau.

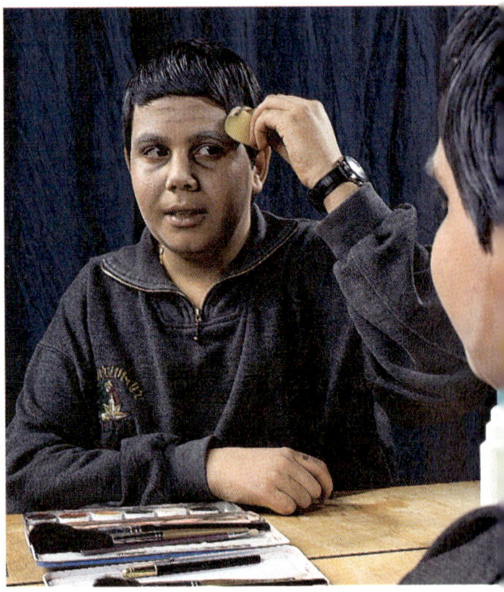

Nimm dir einen Spiegel, schwarzen oder braunen Kajalstift, Augenbrauenstift, fleischfarbenen Puder. Betrachte dich im Spiegel: Runzle dein Gesicht. Sieh dir an, wo deine Runzeln sitzen. Fülle sie mit Kajal- oder Augenbrauenstift aus. Zuerst ganz vorsichtig, dann lässt du die Farbe immer stärker werden. Runzeln können fröhlich oder traurig sein. Fröhliche Runzeln laufen nach oben, traurige nach unten.
Male Schatten unter die Augenhöhlen und unterhalb der Wangenknochen. Nimm dazu den schwarzen Schminkstift. Trage die weiße Schminke auf Nasenspitze, Kinn, Wangenknochen und oberhalb der Augenbrauen auf. Dadurch heben sich diese Teile vom Gesicht ab und sehen größer aus. Glätte alle Übergänge mit den Fingern. Zuletzt trägst du etwas fleischfarbenen Puder auf, um die Schminke zu binden. Sonst zerfließt sie, wenn dir heiß wird. Wenn der Hals blass und ungeschminkt ist, kann das die Wirkung stören. Trage ein Halstuch oder einen Schal oder male an den Halsseiten Schatten mit dem schwarzen Schminkstift, dann sieht er alt und eingefallen aus. Knotige Finger bekommst du, indem du die Fingerknöchel weiß und die Seiten leicht schwarz schminkst. Graue Haare erhältst du durch weiße Schminke oder Talkpuder. Oft werden die Haare zuerst an den Schläfen grau. Denk daran, dass du auch die Augenbrauen schminken kannst. Schminke sieht aus der Nähe immer grotesk aus. Sieh dich selber – und die anderen – aus derselben Entfernung an, aus der das Publikum euch sehen wird.

1 Erkundigt euch, wo ihr günstige und gute Schminke erhalten könnt. Achtet beim Kauf darauf, dass die Schminke keine Allergien auslösenden Stoffe enthält.

2 a) Überlegt euch, wie ihr die Figuren und Personen, die in der Steinsuppe auftreten, schminken müsst, damit es zu der jeweiligen Rolle passt?
b) Probiert aus, was am besten aussieht. Wie wirkt die Schminke aus der Entfernung?

Woran ihr noch denken solltet

Bevor die Premiere steigen kann, gibt es noch viel zu tun.

1 Die Anzahl der Aufführungen und ihre Termine festlegen. Bei der Terminwahl müsst ihr nicht nur die Zeit bedenken, die ihr für die Proben und die Bühnenbauten benötigt, sondern auch, ob es Überschneidungen mit anderen Veranstaltungen gibt. Am besten, ihr wendet euch mit euren Terminvorschlägen an die Schulleitung.

2 Werbung ist wichtig. Wenn es niemand weiß, kommt auch keiner zu eurer Vorstellung.

Ihr könnt:
- Plakate für andere Klassen verfassen,
- Plakate in den örtlichen Geschäften aufhängen,
- Einladungsschreiben an die Eltern, die Lehrer … erstellen,
- einen Reporter der Heimatzeitung informieren und ihn zu der Premiere einladen
- …

Wort- und Sacherklärungen

Akkord Bezahlung nach Stückzahl.

Akustik Klangwirkung in einem Raum.

akzeptabel annehmbar.

apart veraltet für *getrennt,* gesondert. Heutige Bedeutung: reizvoll, geschmackvoll.

Athlet Wettkämpfer im Sport.

Billard Kugelspiel.

Blinker hier: blinkender Köder aus Metall, der beim Angeln verwendet wird.

Charakter Wesen, Gesamtheit aller Eigenschaften eines Menschen.

Chaussee veraltet für Landstraße.

Choreografie Einstudierung eines Ballettstücks, eines Theatertanzes.

Dekoration Bühnenbild, Bühnenausstattung.

Delegation Gruppe von Abgesandten, Vertretern eines Staates in einem anderen Land mit einem bestimmten Auftrag.

Depression gedrückte, schwermütige Stimmung, Gefühlslage.

Desinfektionsmittel Mittel, damit keine Krankheiten entstehen.

Dukaten frühere Goldmünzen.

einfältig hier: aufrichtig, redlich.

Ensemble Künstlergruppe; ein zusammengehörendes Ganzes.

Epoche Zeitraum in der Geschichte.

Etat Haushaltsplan (eines Staates).

Exempel Beispiel.

Fjord schmale Meeresbucht.

Frack festlicher, meist schwarzer Herrenanzug oder Berufskleidung von Musikern und Kellnern.

Frettchen zahme Iltisart.

Gesinde früher: Gesamtheit der Knechte und Mägde.

Gelage üppiges und übermäßiges Essen und Trinken in einem größeren Kreis.

Goldlack Blume.

grotesk absonderlich, lächerlich wirkend.

Haff durch schmale Landzungen vom Meer abgetrennte Küstenbucht.

Harnisch (Brust)panzer. Daher auch die Redewendung „jemanden in Harnisch bringen“, d. h. in Wut bringen.

hoffärtig veraltet für hochmütig.

illustrieren (ein Buch) mit Bildern schmücken, bebildern; (durch Bilder) erläutern.

Image Vorstellung, Bild von jemandem (in der öffentlichen Meinung).

impertinent ungehörig, unausstehlich.

interpretieren etwas, das mehrere Deutungsmöglichkeiten zulässt; in bestimmter Art und Weise erklären.

Jaspis Edelstein.

Karibu kanadisches Rentier.

Katheder (Lehrer)pult.

keppeln österreichisch für fortwährend schimpfen.

Kiez Ortsteil, Stadtviertel.

Kondensstreifen Wasserdampf, der am Himmel als Streifen sichtbar ist.

Kohorte der zehnte Teil einer römischen Legion.

Kricket Ballspiel.

Langmut Geduld.

Legion römische Heereseinheit.

Luftschaukel landschaftlich für Schiffschaukel.

majestätisch herrlich, erhaben.

Malaienbär Bärenart in Südostasien.

Manuskript Textvorlage.

Müßiggehen faulenzen.

Obdach veraltet für Unterkunft, Wohnung.

parat (haben) bereit (haben).

Petition Bittschrift, Gesuch.

Pfeffersack veraltet für Großkaufmann

polyglott vielsprachig; viele Sprachen sprechend.

Premiere erste Aufführung eines Theaterstückes.

Pritsche Schlafstätte aus Holz.

Prostitution Ausübung sexueller Handlungen gegen Bezahlung.

Qualität Güte, Wert.

quittieren bescheinigen, unterschreiben; hier: aufnehmen.

Regie Leitung bei einem Theaterstück, Film o. Ä.

Relikt Rest, Überbleibsel.

Reservat Freigehege für gefährdete Tierarten.

Requisite Zubehör für eine Bühnenaufführung, Bühnengegenstand.

Rute Jägersprache: Schwanz eines Tieres.

Satire witzige Darstellung und Kritik menschlicher Schwächen und Laster.

Sequenz Folge, Reihe .

skandieren rhythmisch sprechen.

sonder veraltet für ohne.

Standarte Fahne.

suspekt verdächtig.

Tarantel südeuropäische Wolfspinne.

Township von Farbigen bewohnte städtische Siedlung in Südafrika.

Tundra baumlose Steppe, Ebene jenseits der arktischen Baumgrenze.

Uraufführung erste Aufführung eines Theaterstückes.

Zeremoniell Vorschrift für feierliche Handlungen.

Literarische Fachbegriffe

Bericht
In einem Bericht bekommt ihr sachliche Informationen über Tatsachen, Ereignisse, Handlungen. Er wird in sachlicher Sprache und ohne Bewertungen durch den Autor geschrieben. Ein Bericht sollte übersichtlich und klar gegliedert sein.

Beschreibung
Darstellung eines Vorgangs, eines Ortes, eines Wegs, einer Landschaft, einer Person usw. Hier könnt ihr sowohl eine sachliche Sprache (z. B. in Gebrauchsanweisungen) als auch eine poetische Sprache (z. B. in Romanen) antreffen.

Bildergeschichte
Sie „erzählt" eine Geschichte mit Hilfe von Bildern und braucht in der Regel keinen Text. Ihr könnt euch diesen anhand der Abfolge der Bilder selbst erschließen und dabei eurer Fantasie „freien Lauf" lassen.

Cartoon
Meist eine lustige, witzige Zeichnung, die eine Alltagssituation oder ein bestimmtes Ereignis aufgreift und humorvoll übertrieben darstellt.

Comic
Comics sind moderne Bildergeschichten in Verbindung mit einem Text, der meist in Form von Sprechblasen eingebaut ist.

Dialog
Ein Gespräch zwischen zwei oder mehreren Personen. Auf dem Theater wird die Handlung durch den Dialog weitergeführt. (Gegensatz: Monolog)

Erzählung
Sie hat eine wirkliche, mögliche oder unwahrscheinliche Geschichte zum Inhalt und ist in einzelne Erzählschritte gegliedert. Um den Leser für die Erzählung zu begeistern ist es wichtig, in welcher Reihenfolge erzählt wird, wie die Geschichte eingeleitet wird, wie langsam zum Höhepunkt hingeführt wird, wie dieser gestaltet wird und wie die Geschichte schließlich endet. Ihr kennt Erzählungen von euren Aufsätzen her.
In der Literatur versteht man unter Erzählung im Prinzip alle kurzen erzählenden Texte, die nicht eindeutig anderen Kurzformen (z. B. Sage, Märchen) zugeordnet werden können.

Fabel
Die Fabel kann in Gedichtform oder als laufender Text (Prosa) geschrieben sein. Fabeln sind kleine Geschichten, meist von Tieren, denen wir bestimmte menschliche Eigenschaften, Schwächen wie Stärken, zuschreiben, in denen sich Leserinnen und Leser wiedererkennen können: Der Esel ist dumm, der Löwe stark, der Fuchs schlau usw. Das Besondere dabei ist, dass aus einer Fabel eine Lehre gezogen werden kann. Fabeln sind schon immer und bei allen Völkern erzählt worden.

Gedicht
Gedichte sind kurze literarische Texte, die in Versen geschrieben sind und meist auch einen Reim aufweisen.
Ein Gedicht kann des Weiteren aus mehreren Strophen bestehen.
Vers = Zeile in einem Gedicht, die in der Regel durch ein bestimmtes Versmaß gekennzeichnet ist.
Versmaß = bestimmte Folge von betonten und unbetonten Silben.
Strophe = Verbindung mehrerer Verszeilen zu einem Absatz.

Rhythmus = Gliederung eines Gedichts durch Betonung und Pausen sowie seine Gestaltung durch die Sprachmelodie beim Vortragen.
Moderne Gedichte sind häufig ohne Reim und weisen kein strenges Versmaß mehr auf. Auch auf eine bestimmte Strophenform wird verzichtet.

Interview
Ein zur Veröffentlichung bestimmtes Gespräch zwischen einer meist bekannten Person und einem Reporter. Es liefert dem Leser Informationen über Personen und Ereignisse aus erster Hand.

Jugendbuch
Ein Buch, das für Kinder und Jugendliche bis zu 18 Jahren zur Unterhaltung, aber auch in erzieherischer Absicht geschrieben wird. In Jugendbüchern werden Themen und Probleme behandelt, die diese Altersgruppe besonders ansprechen.

Klappentext
Dabei handelt es sich meist um einen werbenden Text auf dem umgeklappten Schutzumschlag eines Buches. Dort findet man eine Inhaltsangabe und in der Regel Mitteilungen über den Verfasser.

Konkrete Poesie
Vor allem in der modernen Lyrik findet diese gegenständliche Dichtung Anwendung. Es wird sozusagen mit Worten gespielt. So können Gegenstände auf einfache Weise dargestellt werden (z. B. „Treppe" oder „Grube" entsprechend vorgeben) oder die Wörter können, wie beim „Trichter" von Christian Morgenstern, der Form angepasst werden.

Kurzgeschichte
Die Kurzgeschichte ist eine moderne literarische Form, die meist von einem schicksalhaften Ereignis im Alltagsleben eines Menschen erzählt. Diese erzählte Begebenheit wird wie ein Mosaikstein aus einem Bild herausgenommen, während das Leben vor und nach dem Ereignis im Dunkeln bleibt. Daher hat die Kurzgeschichte auch keine Einleitung und einen offenen Schluss.
Die Sprache dieser Erzählform wirkt häufig unpersönlich, die Gefühle bleiben in den Personen verborgen. Oft werden symbolhafte Anspielungen verwendet, um das Geschehen zu verdeutlichen.

Legende
Eine Legende stellt ganz oder teilweise die Lebensgeschichte eines Heiligen dar. Legenden haben, wie die Sagen, meist einen wahren Kern, zu dem im Lauf der Zeit noch viel „hinzugedichtet" wurde. Herausgestellt werden soll vor allem das Vorbildhafte im Leben dieser besonders frommen Menschen.

Limerick
Ein Limerick ist eine Art Scherzgedicht, benannt nach einem Ort in Irland, und wurde dort ursprünglich gesungen. Limericks haben festgelegte Regeln: Jeweils die Zeilen 1, 2 und 5 reimen sich, ebenso die Zeilen 3 und 4. Letztere sind in der Regel auch kürzer und haben nur zwei betonte Silben, während die anderen drei oder vier aufweisen. Zu beachten ist auch, dass das letzte Wort der ersten Zeile der Name eines Ortes oder einer Person sein sollte. Am Schluss steht eine überraschende Wendung, eine Pointe.

Märchen
Ein Märchen ist eine kleine Geschichte, die von fantastischen Begebenheiten, Zuständen und Vorgängen erzählt. In einer zeitlich und räumlich nicht festgelegten Welt greifen übernatürliche Kräfte (Hexen, Zauberer, Feen, Drachen) in die Alltagswelt ein. Tiere oder Pflanzen nehmen menschenähnliche Gestalt an und können reden. Menschen werden in Tiere oder Pflanzen verwandelt.
Es ist immer ein Kampf des Guten gegen das Böse, wobei letztlich jedoch stets das Gute gewinnt.

Man findet Märchen bei allen Völkern und Kulturen der Erde, die ursprünglich mündlich überliefert wurden.
Wir unterscheiden *Volksmärchen* (Verfasser unbekannt) und *Kunstmärchen* (meist Geschichten von bekannten Dichtern nach dem Vorbild der Volksmärchen).

Monolog
Selbstgespräch. Dient auf dem Theater u. a. dazu, die Vorgeschichte zu erzählen oder um Gefühle und Stimmungen der Figuren auszudrücken oder auch um schwer spielbare oder gar nicht darstellbare Vorgänge in die Handlung miteinzubeziehen. (Gegensatz: Dialog)

Mundart
Eine Sprachvariante, die an bestimmten Orten oder in bestimmten Gegenden gesprochen wird, z. B. Bairisch, Plattdeutsch, Westfälisch, Schwäbisch ...

Pantomime
Eine Szene, die stumm, ohne Worte gespielt wird. In ihr werden alle Vorgänge nur durch Gesichtsausdruck (Mimik) und Bewegungen des Körpers (Gestik) dargestellt.

Reim
Viele Gedichte, vor allem ältere, besitzen einen Reim. Am häufigsten kommt dabei der Endreim vor, das heißt, das Reimwort steht am Versende. Unter Endreim verstehen wir den Gleichklang von Wörtern am Ende verschiedener Verszeilen. Im Wesentlichen unterscheiden wir folgende Formen:
Paarreim: Zwei aufeinander folgende Verszeilen weisen einen Reim auf (a a b b)
Kreuzreim: In einer Strophe mit vier Zeilen reimen sich die erste mit der dritten Zeile und die zweite mit der vierten (a b a b).
Umarmender Reim: Hier reimen sich die erste mit der vierten und die zweite mit der dritten Zeile (a b b a).

Rollenspiel
Das literarische Rollenspiel knüpft an literarische Texte (z. B. Erzählungen, Kurzgeschichten, Jugendbücher) an, indem eine oder mehrere Szenen aus dem Text herausgegriffen und von den Spielerinnen und Spielern dargestellt werden. Die Szenen können auch verändert werden: Ihr könnt der Geschichte einen anderen Schluss geben und darstellen, die Figuren können in einem Monolog ihre Gedanken und Stimmungen zum Ausdruck bringen.

Roman
Kommt ursprünglich aus dem Altfranzösischen und stand für jeden in der Volkssprache geschriebenen Text im Unterschied zu lateinisch abgefassten Texten.
Heute versteht man darunter einen erzählenden Text größeren Umfangs.
Romane haben zahlreiche Untergliederungen, z. B. Abenteuer-, Entwicklungs-, Kriminal- oder Sciencefictionromane.
Eine noch recht junge Form sind die Jugendromane (s. auch Jugendbuch).
Das sind Erzähltexte, die hauptsächlich Themen aufgreifen, die aus dem Lebens-, Erfahrungs- und Interessenbereich dieser Altersstufe kommen.

Sachtext
Ein Sachtext ist keine erfundene oder erzählte Geschichte, sondern er informiert über und beschäftigt sich mit Tatsachen. Es kann in dem Text zum Beispiel über Natur und Umwelt gehen, er kann über die Tierwelt informieren oder sich mit geschichtlichen Ereignissen beschäftigen. Auch bei den Texten in eurem Erdkunde- oder Biologiebuch handelt es sich um Sachtexte.
Stehen mehrere Sachtexte in einem Buch, so bezeichnen wir es als Sachbuch.

Sage
Sagen sind kurze Erzählungen. Sie wurden früher mündlich überliefert und erst später niedergeschrieben. Im Unterschied zu den Märchen werden in der Sage Ereignisse so erzählt, als ob sie wirklich geschehen wären. Deshalb werden oft genaue Angaben zu Personen, Orten und Zeiten genannt. Wir unterscheiden zwischen Volkssagen und Götter- und Heldensagen.
Volkssagen: Solche Sagen ranken sich häufig um die Entstehung von Orten, Gebäuden oder Naturgebilden. Andere stehen im Zusammenhang mit nicht erklärbaren, unheimlichen oder überirdischen Erscheinungen.
Göttersagen: Sie erzählen von den Abenteuern der Götter, die für die Menschen ja nicht greifbar waren. Im germanischen Bereich sind dies die Asen, am bekanntesten dürften jedoch die Göttersagen der griechischen und römischen Antike sein. Göttersagen gehören zu den ältesten, ursprünglich mündlich überlieferten Dichtungen der Völker.
Heldensagen: Sie gehen auf Leben und Wirken von historischen Gestalten zurück und handeln von deren Heldentaten (z.B. Siegfried).

Schüttelreim
Paarreim am Zeilenende, wobei in der zweiten Zeile die Anfangsbuchstaben der Reimwörter vertauscht werden, z. B. sagen wollte – wagen sollte.

Schwank
Der Schwank ist eine witzige, kurze Erzählung über Streiche oder lustige Begebenheiten. Er weist immer einen etwas überraschenden Schluss auf, wobei der Betrüger als der Betrogene dasteht oder wo der Schwächere durch List und Klugheit siegt.
Ein Schwank greift Alltagssituationen auf und bringt durch die Art der Darstellung die Menschen zum Lachen.

Szene
Eine Szene ist eine kleine Einheit eines Theaterstückes. Da sie meist vom Auftritt einer Person bis zum Abgang einer Person dauert, nennt man die Szene oft auch Auftritt.
In vielen Stücken werden mehrere Szenen zu einem Akt zusammengefasst. Auch ein Film oder ein Hörspiel besteht aus einzelnen Szenen.

Volksgut
Unter diesem Begriff werden des Öfteren Sagen, Legenden, Schwänke oder Schelmengeschichten zusammengefasst, weil dies die Geschichten waren, die von der Bevölkerung von Generation zu Generation immer wieder erzählt wurden, bis sie schließlich irgendwann einmal aufgeschrieben wurden.

Textsortenverzeichnis

Quellenverzeichnis

Texte

Äsop
162 *Der Löwe und die Maus*
166 *Die Schildkröte und der Hase*
aus: Antike Fabeln,
Übersetzung: Johannes Irmscher, Aufbau Verlag, Berlin/Weimar 1978

Brandenburg, Rainer
214 *Gesprächsgulasch televisionistisch*
aus: Rapport eines Außerirdischen. Humoresken – Satiren – Parodien, edition q, Berlin

Baumann, Hans
52 *Nachts, wenn es schneit*
aus: Hans Baumann, Kinderhand hat keine Grenzen, Loewes Verlag, Bayreuth 1982

Baumgärtner, Alfred Clemens
218 *Sinuhe, der Mann aus der Wüste*
aus: Alfred Clemens Baumgärtner, Sinuhe, der Mann aus der Wüste, Echter Verlag, Würzburg 1994

Bartos-Höppner, Barbara
130 *Wie die sieben Schwaben das Ungetüm vom Bodensee bezwangen*
aus: Barbara Bartos-Höppner, Das große Buch der schönsten Schwänke, Arena Verlag, Würzburg 1979

Brecht, Berthold
13 *Was ein Kind gesagt bekommt*
aus: Berthold Brecht, Gesammelte Werke, Band 9, Suhrkamp Verlag, Frankfurt/Main 1967

Bregin, Elana
64 *Die Stadt der Fahrräder*
aus: Elana Bregin, Das magische Fahrrad, Übersetzung: Katrin Schulz, Altberliner Verlag, Berlin und München 1994

Britting, Georg
36/39 *März*
94 *Raubritter*
aus: Georg Britting, Gesamtausgabe, © List Verlag, München

Bröger, Achim
80 *Ihr dürft mir nichts tun*
aus: Achim Bröger, Schön, dass es dich gibt, © 1993 by Arena Verlag, Würzburg

Busch, Wilhelm
8 *Max und Moritz*
169 *Fink und Frosch*
aus: Wilhelm Busch. Historisch-kritische Gesamtausgabe, hrsg. von Friedrich Bohne, Vollmer Verlag, Wiesbaden/Berlin 1959

Bydlinski, Georg
35, 39 *Garten*
aus: Hans-Joachim Gelberg (Hrsg.), Überall und neben dir, Gedichte für Kinder, Beltz Verlag, Weinheim und Basel 1986; Programm Beltz & Gelberg, Weinheim

de Cesco, Federica
85 *Der Indianer in der 6 b*
aus: Federica de Cesco, Der Indianer in der 6 b, Rex Verlag, Luzern

Claudius, Matthias
178 *Abendlied*
aus: Jost Perfahl (Hrsg.), Matthias Claudius, Sämtliche Werke, Winkler Verlag, München 1968

Erhardt, Heinz
100 *Die polyglotte Katze*
aus: Heinz Erhardt, Katzen – mein ein und alles, Franz Schneider Verlag, München 1986

Falke, Gustav
183 *Winter*
aus: Ute Andresen (Hrsg.), Im Mondlicht wächst das Gras

Filipovic, Zlata
61 *Ich bin ein Mädchen aus Sarajevo*
aus: Zlata Filipovic, Ich bin ein Mädchen aus Sarajevo, Übersetzung: Sabine Schwenk, Maria Buchwald u. a., Gustav Lübbe Verlag, Bergisch-Gladbach 1994

Fontane, Theodor
176 *Mittag*
aus: Conrady, Das Buch der Geschichte; Deutsche Lyrik von den Anfängen bis zur Gegenwart, Cornelsen Verlag, Berlin

Frank, Karlhans
127 *Schüttelmärchen*
aus: Karlhans Frank, Ist mal im blauen Märchenwald ein Frosch in eine Frau verknallt, Herder Verlag, Freiburg o. J.
129 *Wie Till Eulenspiegel einen Metzger gleich zweimal zum Bratschenk machte*
aus: Karlhans Frank, Till Eulenspiegel, Ravensburger Buchverlag, Otto Maier GmbH, Ravensburg 1991

Fritz, Walter Helmut
184 *Ein Morgen, an dem frischer Schnee fällt*
aus: Walter Helmut Fritz, Gesammelte Gedichte, Verlag Hoffmann & Campe, Hamburg 1979

Fühmann, Franz
126 *Lob des Ungehorsams*
aus: Franz Fühmann, Lob des Ungehorsams, Hinstorff Verlag, Rostock

George, Jean Craighead
226 *Julie von den Wölfen*
aus: Jean Craighead George, Julie von den Wölfen, Übersetzung: Friedl Hofbauer, Deutscher Taschenbuch Verlag, München 1997; Lizenzausgabe mit Genehmigung des Verlages Sauerländer, Aarau und Frankfurt/Main

Goes, Albrecht
186 *Die Schritte*
aus: Albrecht Goes, Gedichte, S. Fischer Verlag, Berlin 1953

Gomringer, Eugen
27 *wind*
aus: Eugen Gomringer, Konkrete Poesie, Verlag Philipp Reclam jun., Stuttgart 1972

Gräter, Carlheinz
144 *Eppelein von Gailingen*
aus: Carlheinz Gräter, Sagen und Schwänke aus Franken, Rosgarten Verlag, Konstanz 1971

Grimm, Jacob und Wilhelm
114 *Von dem Fischer und seiner Frau*
aus: Jacob und Wilhelm Grimm, Kinder- und Hausmärchen, Winkler Verlag, München 1949

Guggenmos, Josef
34/39 *Im Nebel*
aus: Josef Guggenmos, Ich will dir was verraten, Beltz Verlag, Weinheim und Basel 1992; Programm Beltz & Gelberg, Weinheim

Harranth, Wolf
33/38 *Drei Finken*
aus: Hans-Joachim Gelberg (Hrsg.), Überall und neben dir, Gedichte für Kinder, Beltz Verlag, Weinheim und Basel 1986; Programm Beltz & Gelberg, Weinheim

Härtling, Peter
19 *Ben liebt Anna*
aus: Peter Härtling, Ben liebt Anna, Beltz Verlag, Weinheim und Basel 1979; Programm Beltz & Gelberg, Weinheim
57 *Jette*
aus: Peter Härtling, Jette, Beltz Verlag, Weinheim und Basel 1995; Programm Beltz & Gelberg, Weinheim
77 *Die Möhre*
aus: Peter Härtling, Geschichten für Kinder, Beltz Verlag, Weinheim und Basel 1988; Programm Beltz & Gelberg, Weinheim

Heidenreich, Elke
101 *Nero Corleone*
aus: Elke Heidenreich, Nero Corleone, Hanser Verlag, München 1995

Hinze, Eva
50 *Onkel Kullermann*
aus: Waltraud Singer/Cornelia Funke, Sprachspiele für Kinder, Ravensburger Buchverlag, Ravensburg 1995

Hirsch, Josephine
32 *Seltenheiten*
aus: Wolf Harranth (Hrsg.), Im Pfirsich wohnt der Pfirsichkern, Verlag St. Gabriel, Mödling – Wien 1994

Hofbauer, Friedl
28 *Luselgried*
aus: Wolf Harranth (Hrsg.), Im Pfirsich wohnt der Pfirsichkern, Verlag St. Gabriel, Mödling - Wien 1994

Jacobsson, Anders / Olsson, Soeren
55 *Berts Herzenskatastrophen*
aus: Anders Jacobsson / Soeren Olsson, Herzenskatastrophen, Übersetzung: Birgitta Kicherer, Friedrich Oetinger Verlag, Hamburg 1994

Jandl, Ernst
27 *Stunden*
31 *ottos mops*
aus: Ernst Jandl, Der künstliche Baum, Luchterhand Verlag, Neuwied 1970

Unbekannte Verfasser

29 *Schüttelreime*
Volksgut

30 *Drei Chinesen mit dem Kontrabass*
aus: Bernd Meyerholz, Wolfgang Hering, Kinderlieder zum Einsteigen und Abfahren, Voggenreiter Verlag, Bonn – Bad Godesberg 1986

70 *Kinderarbeit nimmt weltweit zu*
pba, Berlin

132 *Der weise Richter*
aus: Elisabeth Borchers (Hrsg.), Das Insel-Buch für Kinder, Insel Verlag, Frankfurt/Main 1979

133 *Der Wolf von Agobio*
aus: Die Blümlein des heiligen Franziskus von Assisi, Übersetzung: Rudolf G. Binding, Insel Verlag, Frankfurt am Main 1947

143 *Der Teufel in der Frauenkirche*
aus: Bayerische Sagen. Sagen aus Altbayern, Schwaben und Franken, hrsg. von Günther Kapfhammer, Eugen Diederichs Verlag, Düsseldorf und Köln 1971

149 *Herakles*
aus: Griechische Sagen. „Die schönsten Sagen des klassischen Altertums" von Gustav Schwab. Bearbeitet und ergänzt von Richard Carstensen, Deutscher Taschenbuch Verlag, München 1993, © Ensslin & Laiblin Verlag Reutlingen 1954

152 *Orpheus und Eurydike*
153 *Die Gänse auf dem Kapitol*
156 *Beowulf*
aus: Eckart Peterich/Pierre Grimal, Götter und Helden. Die klassischen Mythen und Sagen der Griechen, Römer und Germanen. Übersetzung: Rosemarie und Gerd Fritzdorf, Deutscher Taschenbuch Verlag, München 2000, © Patmos Verlag und Walter-Verlag, Düsseldorf und Zürich 1971

154 *Wie Thor seinen Hammer wieder holte*
aus: Germanische und deutsche Sagen, nacherzählt von Elsbeth Schulte-Goecke, Schöninghs geschichtliche Reihe, hrsg. von Robert Tenbrock, Schöningh-Verlag, Paderborn 1970

170 *Der Affe als Schiedsrichter*
Volksgut aus Korea
aus: Einhundert Fabeln, Hamburger Lesehefte Verlag Iselt & Co., Husum o.J.

202 *Die Schwarzen Berge*
aus: Die Schwarzen Berge. Naturschutzgebiet im Biosphärenreservat Rhön (Prospekt), hrsg. von der Regierung von Unterfranken, Bayerische Verwaltungsstelle Oberelsbach und Landratsamt Bad Kissingen

210 *Fernsehabend*
aus: Juma, Das Jugendmagazin, Heft 2, Köln 1991

210 *Flimmerchips*
Schülertext

242 Dreifarbenszene / Freeze / *Gespräch mit Variationen*
aus: Eckhard Lück, Theater aus der Hosentasche. Schüler auf Erlebnisreise, Theater, Sketche und Stegreifideen, AOL-Verlag, Lichtenau 1996

246 *Die Steinsuppe*
aus: Michaela Ulich, Pamela Oberhuemer (Hrsg.), Es war einmal, es war keinmal, Beltz Verlag, Weinheim und Basel 1985; Programm Beltz und Gelberg, Weinheim

252 *Das Bühnenbild / Dekoration / Schminkübungen*
aus: Helene Gate, Kent Hoegglund, Übersetzung: Gabriele Haefs, Bühne frei!, Verlag St. Gabriel, Mödling - Wien 1991

Alle übrigen Texte: Originalbeiträge

Abbildungen

8 © Tony Stone Images, München; Foto: Roy Gumpel
12 Sempé, Copyright © Diogenes Verlag AG, Zürich
20/21 © laif, Agentur für Fotos und Reportagen, Köln; Foto: Axel Krause
40 Klaus Günter Kohn, Braunschweig
42 Schwanke & Raasch, Hannover
48 Klaus Günter Kohn, Braunschweig
49 Wassily Kandinsky: Aquarelle sur blanc, 1940; © VG-Bild-Kunst, Bonn 2001
56 Collage: Gabriele Dünwald, Hamburg Foto: Henning Christoph, © Das Fotoarchiv, Essen
59 Klaus Günter Kohn, Braunschweig
62/63 © Editions Robert Laffont, Paris
65/66 Photo- und Presseagentur FOCUS, Hamburg; © 1983 Alon Reininger, Contact Press Images
68 © Regula Zbinden, CH-Niederried
70 laif, Agentur für Fotos und Reportagen, Köln; © Dorigny/Ilo/REA
72 The Associated Press, Frankfurt am Main
76 Gabriele Dünwald, Hamburg
79 Archiv für Kunst und Geschichte, Berlin
81/84 Klaus Günter Kohn, Braunschweig
87 Photo- Und Presseagentur FOCUS, Hamburg; Foto: Jeff Jacobsen
90 Bildagentur Mauritius, Frankfurt
94/95 Theo Koch, Offenbach
97 Günter Mattei, München
102/103 aus: Elke Heidenreich/Quint Buchholz, Nero Corleone, © 1995 Carl Hanser Verlag, München – Wien
104 © by IFA-Bilderteam, Frankfurt
106/107 Kinoarchiv, pwe Verlag, Hamburg
125 © dpa, Frankfurt; Foto: Rolf Haid
128/129 Renate Seelig, Frankfurt/Main
146/147 Abbildung des Kinderauszuges und der Rattenvernichtung in Hameln aus der Reisechronik des Augustin von Mörsperg, Schlossmuseum Sondershausen
148 Curt Stenvert, Europa und der Stier, 1987 © VG Bild-Kunst, Bonn 2001
151 Francisco de Zubarán, Herkules kämpft mit dem nemeischen Löwen, um 1634, Öl auf Leinwand, 151 x 166 cm, Museo del Prado, Madrid © Bildarchiv Preussischer Kulturbesitz, Berlin; Foto: Joseph Martin
152 Pompeo Girolamo Batoni, Diana zerbricht Cupidos Bogen, 1767, Öl auf Leinwand, 124,5 x 172,7 cm, Christie's London, © Artothek, Peissenberg, Foto: Christie's
155 Francisco José de Goya, Der Koloss, 1808/1812, Öl auf Leinwand, 116 x 105 cm, Museo del Prado, Madrid © Artothek, Peissenberg, Foto: Josef Martin
156/157 Arnold Böcklin, Drachen in einer Felsenschlucht, 1870, 152 x 92,5 cm, Schack-Galerie, München © Artothek, Peissenberg, Foto: Blauel/Gnamm
167/168 aus: Tony Ross, Fuchs Fabelhaft, Altberliner Verlag, Berlin 1992
169 aus: Wilhelm Busch, Hernach, Lothar Joachim Verlag, München 1908
174 Joan Miró, Der Singende, © VG Bild-Kunst, Bonn
179 Henri Rousseau, Ein Karnevalsabend, 1886, Öl auf Leinwand, 116 x 89 cm, Museum of Art, Philadelphia – USA
180 Gustav Klimt, Mohnwiese, 1907, Öl auf Leinwand, 110 x 110 cm, Österreichische Galerie, Wien, © Artothek, Peissenberg
182 Friedrich Kallmorgen, Erntezeit, 1891, Öl auf Leinwand, 41 x 50 cm, Staatliche Museen zu Berlin – Preußischer Kulturbesitz
183 Wilhelm von Kobell, Fernblick auf München, 1838, Aquarell, 18,5 x 23,8 cm, Potsdam, Stiftung Preußische Schlösser und Gärten Berlin-Brandenburg, Sammlung Königin Elisabeth von Preußen
185 Georges Seurat, Ein Sonntagnachmittag auf der Ile de la grande Jatte, 1885, Öl auf Leinwand, 207 x 308 cm, Art Institute, Chicago – USA; © Artothek, Peissenberg
189 Klaus Günter Kohn, Braunschweig
194 Bildagentur Bavaria, Gauting
197 Rainer Krause, Bielefeld
203 aus: „Die Schwarzen Berge", Naturschutzgebiet im Biosphärenreservat Rhön, (Faltblatt), Karte: Ludwig & Höhne
205 Bildagentur Mauritius, Frankfurt
206 Sempé, Copyright © Diogenes Verlag AG, Zürich
209 aus: Loriots Dramatische Werke, Copyright © 1981 Diogenes Verlag AG, Zürich
215 Zeichnung: Erich Rauschenbach, Berlin
216 Hägar der Schreckliche aus: Dik Brown: Hägar der Schreckliche, KFS/Distr. Bulls, Frankfurt am Main 1998
217 Klaus Günter Kohn, Braunschweig
219/220 Herbert Holzing, Trier
222 Irene Ruttmann, Titus kommt nicht alle Tage, Umschlagillustration von Marlies Scharf-Kniemeyer © für das Umschlagbild: Deutscher Taschenbuchverlag, München 1999
228 aus: Jean Craighead George, Julie von den Wölfen, Umschlagillustration von Sabine Lochmann © für das Umschlagbild: Deutscher Taschenbuchverlag, München 1997;

230-232 aus: Steinar Sörlle, Die Nacht, als keiner schlief, Illustrationen: Maren Briswalter, © 1988 Verlag Nagel & Kimche AG, Zürich/Frauenfeld

234 Christine Nöstlinger, Einen Vater hab ich auch, 1994 Beltz Verlag, Weinheim und Basel, Programm Beltz & Gelberg, Weinheim

240-257 Fotos: Klaus Günter Kohn, Braunschweig

245 oben aus: Michael Ende, Momo, © 1973 by K. Thienemanns Verlag, Stuttgart – Wien.
Mitte aus: Antoine de Saint-Exupéry, Der Kleine Prinz, © 1950 und 1998 Karl Rauch Verlag, Düsseldorf
unten: Renate Seelig, Frankfurt/Main

254/255 nach: Helene Gate & Kent Hoegglund, Bühne frei!, Theaterspielen von der Idee bis zur fertigen Vorstellung, Illustrationen: Pija Lindenbaum, Verlag St. Gabriel, Mödling 1991

Diese Schritte helfen dir Texte, vor allem Sachtexte, leichter zu erschließen

1 Wovon handelt der Text? Lies genau die Überschriften und betrachte die Bilder. Welche Informationen über den Inhalt des Textes bekommst du von ihnen?

2 Was weißt du schon? Überlege. Was hast du zu diesem Thema schon gelesen, gesehen, von anderen gehört oder selbst erlebt?

3 Was steht im Text? Lies jetzt den Text.